Knaur

Über den Autor:

Matt Dickinson ist Autor und Filmemacher, spezialisiert auf die wilden Orte und Menschen unseres Planeten. Er hat viele Jahre für die BBC gearbeitet und ist seit 1988 selbständiger Filmproduzent und Regisseur. Seine Werke sind in mehr als 35 Ländern ausgestrahlt worden und haben viele Preise gewonnen.

Matt Dickinson

Drama am Mount Everest

Eine Expedition kämpft gegen den Tod

Aus dem Englischen von
Anja Giese

Knaur

Die amerikanische Originalausgabe erschien 1997 unter dem Titel
»The Death Zone – Climbing Everest through the Killer Storm«
bei Hutchinson/Random House, London

FÜR FIONA

Besuchen Sie uns im Internet:
www.droemer-knaur.de

Deutsche Erstausgabe Juli 1999

Redaktion: Verlagsbüro Dr. Andreas Gößling und Oliver Neumann
Umschlaggestaltung: Agentur ZERO, München
Umschlagillustration: © by Matt Dickinson / ITN Prodctions
Satz: Brigitte Apel, Hannover
Umbruch: Ventura Publisher im Verlag
Druck und Bindung: Elsnerdruck, Berlin
Printed in Germany
ISBN 3-426-61336-0

2 4 5 3 1

Danksagung

Als erstes möchte ich besonders meiner Frau Fiona und meinen Kindern Thomas, Alistair und Gregory danken. Ihre Liebe und Unterstützung haben mir auf meinem Weg Kraft und Zuversicht gegeben. Das gleiche gilt auch für meine Eltern Sheila und David.

Des weiteren möchte ich folgenden Menschen für ihre Hilfe sowohl während der Expedition als auch beim Niederschreiben dieses Buches meinen Dank aussprechen: Nicola Thompson dafür, daß sie einen Verleger für dieses Buch gefunden hat; Himalayan Kingdoms für eine makellos organisierte und geführte Expedition, die unter äußerst schwierigen Bedingungen ablief; Simon Lowe, Sundeep Dhillon und Roger Portch, daß sie mir zur Verfügung standen und mir ihre Expeditionstagebücher zur Einsicht überlassen haben; Kees 't Hooft und Alan Hinkes für ihre selbstlosen Bemühungen, auf dem Everest zu drehen; Julian Ware von ITN und Charles Furneaux von Channel 4, daß sie daran glaubten, ich würde den Film drehen, den sie sich vorstellten; und Brian Blessed, dessen Traum diese Expedition überhaupt erst ins Rollen gebracht hat.

Während der gesamten Expedition hatte unser Sherpa-Team unter der Leitung von Nga Temba die mörderische Aufgabe, Lager einzurichten. Ganz speziell möchte ich mich bei Lhakpa, Mingma und Gyaltsen für ihre unglaublichen Bemühungen am Tag der Gipfelbesteigung bedanken.

Während der Recherchen für dieses Buch waren mir unter anderem die Beiträge von Audrey Salkeld, von Rob Halls Basislagerärztin Caroline Mackenzie, von IMAX-Expeditionsleiter David Breashears und von Crag Jones besonders hilfreich.

Mein Lektor Tony Whittome begleitete und ermutigte mich bis zum Schluß unermüdlich. Außerdem gaben mir Chris Bradley und Nicholas Crane wertvolle Hinweise, wann immer ich sie am dringendsten benötigte.

Außerdem möchte ich Anna Gumà Martinez danken, ohne deren Inspiration kein Berg bestiegen worden wäre.

Einführung

Am 10. Mai 1996, kurz vor 16 Uhr, saß Audrey Salkeld, eine renommierte Everest-Historikerin und -Forscherin, in einem Zelt im Everest-Basislager und tippte einen der beiden Internet-Beiträge, die sie täglich erstellte, in ihr Powerbook ein, als der klirrende Frost des Nachmittags einsetzte. Sie befand sich auf ihrer zweiten Everest-Expedition und war diesmal im Auftrag der amerikanischen IMAX-Filmexpedition unterwegs, für die sie Berichte verfassen und die Welt über den Fortschritt der Expedition auf dem laufenden halten sollte.

Das Basislager auf 5.360 Metern Höhe ist selbst bei bestem Wetter ein trostloser Ort, doch wenn erst einmal die Sonne hinter den umliegenden Bergrücken verschwunden ist, fühlt man sich wie in einer Gefriertruhe. Zitternd vor Kälte verließ Salkeld das Speisezelt. Sie überquerte die Eismoräne des Khumbu-Gletschers, um sich in ihrem Zelt etwas Wärmeres zum Anziehen zu holen.

Flüchtig blickte sie in den Himmel und war so einer der ersten Menschen – wenn nicht der erste überhaupt –, der bemerkte, was von Süden aus den niedrigeren Tälern des Himalaja auf den Everest zufegte. Es war ein Anblick, der ihr das Blut in den Adern gefrieren ließ. Jegliche Gedanken an wärmere Kleidung waren vergessen.

Plötzliche Stürme am Nachmittag sind keine Seltenheit

am Everest, doch das, was da auf sie zukam, hatte Salkeld nie zuvor gesehen. Sie beschrieb es als eine brennende Reifendeponie, von der mächtige blauschwarze Rauchwolken aufstiegen, die vom Süden direkt auf sie zutrieben. Laut rief sie nach den anderen Expeditionsteilnehmern, welche aus ihren Zelten kamen und wie erstarrt auf diese apokalyptische Vision blickten, die sich ihnen lautlos und in rasendem Tempo näherte.

Mit einer Geschwindigkeit von bis zu 100 kmh erreichte der Sturm nur wenige Minuten später das Lager. Die Temperatur fiel innerhalb weniger Sekunden um zehn bis fünfzehn Grad. Mit vernichtender Gewalt riß der wütende Schneesturm an den Zelten. Er peitschte die Südflanke des Everest hoch und überzog die eisbedeckten Hänge mit einem wirbelnden Mantel aus orkanartigen Windstößen. Nach wenigen Minuten erreichte er die Nordseite und gelangte schließlich auf den Gipfel. Der höchste Berg der Erde war verschwunden, und der Sturm tobte unentwegt.

Hätten Shiva – der hinduistische Gott der Zerstörung – und Nemesis – die griechische Rachegöttin – ihre Kräfte vereint, sie hätten keine größere Verwüstung anrichten können, als es der Natur an diesem Tag gelang. Der Zeitpunkt war der denkbar schlechteste. Wäre es Winter gewesen, dann wäre kein Mensch zu Schaden gekommen. Doch der Zufall wollte es, daß sich der Sturm den geschäftigsten Tag im Everest-Kalender ausgesucht hatte, nämlich mitten während der Bergsteigersaison in der Vormonsunzeit.

Unsere britische Expedition, eine Unternehmung an der Nordflanke über den Nordostgrat, befand sich in Lager Drei (in 6.450 Metern Höhe). Wir standen kurz vor unserem geplanten Gipfelaufstieg, als der Sturm über uns hereinbrach.

Uns war sofort klar, daß dieser Sturm weit gefährlicher war als alle anderen Stürme, die uns in den acht Wochen unseres

Aufenthalts im Himalaja bereits heimgesucht hatten. Die Temperatur fiel auf zehn Grad unter dem Gefrierpunkt, dann auf minus zwanzig, schließlich auf minus dreißig. Der Wind peitschte unentwegt, riß Halteseile aus dem Gletschereis, blies volle Ausrüstungsfässer in Gletscherspalten und zerfetzte die Plane unseres Speisezeltes wie ein Blatt Papier. Die Kuppelzelte, die dafür konzipiert waren, orkanartigen Windstärken zu widerstehen, stöhnten und seufzten unter den Sturmböen; sie verbogen sich zu unvorstellbaren Formen. Die Zeltstangen aus Kevlar wurden bis zum äußersten belastet.

In dem Versuch, die Ereignisse auf Film zu bannen, torkelten wir in den Wirbelsturm hinaus, mit allen Kleidungsstücken am Leibe, die wir gefunden hatten.

Wir fühlten uns wie in der Antarktis, auf der Eiskappe von Grönland oder am Nordpol, so undurchdringlich war die Wand aus treibendem Schnee, die unsere Umgebung vor unseren Augen verschwinden ließ. Durch den tobenden Schneesturm konnten wir nichts ausmachen, nicht einmal den gewaltigen Nordgrat. Selbst die ganz in unserer Nähe verankerten Zelte der indischen Expedition waren nicht mehr zu sehen.

Doch durch das Sturmbrausen des Windes hinweg vernahmen wir plötzlich ein anderes Geräusch: ein unheilvolles Heulen, das auf noch gewaltigere Kräfte in den Höhen über uns hindeutete. Es war das Schreien des Sturmes, der in den Höhen oberhalb von 8.000 Metern über die Nordflanke fegte.

Dort oben, in der sogenannten »Todeszone«, kämpften über dreißig Bergsteiger um ihr Leben. Auf der Nordseite, hoch oben auf dem Nordostgrat, befanden sich drei indische Bergsteiger, erschöpft und mit schwindenden Sauerstoffreserven. Auf der Südseite, zwischen dem Südsattel und dem

Gipfel, steckten zwei kommerzielle Expeditionen fest: das Mountain-Madness-Team von Scott Fischer und das Adventure-Consultants-Team von Rob Hall.

Die Nacht, die sie dort oben verbrachten, war höllisch. Am Ende des folgenden Tages waren die drei indischen Bergsteiger auf der Nordseite und fünf der Bergsteiger auf der Südseite tot. Zu den Opfern gehörten, so unglaublich das war, auch Hall und Fischer. Noch nie hatte es am Gipfel innerhalb von nur vierundzwanzig Stunden so viele Menschenleben zu beklagen gegeben.

Doch das war noch nicht das Ende der Tragödie.

Der Tag des Sturmes war der schwärzeste vieler schwarzer Tage in einer Zeit, in der ein Unglück dem nächsten folgte. Kurz vor dem Sturm hatte es bereits zwei Todesopfer gegeben. Zwei weitere Bergsteiger sollten wenig später ihr Leben verlieren. Diese Katastrophen veränderten das Schicksal der Menschen, die sich auf dem Berg befanden – uns eingeschlossen. Rund um den Erdball brandeten hitzige Debatten auf, als Zeitungen und Fernsehsender zu ergründen versuchten, was schiefgegangen war.

Der Sturm warf unzählige Fragen auf: Wie konnten so erfahrene Bergsteiger wie Rob Hall und Scott Fischer ihr Leben auf einem Berg verlieren, den sie wie ihre Westentasche kannten? Warum waren so viele unerfahrene Bergsteiger hoch oben auf dem Berg, als der Sturm über sie hereinbrach? Wie konnte es passieren, daß ein Team japanischer Bergsteiger samt Sherpas an den im Sterben liegenden Indern vorbeistieg und keine Hilfe leistete?

Der Sturm dauerte zwar nur knapp zwanzig Stunden, doch für all diejenigen unter uns, die sich dazu entschlossen hatten, weiterzumachen und trotz allem einen Gipfelversuch zu wagen, hörte er nie wirklich auf. Die Todesopfer, die er forderte, die Zweifel, die er säte, und die Naturgewalt, die er demonstrierte, begleiteten uns bei jedem Schritt. Der Sturm hatte dem rein physikalischen Vorgang der Bergbesteigung eine neue Dimension verliehen. Er brachte unsere Pläne durcheinander. Doch vor allem trieb er sein Unwesen in unseren Köpfen, verstärkte die Zweifel, von denen niemand an diesem gefährlichsten aller Orte verschont bleibt. Er brachte alle Mitglieder unserer Expedition bis auf zwei von dem Ziel ab, den Everest zu besteigen.

Für mich, einen absoluten Neuling bei diesem russischen Roulette in luftiger Höhe, erschienen solche Überlegungen zu jenem Zeitpunkt so unsinnig, wie sie jedem erscheinen müssen, der noch nie die Todeszone betreten hat – diese faszinierende und fürchterliche Welt, in der es nur ein Drittel soviel Sauerstoff wie auf Meereshöhe gibt.

Ich war auf dem Everest, um einen Film zu drehen, nicht, um ihn zu besteigen. Ich hatte andere, weitaus qualifiziertere Leute angeheuert, die das für mich erledigen sollten. In meinem ganzen Leben war ich weder auf dem Ben Nevis in Schottland noch auf dem Snowdon in Wales, geschweige denn auf einem Alpengipfel. Trotzdem – während ich die Ereignisse dieser Saison mit eigenen Augen miterlebte, wurde mein Wunsch, die Todeszone zu betreten, immer mächtiger.

Er wurde zu einer wahren Besessenheit, die mich bis an den Rand der Selbstzerstörung brachte. Aber er trieb mich auch auf den Gipfel des Everest.

1. Kapitel

Mehr tot als lebendig taumelte ich die letzten paar Schritte zum vorgeschobenen Basislager hinunter, während sich die Dunkelheit über das Tibetische Plateau senkte und mit ihr die letzten Sonnenstrahlen hinter dem Himalaja verglühten. Es war der 20. Mai 1996, 18 Uhr 35.

Allein taumelte ich unsicher hin und her und überlegte, was als nächstes zu tun war. Für einen kurzen Augenblick nahm ich die schneebedeckten Zelte um mich herum wahr. Aus der Dunkelheit drang ein Ruf zu mir. Dann bemerkte ich den auf- und abtanzenden Lichtstrahl einer Stirnlampe, und eine schemenhafte Gestalt tauchte von irgendwoher auf. Sie stolperte über die Geröllbrocken des Gletschers auf mich zu.

Plötzlich gaben meine Beine unter mir nach. Als ich wieder zu mir kam, lag ich auf dem Rücken und betrachtete den Sternenhimmel, und ein Jumbo-Jet-Pilot namens Roger küßte mich auf beide Wangen und bedachte mich mit nicht ernst gemeinten Schimpfwörtern. Wir umarmten uns – eine kleine Ewigkeit lang, wie mir schien –, und langsam drangen Rogers Glückwünsche zu meinem umnebelten Hirn durch.

Es war das erste Mal seit Wochen, daß mich ein fast vergessenes Gefühl überwältigte und mich an den Rand der Tränen brachte: das Gefühl, in Sicherheit zu sein. Es war vorbei! Der Gipfel des Everest lag hinter mir!

Ich öffnete den Mund, um Roger zu antworten, doch alles was herauskam, war ein unverständliches Gebrabbel. Eine Mischung aus Euphorie und Schock, dazu die Nebeneffekte, die extreme Höhen und Dehydratation auf das menschliche Hirn ausüben, hatten mich so verwirrt, daß ich nicht in der Lage war, einen halbwegs vernünftigen Satz zustande zu bringen.

Ich dachte nicht einmal daran, mich zu fragen, wohin mein Kletterpartner Alan Hinkes wohl verschwunden sein mochte, obwohl wir doch zusammen vom Nordsattel abgestiegen waren. (Roger erzählte mir später, daß Al erst einmal in sein Zelt gegangen war, um sich zu sammeln, bevor er sich aufmachte, um etwas Eß- und Trinkbares zu organisieren.)

Roger zog mich auf die Füße, befreite mich von meinem Rucksack und öffnete meinen Klettergurt. Dann führte und stützte er mich, bis wir von der wohligen Wärme des Speisezeltes geschluckt wurden, wo unser Sherpa-Team um zwei dampfende Töpfe mit Essen versammelt war. Das Zelt stank nach Petroleum und Zigarettenqualm. Aufgeregte Gesichter scharten sich um mich und redeten wirr auf mich ein. Man führte mich zu einem Stuhl, während Dhorze, der Koch, gesüßten Tee zubereitete.

Eifrige Hände zogen mir meine drei Paar Handschuhe von den starren Händen. Ein Pfeifen wurde laut, als man meiner beiden erfrorenen mittleren Finger der rechten Hand gewahr wurde. An den Fingerspitzen waren stachelbeergroße, mit Flüssigkeit gefüllte Blasen, die zusehends größer wurden. Die Haut war wie marmoriert und weich wie Käse.

Kippa Sherpa ahmte die Bewegung einer Säge nach, mit der man die Finger absägt. »So!« grinste er.

»Nein, nein!« Ang Chuldin, der sich mit Erfrierungen gut auskannte, drehte meine Hand hin und her und beruhigte mich. »Erste Grad. Finger okay. Nicht schneiden!«

Vorsichtig nippte ich am Tee. Die Süße des Tees vermischte sich mit dem bitteren Geschmack des Blutes aus meinen Lippen. Das Zelt begann sich plötzlich um mich zu drehen. Die Petroleumdämpfe schienen mich zu ersticken, und ich hatte das Gefühl, mich bald übergeben zu müssen. Ich schaffte es gerade noch, in die sauberere Luft unseres eigenen Speisezeltes zu stolpern, wo ich meinen Kopf zwischen die Knie klemmte und gegen den drohenden Ohnmachtsanfall ankämpfte.

Die kühle Luft und der Tee belebten mich, und plötzlich wurde mir bewußt, daß außer Roger niemand mehr hier war.

»Wo sind denn die anderen?«

»Sie sind zum Basislager zurück.«

»Oh!«

Rogers Entschluß, hier auf mich zu warten, ließ mich verstummen. Das vorgeschobene Basislager war kein Ort, an dem man sich länger als unbedingt nötig aufhielt. Er hatte mehrere Tage hier ausgeharrt, obwohl der Rest des Teams in das wärmere und freundlichere Klima des Basislagers im Rongbuk-Tal 16 Kilometer von hier abgestiegen war. Seine Geste rührte mich zutiefst.

»Danke, daß du auf Al und mich gewartet hast.«

»Ich dachte, jemand sollte hier sein, wenn ihr zurück ins Land der Lebenden kommt.«

Ich trank meinen Tee aus und torkelte mit Roger an meiner Seite wie ein Betrunkener zurück zu den Zelten. Eines davon war meines, das wußte ich noch, doch welches, konnte ich beim besten Willen nicht sagen. Roger zeigte es mir. Ich öffnete den Reißverschluß des Zeltes und stieg hinein, während er die Isomatte und den Schlafsack aus meinem Rucksack zog. Er wies auf meine Füße.

»Du kannst nicht in deinen Stiefeln schlafen.«

Er schnürte sie auf und zog sie mir aus. Ich spürte, wie das gefrorene Material der Socken dort gegen das getrocknete Blut rieb, wo sich Blasen auf der Haut gebildet hatten. Es war der Augenblick, vor dem ich mich die ganze Zeit schon gefürchtet hatte. Ich hatte zuletzt einen Tag vor unserer Gipfelbesteigung einen Blick auf meine Füße geworfen, und sie fühlten sich jetzt sehr merkwürdig an ... geschwollen und taub, genauso wie meine Finger.

Roger ging, um mir etwas zu trinken zu holen, während ich meinen ganzen Mut zusammennahm und mit der Taschenlampe auf meine Füße leuchtete.

Sie waren blutverkrustet. Im ersten Moment überkam mich Panik, doch dann, als ich genauer hinsah, erkannte ich, daß der Schaden nur oberflächlich war: Die Haut war vom ständigen Schaben der klobigen Plastikstiefel blutig, und die Schwellung kam von der Wucht, mit der ich meine Füße ins Eis gerammt hatte. An zwei kleineren Stellen konnte ich Frostbeulen erkennen, doch das war alles. In meinen schlimmsten Alpträumen hatte ich mir meine Zehen schwarz und gangränös vorgestellt.

Roger kam zurück. Er warf einen Blick auf meine Füße. »Sieht so aus, als hättest du Glück gehabt.«

»Ja, sieht so aus.«

Er grinste mich breit an. »Bis morgen früh also.« Er zog den Reißverschluß des Zeltes von außen zu, und ich hörte, wie sich seine Schritte entfernten.

Mir fehlte die Kraft, den Daunenanzug auszuziehen, und so steckte ich meine Füße einfach in den Schlafsack und wickelte dessen oberen Teil um mich herum. Danach trank ich einen ganzen Liter Tee. Wohlige Wärme durchströmte mich.

Ich war zwar hundemüde, doch mit der Wärme setzte meine Denkfähigkeit wieder ein, und ich versuchte, meine Erlebnisse zu rekonstruieren. Das meiste, was ich gesehen und erlebt hatte, war durch die extreme Höhe verzerrt, und meine Datenbank versuchte nun verzweifelt, Sinn in ein mentales Ablagesystem zu bringen, in dem heilloses Durcheinander herrschte. Die Ereignisse waren zwar noch alle da, aber die Abfolge war in Unordnung geraten, und manche Horrorbilder, die ich gesehen hatte, waren sozusagen eingefroren und nur schwer abrufbar.

Sie würden zweifellos schnell genug zurückkommen, doch im Augenblick waren sie sicher hinter Schloß und Riegel.

Das vorherrschende Gefühl war unsägliche Erleichterung darüber, daß die Tortur überstanden war. Es war unbeschreiblich, wie dankbar ich war, am Leben zu sein. Eine Erkenntnis zwang sich mir stärker auf als alle anderen: daß ich einer derjenigen war, die Glück gehabt hatten.

Zusammen mit Al Hinkes und dem Team der drei Sherpas hatte ich die Todeszone überlebt und war unbeschadet vom Gipfel des Everest zurückgekehrt. Nun lag ich da und machte eine stille Bestandsaufnahme von meinem körperlichen Zustand, indem ich die einzelnen Verletzungen durchging.

Ich hatte schätzungsweise elf Kilo verloren. An meinen Beinen war kein Gramm Fett mehr, so daß ich meine Oberschenkel locker mit beiden Händen umspannen konnte. An zwei Fingern hatte ich Erfrierungen ersten Grades; außerdem waren da eine Reihe oberflächlicher Verletzungen, die in extremen Höhen nichts Ungewöhnliches sind: Verbrennungen an Ohren und Lippen und eitrig-entzündete Risse an Fingern und Zehen. In beiden Augen war es dort zu Blutungen an der Netzhaut gekommen, wo während des Aufstiegs Blutgefäße geplatzt waren. In meinen Nieren spürte ich einen dumpfen Schmerz, der vom tagelangen Flüssigkeitsmangel herrührte. Meine Eingeweide stießen jedesmal, wenn ich meinen Darm entleerte, Unmengen von Blut aus.

Der ständige, quälende Husten, die Muskelrisse an den Rippen und die rasenden Halsschmerzen begleiteten mich schon so viele Wochen, daß ich sie kaum noch wahrnahm.

Doch diese Liste kleinerer Wehwehchen war nichts. Mir war bewußt, daß der Berg gnädig zu mir gewesen war. Was meinen Körper anbelangte, war der Preis für meine Everest-Besteigung vergleichsweise gering. Wenn Ang Chulden recht hatte mit meinen Fingern, würde ich kein Körperteil verlieren. In einigen Monaten wäre ich wiederhergestellt, und kein Zeichen würde mehr darauf hinweisen – zumindest äußerlich nicht –, daß ich jemals hier gewesen war.

In dieser Saison der Vormonsunzeit hatten zwölf Bergsteiger ihr Leben bei dem Versuch verloren, den Everest zu besteigen. Zehn Leichen lagen noch auf den hohen Hängen des Berges. Nur zwei konnten geborgen werden. Die Schockwellen dieses Unglücks liefen immer noch um die Welt. Der Schmerz der Familien, Freunde und Bekannten der Verunglückten ist unermeßlich.

Einige andere waren zwar der Todeszone entkommen, hatten ihr Überleben jedoch teuer bezahlen müssen. Ein amerikanischer und ein taiwanesischer Bergsteiger mußten sich größeren Amputationen unterziehen, weil ihnen ein Arm und mehrere Finger und Zehen erfroren waren. Ihre Gesichter waren grausam entstellt.

Diese Saison war eine einzige Katastrophe gewesen. Sie hatte die Aufmerksamkeit der Medien rund um die Welt in einer Art und Weise erregt, wie es seit der Erstbesteigung des Everest im Jahre 1953 nicht mehr der Fall gewesen war.

Bevor sich mein Bewußtsein ausschaltete, tastete ich instinktiv mit der Hand nach dem kleinen rechteckigen Behälter, der in der Brusttasche meines Daunenanzugs gegen meine Haut drückte. Darin befand sich das winzige digitale Videoband, das Filmmaterial vom höchsten Punkt der Welt enthielt. Als ich fünfzehn Stunden später aufwachte, war meine Hand immer noch in der gleichen Position und beschützte das kostbare Gut.

Die folgenden achtundvierzig Stunden lag ich stumm und bewegungslos auf dem Rücken im Zelt. Gelegentlich schauten die Sherpas, Al oder Roger nach mir und vergewisserten sich, daß mit mir alles in Ordnung war, oder brachten Tee und Essen. Doch ansonsten lag ich einfach nur da und starrte die Zeltdecke an.

Ich befand mich in einer Art Schockzustand, in dem ich in Zeitlupe die Ereignisse der letzten zehn Tage rekapitulierte, seit der Sturm über uns hereingebrochen war. Ich dachte an den Ort, an dem wir gewesen waren. Ich dachte an die Todeszone.

Der Begriff »Todeszone« stammt aus dem Jahre 1952, als Edouard Wyss-Dunant, ein Schweizer Arzt, ein Buch mit dem Titel *The Mountain World* veröffentlichte. Er beschrieb mit erstaunlicher Genauigkeit die Auswirkungen von Höhen auf den menschlichen Körper. Als Quelle zog er dabei die Erfahrungen der Schweizer Everest-Expedition desselben Jahres heran.

Wyss-Dunant nahm zur besseren Verständlichkeit für seine Leser eine Unterteilung der Höhenzonen vor. In der 6.000-Meter-Zone, so Wyss-Dunant, kann der menschliche Körper sich immer noch kurzfristig akklimatisieren. In der 7.000-Meter-Zone ist keine Akklimatisierung mehr möglich.

Der Zone oberhalb 7.500 Metern gab er einen besonderen Namen: Er nannte sie die »Todeszone«[1]. In ihr kann menschliches Leben nicht mehr bestehen; es geht innerhalb kürzester Zeit zugrunde. Selbst mit künstlichem Sauerstoff kann man in der Todeszone nur kurze Zeit überleben.

1 Anm. d. Ü.: im Original auf deutsch.

Der Begriff allein kann einen schon mit Grauen erfüllen. Er birgt den ganzen Horror dieser Region in sich, wo jeder Atemzug den weiteren Verfall des menschlichen Körpers bedeutet und wo stündlich Millionen Zellen lebenswichtiger Organe zerstört werden.

Wie der Ausdruck *Killing Fields* für die kambodschanischen Skelettfelder ist das Wort »Todeszone« ein Begriff, der das unsägliche Entsetzen dieses Ortes ausdrückt. Er beschwört Bilder einer Gegend herauf, die nur von Schriftstellern wie Tolkien erfunden werden konnte: ein Ort der Suche im mittelalterlichen Sinn ... eine Kampfzone, in der sich Kämpfer und Träumer ein Stelldichein geben, um die dunkelsten Naturkräfte zu besiegen. Manche kehren von ihren Erlebnissen dort so erschüttert zurück, daß sie nie mehr die Kraft finden, darüber zu reden.

Die Todeszone ist eine Region, in der der Geist sich durch verworrene und dunkle Windungen schlängelt, in der Wahnsinn und Illusion lauern, in der die Leichen weit stärkerer Krieger, als man selbst es jemals sein wird, im pfeifenden Wind liegen und Totenschädel enthüllen, die aus den zerfetzten Überresten ihrer Kampfausrüstungen ragen. Hier gibt es Geister zuhauf. Ihre warnenden Rufe hallen durch die Nacht.

Visa für die Todeszone werden von den Göttern des Windes erteilt. Ihre Dauer ist bestenfalls auf wenige Tage beschränkt, und sie laufen ohne Vorwarnung ab. Hat man seinen Fuß auf der falschen Seite, wenn die Schranke herunterkommt, ist es eine Reise ohne Wiederkehr.

Am 10. Mai 1996 senkte sich die Schranke am Everest.

Es gibt zwei verschiedene Typen von Expeditionen, die täglich Gipfelversuche starten: zum einen den traditionellen Typ nationaler Expeditionen, die durch Sponsoren finanziert werden, zum anderen den modernen Typ kommerzieller Expeditionen, die ihre Mittel von zahlenden Kunden erhalten.

Im ersten Fall werden die Mitglieder zumeist nach bereits verbuchten Erfolgen ausgewählt. Sie zahlen nicht dafür, daß sie an der Expedition teilnehmen dürfen, und sind für ihre eigene Sicherheit verantwortlich. Im zweiten Fall müssen die Kunden zwar nachweisen, daß sie über *gewisse* Bergsteigerkenntnisse verfügen, doch ihre Hauptqualifikation für die Teilnahme an der Expedition besteht in ihrer Liquidität. Von den kommerziellen Anbietern werden Bergführer mit Höhenerfahrung angeheuert, die über die Sicherheit ihrer Kunden wachen. Unsere Expedition gehörte diesem zweiten Typus an.

Die beiden traditionellen Expeditionen, die am 10. Mai unterwegs waren, waren das indische Team an der Nordseite – organisiert und ausgerüstet von Mitgliedern der indisch-tibetischen Grenzpolizei –, das von Mohindor Singh geleitet wurde, und das taiwanesische Nationalteam an der Südseite, angeführt von ›Makalu‹ Gau.

Die beiden anderen Expeditionen mit den zahlenden Kunden waren das Adventure-Consultants-Team von Rob Hall und das Mountain-Madness-Team von Scott Fischer.

Verglichen mit dem indischen und dem taiwanesischen Team bereiteten sich bei den kommerziellen Expeditionen viel mehr Teilnehmer an jenem Tag auf den Gipfelsturm vor. Durch die höheren Teilnehmerzahlen verfügten diese Teams auch über eine bessere Versorgung mit dem unerläßlichen Sauerstoff. Das indische Team bestand lediglich aus sechs Bergsteigern. Das taiwanesische Team setzte sich nur aus dem Leiter, ›Makalu‹ Gau, und zwei Sherpas zusammen.

Die Adventure-Consultants-Gruppe, die um Mitternacht

vom Südsattel aufbrach, zählte fünfzehn Teilnehmer: drei Bergführer, acht Kunden und vier Sherpas. Auch das Mountain-Madness-Team, das sich auf dem Südostgrat befand, bestand aus fünfzehn Leuten. Sechs davon waren zahlende Kunden.

Für Rob Hall, den Leiter des Adventure-Consultants-Team, war der mitternächtliche Aufbruch vom Südsattel aus zum Gipfel Routine. Hall war einer der Spitzenführer kommerzieller Everest-Expeditionen, und während er sein Team durch die Nacht zum Gipfel führte, war er sich seines Erfolges zweifellos sicher. Und dazu hatte er auch allen Grund: Er selbst hatte den Everest bereits viermal erklommen und in den vorangegangenen fünf Jahren insgesamt neununddreißig Kunden auf das Dach der Welt geführt.

Halls Referenzen als Hochgebirgsführer, dem seine Kunden ihr Leben anvertrauten, waren tadellos. Er war ein berufener Bergführer, erinnert sich die Ärtzin Caroline Mackenzie, die 1996 in seinem Basislager weilte:

> Rob war ein sehr offener Mensch, der sich leicht für etwas begeistern konnte. Er wirkte ermutigend auf andere Menschen, dachte voraus. Man hielt sich gerne in seiner Nähe auf. Ständig war er um den Zusammenhalt seiner Gruppe besorgt, kümmerte sich aber trotzdem auch um jeden einzelnen.

Rob Hall war neunzehn Jahre alt, als er seine Bergsteigerlaufbahn im Himalaja begann. Sein erster Berg befand sich in Nepal und war die Ama Dablam mit 6.828 Metern, die er über den schwierigen Nordgrat bestieg. Die folgenden drei Sommer verbrachte er in der Antarktis als Führer und Rettungsleiter für das amerikanische und das neuseeländische Antarktisprogramm, dann folgten mehrere Hochgebirgsexpeditionen, unter anderen zum Denali[2], zur Annapurna, zum K2, Mount Everest, Lhotse und zum Vinson-Massiv. Im Jahre 1990 bestieg er die Seven Summits – die höchsten Punkte aller Kontinente – in atemberaubenden sieben Monaten.

Nachdem er erst einmal seinen Ruf als Neuseelands erfahrenster Expeditionsleiter im Hochgebirge etabliert hatte, gründete er gemeinsam mit seinem Landsmann Gary Ball, einem hochqualifizierten IFMGA-Leiter, der mehrere der ambitionierteren Aufstiege Rob Halls mitgemacht hatte, die Firma Adventure Consultants.

Das Duo hatte seinen Sitz in Christchurch auf der Südinsel Neuseelands. Es spezialisierte sich auf außergewöhnliche und kostspielige Bergsteigerexpeditionen. Adventure Consultants war einer der ersten kommerziellen Reiseveranstalter, die den Everest in ihr Programm aufnahmen. Aufgrund ihres umwerfenden Charmes und ihrer Wirkung in der Öffentlichkeit wuchs der Kreis von Kunden schnell, die begierig darauf waren, den höchsten Gipfel der Welt zu erobern, selbst wenn sie das 40.000 Dollar kostete – ab Katmandu.

Am 12. Mai 1992 gelang Hall und Ball ein bemerkenswerter Coup. Bei nahezu perfekten Wetterbedingungen führten sie die erstaunliche Anzahl von vierzehn Bergsteigern (darunter sechs Kunden) zum Gipfel des Everest und brachten sie sicher wieder hinunter. Es war eine herausragende Leistung, die – mehr als jedes andere Ereignis – bestätigte, daß eine neue Ära angebrochen war: Der Gipfel des Mount Everest war ebenso wie die Gipfel der Alpen und die Vulkane Südamerikas käuflich geworden.

Bereits in der Saison 1993 konnte Adventure Consultants einen Jahresumsatz von mehreren Millionen Dollar und ein Programm vorweisen, das den beiden Geschäftspartnern

2 Anm. d. Ü.: »Denali« ist der Name der Indianer für den Mt. McKinley.

kaum Zeit zum Luftholen ließ. Im März stand der Everest auf dem Plan, im September der Mera Peak. Im November war die Carstensz-Pyramide in Neuguinea dran, im Dezember das Vinson-Massiv in der Antarktis. Hall und Ball ritten nicht nur auf der neuen Welle der ultimativen Abenteuer, sie hatten sie mehr oder weniger erfunden. Nun ernteten sie die Früchte, während sie zwischen den Kontinenten hin- und herpendelten, von einem Abenteuer zum nächsten, mit ihren finanzkräftigen Kunden im Schlepptau, von denen viele eine starke Loyalität zu ihren charismatischen Führern entwickelt hatten.

Doch ganz gleich, wie exotisch ihr restliches Abenteuerangebot auch war, der Mount Everest bildete die absolute Krönung im Programm von Adventure Consultants. Dieser Glanzpunkt rechtfertigte den ungeheuren Zeit- und Organisationsaufwand, der erforderlich war, und auch das Risiko. Kunden zum Gipfel des Everest zu geleiten war die Haupteinnahmequelle der Firma – solange sie auch lebendig und unversehrt hinunterkamen.

Hall und Ball sahnten zwar den größten Teil des Marktes und der Medienaufmerksamkeit ab, besaßen jedoch nicht das Exklusivrecht auf den Gipfel der Gipfel. Andere, ebenso ehrgeizige Firmen waren genauso darauf aus, sich ein Stück vom Everest-Kuchen abzuschneiden, und kämpften um Genehmigungen … und Kunden.

Der britische Reiseveranstalter Himalayan Kingdoms betrat 1993 mit Steve Bell, einem Bergsteiger und ehemaligen Armeeoffizier, dem bemerkenswerte Winteraufstiege der Nordwände von Eiger und Matterhorn gelungen waren, die Bühne. Bell kannte die Hänge des Everest aus zwei früheren Armee-Expeditionen von 1988 und 1992 (obwohl er bis zu 8.400 Metern vorgestoßen war, hatte er den Gipfel bis dahin noch nie bestiegen). Für eine Everest-Expedition verlangte das Unternehmen 21.000 Pfund pro Kopf, ferner Bergsteigererfahrung von mindestens 7.000 Höhenmetern. Während der Auswahl der Expeditionsmitglieder lehnte Bell die Bewerbung der Journalistin Rebecca Stephens ab, die er als »zu unerfahren« bezeichnete, auf der anderen Seite hatte er keine Bedenken, den sechsundfünfzigjährigen Schauspieler Brian Blessed mitzunehmen, für den die Expedition der zweite Versuch sein sollte. Brians Bekanntheitsgrad in Großbritannien verhalf der Expedition natürlich zu beträchtlicher Publicity, doch viele zweifelten daran, daß er ein geeigneter Kandidat für eine Gipfelbesteigung sein könnte.

Bell begegnete der logistischen Herausforderung, die der Everest stellte, mit militärischer Gründlichkeit. Zwar hatte er nicht das Charisma von Hall und Ball, seine Leitung war jedoch in jeder Hinsicht genauso beeindruckend. Er führte sieben Mitglieder seines Teams über die Südsattel-Route zum Gipfel, darunter Ramon Blanco, einen spanischen Gitarrenbauer aus Venezuela, der mit sechzig Jahren der älteste Mann war, der die Spitze erklomm. Bell brachte außerdem mit Ginette Harrison die zweite britische Frau auf den Everest-Gipfel.

Rebecca Stephens, die von Himalayan Kingdoms abgelehnt worden war, hatte eine andere Expedition gefunden, an der sie teilnehmen durfte, und schlug Ginette Harrison um knappe fünf Monate. Bell gab später zu, daß es ein Fehler gewesen sei, Rebecca von seiner Liste zu streichen.

Himalayan Kingdoms hatte in zweierlei Hinsicht besonders viel Glück gehabt: Die Expedition hatte nicht nur außergewöhnlich gutes Wetter, sondern war auch knapp einer fürchterlichen Katastrophe entronnen. Durch puren Zufall befand sich niemand auf der Lhotse-Flanke in Lager Drei (7.400 Meter), als eine riesige Schneelawine niederging und das Lager zerstörte. Nicht ganz so glimpflich war das Unternehmen am 4. August auf dem Chan Tengri (6.995 Meter) in den Tien-Schan-Bergen davongekommen, als bei einer ähnlichen Lawine zwei russische Bergführer und zwei britische Teilnehmer das Leben verloren.

Ab diesem Zeitpunkt veröffentlichten die Zeitungen weltweit Fotografien von vergleichsweise unerfahrenen Bergsteigern, die sich im Gänsemarsch zum Gipfel vorkämpften. Dadurch hatte sich das globale Verständnis vom Mount Everest ein für allemal geändert. Für die Medien war der Mythos endgültig gebrochen. Der Everest war jetzt so erschwinglich wie ein Porsche oder ein Mercedes – und ebenso prestigeträchtig. Man mußte nur sein Scheckheft zücken, die edlen Gucci-Halbschuhe durch ein Paar Bergsteigerschuhe ersetzen, und schon gehörte einem der Gipfel fast.

Beinahe über Nacht hatte sich ein ganz neues Verständnis vom Everest herausgebildet, nämlich daß jede einigermaßen trainierte Person mit der nötigen Motivation und dem erforderlichen Kleingeld den Everest besteigen könne. In nur wenigen Jahren hatte er sich vom Gipfel der Gipfel – einem Reservat für Elitebergsteiger – zur »Trophäe« gewandelt, zum Trampelpfad einer neuen Generation von Bergsteigern, die sich den Weg hinauf erkauften und sich kaum bewußt waren, mit welchen Gefahren sie konfrontiert würden. Für die Presse waren sie »gesellschaftliche Parvenüs«, Leute, die praktisch jeden Preis zahlen würden, um nur eine Gipfelfotografie auf ihren Kaminsims stellen zu können.

Jetzt war der Everest wieder in den Schlagzeilen rund um die Welt. »Schlange am höchsten Punkt der Erde« verkündete der *Observer* vom 16. Mai 1993 in seiner Überschrift des Leitartikels. Man vergleiche dies nur mit der Situation, wie sie sich in den späten Achtzigern darbot, als die Medien so gut wie kein Interesse mehr am Everest bekundeten! Alle Hauptwände waren erstiegen, die Süd- und Nordseite ohne zusätzlichen Sauerstoff bezwungen. Die Presse hatte sich an dem Thema satt geschrieben. Im September 1988 widmete die *Times* dem Tod eines Sherpas in einer Lawine am Everest nur einen kurzen Bericht mit 18 Wörtern. In der gleichen Zeitung wurden dem Blitzaufstieg von Marc Batard im selben Monat (er raste in unglaublichen 22 Stunden und dreißig Minuten zum Gipfel und wieder zurück) nur sieben Wörter mehr eingeräumt. Im Mai 1989 erwähnte man den Tod von fünf polnischen Bergsteigern in einer Lawine ebenfalls nur beiläufig.

Doch jetzt, mit Anbruch dieser neuen Ära der geführten Expeditionen, wurde dem Everest wieder Aufmerksamkeit geschenkt.

Im Zuge dieser Publicity bildete sich eine neue Debatte heraus: Die zunehmende Vermarktung des Everest zog auch Kritik aus einflußreichen Reihen auf sich. Sir Edmund Hillary sagte in einem *Newsweek*-Interview vom 3. Mai 1993 (dem vierzigsten Jahrestag seiner Erstbesteigung): »Die Entwicklung, die ich am meisten bedaure, ist die Tatsache, daß das Bergsteigen eine finanzielle Angelegenheit geworden ist. Der Everest ist ein zu wichtiger Berg und eine zu große Herausforderung, als daß man sich den Weg zum Gipfel erkaufen könnte.«

Es war nicht das erste Mal, daß Sir Edmund den Everest in den Mittelpunkt öffentlicher Debatten rückte. 1990 berichtete *Associated Free Press* über seinen Aufruf, den Everest für fünf Jahre für alle Bergsteigeraktivitäten zu sperren, damit sich die Natur von dem Schaden erholen könne, den ihr die Heerscharen von Bergsteigern zugefügt hatten.

Die Everest-Besteigung von Sir Edmund Hillarys Sohn Peter im Mai des gleichen Jahres demonstrierte sehr anschaulich den zunehmenden Publikumsverkehr auf dem Berg. An dem Tag, an dem er den Gipfel erklomm, setzten

16 weitere Bergsteiger ihren Namen auf die ständig wachsende Liste.

Diese öffentliche Kritik von Sir Edmund, der ebenfalls Neuseeländer ist und in ihrer Jugend Halls und Balls Idol war, traf diese tief. Doch da war noch etwas: Die beiden Bergsteiger, die Peter Hillary an jenem Tag im Mai des Jahres 1990 begleiteten, waren keine anderen als Rob Hall und Gary Ball. Vielleicht lag auch darin ein weiterer Grund für ihre spätere Bitterkeit gegenüber Sir Edmund, weil dessen Äußerungen ihre Bemühungen den prüfenden Blicken einer zunehmend feindlich gesinnten Presse auslieferten. Dadurch, daß sie den Berg dem Normalbürger zugänglich machten, begaben sich Hall und Ball auf eine Gratwanderung. Bislang hatten ihr Charme und ihre Wirkung in der Öffentlichkeit sie vor allen Angriffen bewahrt.

Außerdem währte ihre Glückssträhne schon ausgesprochen lange. Wann würde sie zu Ende gehen? Bereits 1991 prophezeite Bernard Newmann, Herausgeber der Zeitschrift *Mountain*, in einem Kommentar eine bevorstehende Katastrophe. Im April 1991 äußerte er sich kritisch über kommerzielle Everest-Expeditionen:

> Es ist bezeichnend für die Art und Weise, in der Berge mißhandelt werden. Es wäre einfach schrecklich, wenn der Himalaja genauso ausgebeutet werden würde wie das Matterhorn oder der Montblanc. Die Leute denken, daß man mit der modernen Technik, der verbesserten Ausrüstung und dem leichten Zugang weniger Berg zu besteigen hat als früher. Das stimmt nicht. Der Berg ist noch derselbe, und irgendwann wird er zurückschlagen.

Die Überzeugung der Bergsteigergemeinde, daß geführte Expeditionen in über 8.000 Metern Höhe ein Spiel mit dem

Feuer seien und daß früher oder später eines oder mehrere der Teams auf eine Katastrophe zusteuerten, nahm zu.

In der Tat gab es 1993 bei Adventure Consultants eine Katastrophe, allerdings ereignete sie sich nicht während einer geführten Bergtour. Am 6. Oktober, ein halbes Jahr nach seinem vierzigsten Geburtstag, starb Gary Ball an einem Lungenödem in einer Höhe von 6.500 Metern auf dem Nordostgrat des Dhaulagiri, dem achthöchsten Gipfel der Welt. Er befand sich mit Rob Hall auf einer privaten Expedition, die sie in ihren geschäftigen Terminkalender gequetscht hatten. Es war die 16. gemeinsame größere Expedition. Nicht zum ersten Mal zeigten sich bei Ball Symptome von Höhenkrankheit. Bei einer früheren Tour auf den K2 wurde ein schneller Rückzug vom höchsten Lager des »wilden Gipfels« erforderlich, da Ball mit Atemschwierigkeiten kämpfte.

Gary Ball starb in Rob Halls Armen. Zwei Tage später ließ der am Boden zerstörte Hall die Leiche seines Bergsteigerpartners und Freundes auf den Hängen des Dhaulagiri an ihrem bevorzugten Kletterseil in eine Gletscherspalte hinab. Später schrieb er in einem Nachruf:

> In seiner zwanzig Jahre währenden Laufbahn als Expeditionsleiter erfreute er sich in puncto Sicherheit eines vorzüglichen Rufes, auf den er zu Recht stolz war. Seine wohl größte Leistung als Bergführer waren die Expeditionen zum Gipfel des Mount Everest. Er war der Überzeugung, daß die ganze Everest-Szene viel zu elitär geworden war, und so gewann er tiefe Befriedigung daraus, daß er in der Lage war, den Everest auch Bergsteigern mit geringeren Fähigkeiten zugänglich zu machen.

Hall schloß seinen Nachruf mit dem rührenden Satz: »Es gibt Leute, die kommen in dein Leben und hinterlassen Fußspuren auf deinem Herzen – und die bleiben für immer.«

Zwar nahm der viel zu frühe Tod seines Freundes Rob Hall sehr mit, seine Entschlossenheit, ihr gemeinsam gegründetes Unternehmen weiterzuführen, wurde dadurch jedoch zu keinem Zeitpunkt erschüttert. Das Programm von Adventure Consultants von 1994 war ebenso vielfältig und ambitioniert wie die vorhergehenden. Die Überschrift einer Werbeanzeige in einer Bergsteigerzeitschrift lautete: »100% Erfolg auf dem Everest!«

Am 9. Mai jenes Jahres führten Rob Hall und Ed Viesturs – ein legendärer amerikanischer Hochalpinist – ein Team von elf Mitgliedern auf den Gipfel. Bei dieser Tour brachen sie mehrere Rekorde: Es war die erste Everest-Expedition, bei der jedes einzelne Mitglied die Spitze des Everest erreichte und heil und gesund zurückkehrte. Gleichzeitig war Rob Hall damit der erste Bergsteiger der westlichen Welt, der den Gipfel viermal bestiegen hatte.

Adventure Consultants lobte sich in der Fachliteratur selbst: »Damit hat Adventure Consultants während der letzten vier Expeditionen insgesamt 39 Bergsteiger auf den Gipfel des Everest geführt!«

Im Jahre 1995 erlebte diese Erfolgsstory einen Einbruch. Die Adventure-Consultants-Expedition von 1995 mußte wenige Stunden vor dem Gipfel aufgeben. Bei hohem Schnee und mit einem erschöpften Team beschloß Rob Hall, mit seiner Expedition kehrtzumachen. Es war eine weise Entscheidung, denn er kannte die Gefahren des Gipfels genau. Trotzdem muß ihn diese Niederlage gewurmt haben, besonders, da sein Spruch »100% Erfolg auf dem Everest!« der Konkurrenz noch in den Ohren klang.

1996 war Adventure Consultants in der Vormonsunzeit wieder vor Ort, ebenso wie der britische Abenteuerreisen-

Veranstalter Himalayan Kingdoms aus Sheffield. Himalayan Kingdoms war das Konkurrenzunternehmen, das Rob Hall mit seiner erfolgreichen Expedition von 1993 viel Wind aus den Segeln genommen hatte. Diesmal wollten die Engländer den Everest von der Nordseite aus angehen – eine weitaus längere und schwierigere Route, und das trotz des gescheiterten Versuchs von 1994, bei dem sie kein Mitglied auf den Gipfel führen konnten.

Adventure Consultants dagegen hielt sich an das bewährte Schema und ging den Gipfel von der klassischen Aufstiegsroute über die Südseite an. Caroline Mackenzie erinnert sich, daß Rob Hall die Gipfelbesteigung gründlichst vorbereitete. »Wenn es um die Planung ging, war bei ihm kein Platz für Selbstgefälligkeit«, erzählte sie mir. »Rob machte sich ständig Gedanken darüber, was schiefgehen könnte, und das bis ins winzigste Detail.«

Zusammen mit Adventure Consultants befand sich auf der Südseite ein anderer Expeditionsanbieter, das Mountain-Madness-Team des extravaganten amerikanischen Bergsteigers Scott Fischer, der mit seinen vierzig Jahren hoffte, auf den lukrativen Everest-Markt drängen zu können.

Fischer hatte den Körperbau und das kantig-gute Aussehen eines Hollywood-Schauspielers. In mancher Hinsicht war er der vielseitig begabte, typische amerikanische Held, ein Spitzenathlet im Bergsport, der vom Wunsch beseelt war, der Beste zu sein und als solcher anerkannt zu werden. Fischer strotzte nur so vor Ehrgeiz, seit er im zarten Alter von fünfzehn Jahren begonnen hatte, sich an den Felswänden Wyomings zu üben.

Er trug sein blondes Haar zu einem Pferdeschwanz zusammengebunden. Glattrasiert und mit einem Kiefer, der aus Fels gemeißelt schien, war er ein charismatischer Bergführer und Anekdotenerzähler – ein überlebensgroßer Charakter im Vergleich zum bärtigen und gewissenhaften Rob Hall.

»Scott führte sein Team ganz anders als Rob Hall«, erzählte mir ein Teammitglied eines konkurrierenden Anbieters. »Er konnte ganz schön theatralisch werden, etwas überkandidelt. Sicher war er nicht jedermanns Fall, eines steht jedoch fest: Er konnte sein Team inspirieren.«

Trotz der Tatsache, daß dies Fischers erster Versuch war, eine kommerzielle Truppe auf den Everest zu führen, ließen seine vorzüglichen Referenzen keinen Zweifel daran, daß er der Aufgabe voll und ganz gewachsen sein würde. Wie Rob Hall war auch Fischer ein Hochalpinist der Spitzenklasse. 1992 hatte er den K2 und 1994 den Everest ohne zusätzlichen Sauerstoff bestiegen.

Die Firma Mountain Madness war 1984 gegründet worden, doch sollten noch mehr als zehn Jahre vergehen, bis Fischer seine erste erfolgreiche, kommerzielle Expedition auf einen Achttausender führte. Seine Wahl fiel auf den Broad Peak im Karakorum-Gebirgszug in Pakistan. Er schlachtete die auf die Expedition von 1995 folgende Publicity geschickt aus, um im darauffolgenden Jahr den Everest in sein Programm aufzunehmen.

Der Preis für die Everest-Expedition betrug 65.000 Dollar. Fischer hatte während der Vorbereitungszeit für die Expedition zweimal Glück: Zum einen gelang es ihm, Anatoli Boukreev als Bergführer unter Vertrag zu nehmen, unbestreitbar einen der besten Hochalpinisten der Welt.[3] Boukreev stammte aus Korkino, einer kleinen Bergbaugemeinde, achtzig Kilometer von der nördlichen Grenze zu Kasachstan entfernt. Er entdeckte seine Liebe zu den Bergen im

3 Anm. d. Ü.: Boukreev kam im Dezember 1997 auf dem Annapurna in einer Lawine um.

nahe gelegenen Ural. Nachdem er sein Physikstudium beendet hatte, gelang es ihm, sich vor der Einberufung zum Afghanistan-Krieg zu drücken. Statt dessen ergatterte er einen Posten als Lehrer für Skilanglauf und Bergsteigen im Armeesportclub in Alma-Ata. Boukreev zeichnete sich auf den Siebentausendern seiner Heimat aus, doch erhielt er erst 1989 die Ausreiseerlaubnis nach Nepal, wo größere und interessantere Ziele auf ihn warteten.

Zum anderen hatte Scott Fischer das Glück, unter den acht zahlenden Kunden auch Sandy Hill Pittman zu haben, ein hochkarätiges Mitglied des New Yorker Gesellschaftslebens. Pittman brachte erstklassige Kommunikationsgeräte vom amerikanischen Fernsehkanal NBC mit. Er wollte vom Berg aus Berichte verfassen und täglich aktualisierte Beiträge per Internet auf eine spezielle Website stellen. Fischer war klar, daß er einen enormen Publicity-Coup für Mountain Madness landen würde, wenn es ihm gelingen sollte, Pittman (der bereits drei gescheiterte Versuche am Everest hinter sich hatte) auf den Gipfel des Everest zu bekommen. Es hätte ihn unter den Everest-Expeditionsanbietern an die Spitze katapultiert.

Auch der Reiseveranstalter Himalayan Kingdoms hatte Prominenz im Team: den neunundfünfzigjährigen Schauspieler Brian Blessed. Die Faszination Blesseds vom Everest – manche nannten es Besessenheit – hatte die Aufmerksamkeit von ITN Productions in London erregt. Und so kam es auch, daß ich mich unversehens vor dem Everest wiederfand und mich fragte, wie in aller Welt ich einen Film über einen Berg machen sollte, von dem ich noch nicht einmal in meinen kühnsten Träumen angenommen hatte, daß ich ihn je aus der Nähe sehen würde.

Am 4. Januar erhielt ich telefonisch das Angebot, das bei mir wie eine Bombe einschlug – das Angebot, nach Tibet zu reisen.

2. Kapitel

»Matt, bis du's? Hier ist Alison von ITN Productions. Julian Ware will mit dir sprechen. Einen Moment, ich verbinde ...«

Mein Herz setzte einen Moment lang aus. Ich war verzweifelt auf der Suche nach einem Auftrag. Neben meinem Telefon stapelte sich ein Haufen rot markierter letzter Mahnungen, und erst vor kurzem waren wir so hoffnungslos mit unserer Hypothek in Verzug geraten, daß wir befürchtet hatten, unser Haus wieder abgeben zu müssen.

»Hallo, Matt. Wie geht's? Haben Sie Weihnachten gut überstanden?«

Wir tauschten ein paar Floskeln aus.

»Um zur Sache zu kommen: Channel 4 hat Interesse, Brian Blesseds neue Everest-Expedition zu filmen. Die Tour dauert zehn Wochen, Start am 31. März. Haben Sie Lust?«

Die Frage war locker dahingeworfen, gerade so, als handelte es sich um eine Einladung zu einer Abendveranstaltung.

»Über welche Route?«

Papier raschelte am anderen Ende der Leitung.

»Über die Nordflanke. Es geht über Tibet.«

Die *Nordflanke*. Dieses eine Wort löste in mir eine spontane chemische Reaktion aus. Mit der irrsinnigen Geschwindigkeit von 1.400 Stundenkilometern raste eine Salve elektrischer Impulse wie hyperaktive Windhunde durch mein Hirn. Nur Zentimeter vor ihnen lief eine Kaninchenattrappe, auf deren Rücken in leuchtend roten Lettern das Wort »Verantwortung« gepinselt war. Fünfunddreißigjährige Familienväter mit drei Kindern müssen über solche Dinge nachdenken. Gründlich nachdenken.

Ich wußte, daß es sinnlos war, um Zeit zu pokern. Julian Ware ist kein Mann, den man warten läßt. Zwei Millisekunden, drei Millisekunden … vier …

Die Windhunde fielen mit hysterischem Heulen über die Kaninchenattrappe her und rissen sie mit geifernden Fängen in klitzekleine Stücke.

»Ja.«

»Gut. Ich arrangiere ein Treffen mit Brian.«

Es klickte leise an meinem Ohr. Das Gespräch war beendet. Ich hörte mein eigenes, lautes Atmen.

Auf dem Boden, malerisch um weihnachtliches Geschenkpapier und Styroporeinlagen drapiert, lag meine Frau Fiona, die mit unserem fünfjährigen Gregory das neue Hochgeschwindigkeitsfußballspiel ausprobierte. Am Fernsehschirm killte Alistair, sieben Jahre alt, blutrünstig eine 16-Bit-Nagetierepidemie, während der neunjährige Thomas auf dem Sofa lag und in einem Comic blätterte.

»Sieht so aus, als hätte ich einen Auftrag.«

Fiona befand sich nur Millimeter außerhalb des Strafraums und bereitete gewissenhaft einen riskanten Schuß vor. Ihr Finger schwebte wie ein jagender Turmfalke über der kleinen Fußballspielerfigur.

»Soso.« Sie blickte nicht auf. Ihr Finger korrigierte seine Position um Bruchteile eines Millimeters.

»Everest. Zehn Wochen.«

Der Finger führte mit blitzartiger Geschwindigkeit seinen Schlag aus. Der erbsengroße Ball landete oben im Netz.

»Jungs, schaut euch euren Vater noch einmal gut an. Er könnte bald nicht mehr unter uns sein.«

Die Jungs ignorierten sie. Gregory reihte seine Spielfiguren für den Anstoß auf.

»Es ist mir ernst. Das war Julian Ware.«

»Wow.«

»Es ist ihm gelungen, Channel 4 für Brian Blesseds neuesten Everest-Versuch zu begeistern.«

»Daraus wird ja doch nichts.« Fiona blockte Gregorys Gegenangriff geschickt ab. »Wenn du glaubst, daß irgend jemand, der auch nur halbwegs klar denkt, so etwas in Auftrag geben würde, hast du dich geschnitten. Blessed ist zu dick. Es wurde bereits ein Film über ihn gemacht, als er versuchte, diesen dämlichen Berg zu besteigen, und ich bin dabei eingeschlafen – falls du dich nicht mehr daran erinnern solltest. Vergiß es.«

Sie können mir glauben: Es gibt auf Gottes schöner Erde wirklich keine zynischere Kreatur als die Ehefrau eines freiberuflich arbeitenden Fernsehregisseurs. Das gehört zum Job. Wenn ich beispielsweise von einer Reise zum Vatikan zurückkehren würde und Fiona erzählte, der Papst habe mir eine mit seinem eigenen Blut geschriebene Garantie gegeben, daß er definitiv meine nächste Idee für einen Dokumentarfilm in Auftrag geben würde, wäre ihre einzige Antwort ein höhnisches Schnaufen gewesen.

Woher das kommt? Vor elf Jahren war Fiona ein fröhliches Mädchen, gerade mal dreiundzwanzig Jahre alt, das in einer Dorfkirche in Sussex mit blumengeschmücktem Haar den Weg zum Altar rauftrippelte. Damals hatte sie noch Vertrauen zur Welt und zu den Menschen. Und zu mir. Vielleicht betrachtete sie damals die Fernsehkarriere, die ich eingeschlagen hatte, als eine noble Tätigkeit: eine Art Mission, mit der ich den Menschen Farbe, Unterhaltung und Licht ins Haus bringen würde. Mit einem Fernsehregisseur verheiratet zu sein ... das war doch sicher etwas, worauf man stolz sein konnte.

War das alles wundervoll!

Jetzt kennt sie die Wahrheit. Und die ist nicht gerade schön. Fernsehen ist ein schmutziges Geschäft. Wenn man darin überleben will, muß man Wiesel, Python und Wolf in einem sein. Wenn man erfolgreich sein will, muß man zu 99,9 Prozent weißer Hai sein, großes Exemplar. Die Fähigkeit, unverfroren lügen zu können, gehört zu den wichtigsten Berufseigenschaften, besonders wenn man freiberuflich arbeitet.

Wiesel muß man sein, wenn man seinen Programmvorschlag dem widerstrebenden, auftraggebenden Redakteur vorstellen will. Der wird mit Vorschlägen wie deinem nur so überschüttet und hat keine, überhaupt keine Zeit, sich auch nur einen davon anzusehen. Jetzt kommt man nur mit Verschlagenheit, Bestechung und mit Rutschpartien durch Luftschächte weiter. Endlich liegt dein Programmvorschlag auf seinem Schreibtisch. Und du betest. Daß das Telefon klingelt.

Und es klingelt wirklich! Oh, die Tränen des Dankes, mit denen dieser Anruf begrüßt wird! Die aufwallende Freude, dieses euphorische, schwindelerregende Gefühl, daß die Welt allem Anschein zum Trotz doch ein glücklicher Ort ist.

Der Redakteur ist »interessiert«.

An diesem Punkt mutiert man zur Python. Nun hast du ihn am Wickel. Wenn du zu hart zudrückst, flutscht er oben raus und entwischt. Wenn du deinen Griff nur ein bißchen lockerst, ist er an der Idee eines anderen interessiert.

Die Monate verstreichen, und die Meetings nehmen kein Ende. In allen vier Ecken des Globus wird nach Koproduktionspartnern gesucht. Kameraleute werden aus ihren Villen zu luxuriösen Mittagessen in die Greek Street gelockt. Es kommt zunehmend Schwung in die Geschichte. Die Telefonleitungen glühen. Du kramst deine *John-Lewis*-Kundenkarte heraus.

Und plötzlich bricht die Welt zusammen. Ein Anruf vom Redakteur. Er hat es sich anders überlegt.

An diesem Punkt wirst du zum Wolf. Du knurrst drohend, scharst deine Meute um dich, entblößt deine Fänge und kämpfst. Durch Gerissenheit, durch ununterbrochenes Reden, durch Betteln, Jammern, Schmeicheln, Bitten, Fluchen, Drangsalieren, durch Großkotzereien, Übertreibungen und letztendlich durch reine Sturheit und die Weigerung aufzugeben, zwingst du den Redakteur, es sich noch einmal zu überlegen.

Und plötzlich gehen ihm die Augen auf. Natürlich ist deine Idee die beste schlechthin. Natürlich wird es einer der faszinierendsten Dokumentarfilme überhaupt. Verdammt ... die Leute werden sich ihn vielleicht sogar ansehen! Wenn er es sich so recht überlegt, dann will er nur deinen Vorschlag in Auftrag geben, und das sofort.

Feuerwerk. Champagner. Du kaufst dir einen neuen Laptop.

Es gibt doch einen Gott. Irgendwo da draußen stehst du dann eines Tages neben einer Filmkamera, die 120 Meter Zelluloid geladen hat. Du gibst das Zeichen. Der Kameramann drückt auf einen Schalter. Ein kleiner Motor läuft an, und ein winziges Rechteck Licht fällt durch ein Objektiv und belichtet einen Filmausschnitt, der kleiner als eine Briefmarke ist, exakt eine Fünftelsekunde lang. Das erste der Millionen Bilder, aus denen dein Film bestehen wird, ist aufgenommen.

Das ist der Moment, in dem man sich fragt, ob es wohl auf diesem Planeten ein noch verrückteres Geschäft gibt als das

Filmemachen. Und es ist der Moment, in dem du erkennst, daß du einfach verrückt danach bist.

Fiona beendete das Fußballspiel mit einer eleganten Bewegung. Mama, drei Tore, schlägt Kleinkind Gregory, kein Tor.

Ich stand immer noch unter Schock und starrte auf das Telefon. »Das ist es. Das wird mein großer Coup. Ich kann es in meinen Knochen fühlen. Ich gehe zum Everest.«

Fiona richtete ihre großen braunen Augen auf mich. »Und ich gehe zum Supermarkt. Was willst du zum Abendessen?«

Zwei Tage später betrat ich das Hauptquartier von ITN. Der Begriff »Hauptquartier« triff es genau, denn es handelt sich nicht um ein paar schlichte Büroräume. Allein das ehrfurchterregende, achtstöckige Atrium könnte locker jedes beliebige Produktionsunternehmen beherbergen, für das ich je gearbeitet habe.

Ein gläserner Aufzug brachte mich in Sekundenschnelle in den zweiten Stock, wo der weltmännische Julian Ware Filterkaffee aus einer eleganten Porzellankanne ausschenkte und mir Einzelheiten zum bevorstehenden Projekt erläuterte.

Der geplante Film sollte eine einstündige Dokumentation für die Reihe *Begegnungen* von Channel 4 werden. Nach kurzer Beratung über Budget und die Schwierigkeiten, die das Drehen mit sich bringen würde, kamen wir überein, daß ein stark reduziertes Drehteam die einzige Möglichkeit war. Nur zwei Kameraleute, von denen einer die erforderlichen Fähigkeiten für einen Dreh am Gipfel haben mußte, für den Fall, daß die Expedition erfolgreich verlief, sollten mich begleiten. Es blieb nur wenig Zeit für die Vorbereitungen. Die Expedition sollte in weniger als drei Monaten nach Katmandu aufbrechen, und die Fernsehgesellschaft hatte immer noch nicht definitiv grünes Licht für den Film gegeben.

Wir gingen gerade zum zweiten Teller mit dänischem Gebäck über, als Brian Blessed mit vierzig Minuten Verspätung wie ein Tornado ins Büro gefegt kam.

»General Bruces Eispickel!«

In der Hand schwang er einen alten und schmutzbefleckten Holzstab, der in einer rostigen Metallspitze endete. Brian betrachtete das Ding bewundernd.

»Seine Familie hat mir das gerade gegeben. Ich werde ihn mit auf die Nordflanke nehmen! 1922 – ihr wißt überhaupt nicht, was diese Leute *geleistet* haben ... und General Bruce war einer der ganz Großen!«

Julian stellte uns vor. Brian zeigte sich hocherfreut. Wir kannten uns seit genau zehn Sekunden.

»Na also, Matt. Wir verstehen uns ja großartig!«

Brian war nervös, und mir ging es nicht anders. Da ich der Regisseur des Films sein sollte, war es für uns beide unerläßlich, daß wir miteinander auskamen. Während meiner Zeit als Produktionsleiter hatte ich gesehen, was passiert, wenn sich Regisseure und ihre »Stars« am Drehort in die Haare kriegen. Das Leben ist einfach zu kurz, um Filme mit Leuten zu machen, die man nicht ausstehen kann.

Brian war gekleidet wie ein Farmer, der nach einem langen Arbeitstag auf dem Weg zu seinem allabendlichen Gläschen Bier ist. Sein Sweatshirt war übersät mit Treffern niedrig fliegender Enten (Brian hat einen eindrucksvollen kleinen Zoo halbzahmer Tiere), und unter einem zerfransten Paar dicker Hosen lugten zwei abgewetzte Lederstiefel hervor, die man selbst mit viel Nachsicht nur als Quadratlatschen bezeichnen konnte.

»Wichtig ist, Matt, daß man einen verdammt guten Hut mit Halteriemen hat. Wenn man nämlich einen ohne Riemen hat, dann ist der Hut beim ersten Windstoß, der den Rongbuk-Gletscher runterfegt, weg.«

Es gab eine etwas längere Pause, während der ich in meinem Notizbuch vermerkte: »Hut mit Riemen.«

Brian ist für seine Exzentrizität genauso bekannt wie für seine Liebe zum Everest. Er kann einem die Namen aller Mitglieder jeder einzelnen Everest-Expedition der Vorkriegszeit aufzählen und bis ins kleinste Detail über deren Probleme und Kümmernisse berichten. Er kannte die verschiedenen Routen, die sie nahmen, die Höhen, die sie erreichten, und das Schicksal, das sie ereilte, wenn der Everest – was häufig der Fall war – mit tragischen Konsequenzen zurückschlug.

1990, nach Jahren unbezahlter Laufereien, nicht gehaltener Versprechen und Rückschlägen, die einen weniger ausdauernden Mann als Brian sicherlich abgeschreckt hätten, gelang es ihm, die BBC und den Produzenten John Paul Davidson zu überzeugen, ihn auf einer Reise zur Nordflanke des Everest zu begleiten. Das Ergebnis war *Galahad of Everest*, ein neunzigminütiger Film, in dem Brians Leidenschaft für den Everest und insbesondere seiner Besessenheit von dem Bergsteiger George Mallory großzügig Rechnung getragen wird.

In den Bergsteigerklamotten der damaligen Zeit wanderte Brian in den Fußstapfen der britischen Expedition von 1921. Einerseits drehte man effektvolle Rekonstruktionen, andererseits wurden Archivfilme und Originaltagebücher herangezogen. Auf jeden Fall beschwor *Galahad of Everest* sehr anschaulich den Geist dieser vergangenen Ära und befaßte sich eingehend mit dem spurlosen Verschwinden Mallorys und Irvings nahe des Gipfels – einer Tragödie, die nicht nur Bergsteiger seit damals beschäftigt.

Doch so faszinierend die historische Perspektive auch war, der wahre Reiz des Films bestand darin, Brian selbst auf dem Berg in Aktion zu erleben. Man hatte zwar nicht ernsthaft an eine Gipfelbesteigung gedacht, doch eine außergewöhnliche Schönwetterperiode öffnete das »Wetterfenster« für einen Exkurs auf den Nordgrat – eine einmalige Chance, am eigenen Leib zu erfahren, gegen was Mallory und Irving seinerzeit anzukämpfen hatten.

Und genau da überraschte Brian alle, und nicht zuletzt sich selbst.

Er schaffte es trotz seines Übergewichts, seiner Unerfahrenheit im Hochgebirge und seiner hoffnungslos schlechten Kondition bis auf 7.600 Höhenmeter am Nordgrat, bevor Höhe und Erschöpfung ihn unweit von Lager Fünf zwangen umzukehren. Keuchend, stöhnend und fluchend – so authentisch bannte der Kameramann David Breashears Brians Leidensweg auf Zelluloid, daß man fast schon eine Sauerstoffmaske brauchte, um sich den Film im Fernsehen ansehen zu können.

In dem Streifen gelang etwas, was in vielen anderen Filmen über den Himalaja nicht gelingt: Der große Feind, die Höhe, wurde plötzlich Realität. Der Zuschauer konnte bei jedem schwankenden Schritt, mit jedem keuchenden Atemzug Brians erkennen, welch übermächtigen körperlichen und geistigen Kampf er zu bestehen hatte. Anders als bei einem kühlen, erfahrenen und professionellen Bergsteiger konnte sich der Zuschauer mit Brian identifizieren.

Brian kam höher hinauf, als man je für möglich gehalten hätte. Er forderte sein Glück heraus. Als er kehrtmachte, war er am Ende seiner Kräfte angelangt. Glücklicherweise stand ihm David Breashears bei, ein extrem kräftiger Himalaja-Bergsteiger, der bereits zwei Everest-Gipfelbesteigungen hinter sich hatte. Zweifellos rettete Breashears' besonnene Art Brian vor der akuten Höhenkrankheit, vor Erfrierungen oder gar Schlimmerem. Qualvoll langsam ließ sich Brian zurück zum vorgeschobenen Basislager führen, wo ihn ein höchst erleichterter John Paul Davidson mit dem Rest des Teams empfing.

Nun, da er die Expedition lebend überstanden und mit eigenen Augen den heiligen Berg gesehen hatte, auf dem sein Held Mallory verschwunden war, hätte man erwarten können, daß Brian seine Bergsteigerstiefel an den Nagel hängen und sich mit der Schauspielerei begnügen würde. Schließlich hatte er sich den Traum seines Lebens nun erfüllt. Der Sirenengesang des Everest erwies sich jedoch als zu stark. Im Jahre 1993 kehrte Brian zurück, und diesmal peilte er zielstrebig den Gipfel an.

Für diesen neuerlichen Versuch schloß er sich einer kommerziellen Expedition an, die von Himalayan Kingdoms organisiert wurde. Zusammen mit zehn weiteren Teammitgliedern ging Brian die Südseite des Berges von Nepal aus an. Die gleiche Route hatte 1953 auch Edmund Hillary mit dem Sherpa Tensing bei der Erstbesteigung genommen. Die Himalayan-Kingdoms-Expedition baute auf die Unterstützung der Sherpas, die Hochlager errichteten, in denen Sauerstoff, Nahrung und Gas zum Kochen für die Teammitglieder bereitstehen würden. Jeder Teilnehmer zahlte 22.000 Pfund.

Im März 1993 flog die Expedition von London nach Katmandu und wanderte durch das Khumbu-Tal bis zum Basislager, von dem aus die achtwöchige Tour starten sollte.

Brians Leistung während der *Galahad*-Expedition war bereits beeindruckend gewesen, doch seine Anstrengungen bei der Expedition von 1993 waren einfach verblüffend. Mit seinen siebenundfünfzig Jahren war er der mit Abstand älteste Teilnehmer der Expedition, und dennoch erreichte er auf 8.300 Metern einen Punkt oberhalb des Südsattels, der nur noch 500 Meter vom Gipfel entfernt lag.

Während des Abstiegs vom Südsattel entkamen Brian und mehrere andere Mitglieder nur knapp dem Tod, als eine

Lawine über die Lhotse-Flanke niederging und das gesamte Lager Fünf in 7.500 Metern Höhe mit sich riß, in dem sie sich nur Stunden zuvor befunden hatten.

Als sie wieder sicher in Katmandu waren, hatte das Team – und speziell Brian – einiges zu feiern. Der Leiter der Expedition, Steve Bell, hatte acht Mitglieder bis auf den Gipfel geführt, ein Rekord für eine kommerzielle Everest-Expedition, und Brian hatte wiederum bewiesen, daß er die Zähigkeit besaß, selbst extremen Höhen zu trotzen. Sich ohne Sauerstoffgerät über die magische 8.000-Meter-Grenze zu kämpfen war eine echte Leistung.

Drei Jahre später – er war mittlerweile sechzig – meldete sich Brian zu einer dritten Everest-Expedition an, wieder bei Himalayan Kingdoms. Diesmal würde ihn die Reise erneut an die tibetische Nordseite führen, wo sechs Jahre zuvor der *Galahad*-Film gedreht worden war.

Damals war er unerfahren und voller Enthusiasmus an die Aufgabe herangetreten, ohne die leiseste Ahnung, welche zerstörerischen Wirkungen die Höhe auf den menschlichen Organismus haben kann, und ohne jede nennenswerte Erfahrung im Fall einer Krisensituation. Jetzt hatte Brian die Erfahrungen zweier Everest-Expeditionen im Gepäck, einschließlich seiner beeindruckenden Leistung oberhalb der 8.000-Meter-Grenze auf der Südseite. Für einen Mann seines Alters wies sein Höhen-Curriculum auf echte Höhenfestigkeit hin. Und es gab keinen Zweifel an seiner grenzenlosen Begeisterung für die bevorstehende Aufgabe.

Doch würde das ausreichen? Würde Brian den Gipfel erreichen? Oder hatte er seine Belastbarkeit während der Expedition von 1993 ausgeschöpft? War das seine persönliche Bestleistung gewesen, die er nicht mehr würde überbieten können?

Für mich war es unerläßlich, die Antwort auf diese Fragen

zu finden. Ich hatte keine Lust, einen Film zu drehen, der den gleichen Boden abdeckte wie *Galahad of Everest*. Ich wollte alles auf diesen Film bringen – ich wollte Bilder von Brian auf dem Gipfel!

Brian war sich seiner Sache sicher. »Diesmal werde ich es packen, Matt. Bei Gott, diesmal schaffe ich es!«

Brians Kaffee stand unberührt vor ihm und wurde kalt. In den Händen drehte er den verehrungswürdigen Eispickel hin und her wie den Stock eines *Cheerleaders*, und jedesmal, wenn er etwas besonders betonte, ließ er ihn auf seine Kniescheibe klopfen.

»Ich werde mir die Sauerstoffmaske viel früher überziehen. Das war mein Fehler auf der Südseite: Ich war einfach zu stolz, das Ding anzulegen. Aber diesmal werde ich Sauerstoff benutzen, und ich werde es schaffen, und du wirst dabeisein, um es zu filmen! Es wird der beste Film über den Himalaja, der je gedreht wurde!«

General Bruces Eispickel durchschnitt in elegantem Bogen die Luft.

»Und wie sieht's mit dir aus, Matt? Schon Berge bestiegen?«

»Ein wenig, ja.« Ich schenkte Brian mein bescheidenstes Lächeln.

In Wahrheit war meine Bergsteigererfahrung für jemanden, der einen Film an der Nordflanke des Everest drehen wollte, entschieden lückenhaft. Meine Gipfelleistungen beschränkten sich bislang auf zwei: Der erste war ein sogenannter Trekking-Gipfel im Himalaja namens Pokalde (5.700 Meter), der zweite ein unbekannter Vulkan in Ecuador etwa der gleichen Höhe. Für ernsthafte Himalaja-Bergsteiger sind das nicht mehr als Erdklümpchen, nette Maulwurfhügel, die man sich schnell mal vor dem Frühstück einverleibt.

Sie zu besteigen hatte meine ganze Kraft gekostet.

Doch erschreckender als meine zweifelhaften Triumphe waren die schmählichen Fehlschläge, von denen meine Bergsteigerlaufbahn durchsetzt war. Sie wies nicht nur ein paar unbedeutende Mängel auf, sie war übersät von gähnenden Abgründen riesengroßer, schattiger Schluchten – meinen lächerlichen Reinfällen und durch Inkompetenz verursachten Mißerfolgen.

Unter den absurderen dieser Reinfälle – so absurd, daß ich schon fast wieder stolz darauf bin – befindet sich ein Versuch, im Jahre 1981 den Ben Nevis zu besteigen, als ich noch an der Universität von Durham studierte.

Es fing eigentlich recht vielversprechend an. Ich machte mich an einem Freitagnachmittag auf, trampte bis nach Edinburgh und anschließend rüber nach Glasgow. Bei Einbruch der Nacht setzten schwere Regenfälle ein. Nichts ging mehr voran. Morgens um halb drei steckte ich etwas nördlich von Dumbarton fest, war bis auf die Haut durchnäßt und tat mir selbst fürchterlich leid. Nur wenige Autos waren unterwegs, und von den wenigen, die an mir vorbeifuhren, machte keines Anstalten, neben mir anzuhalten.

Ich erinnerte mich an eine nicht zu weit entfernte Autobahntankstelle und beschloß, einen taktischen Rückzug Richtung Süden anzutreten und dort bis zum Morgengrauen zu warten. Während des Fußmarsches hielt ich ohne große Hoffnung auf einen mitleidigen Autofahrer meinen Daumen in den Wind.

Zu meiner Überraschung hielt ein Fahrzeug neben mir. Es war ein zu einem Wohnwagen umfunktionierter ausrangierter Fish-and-Chips-Lieferwagen. Drinnen begrüßte mich eine Familie, die Mitgefühl für mein Elend zeigte.

Als ich dem Fahrer erzählte, daß ich den Ben Nevis erklimmen wollte, schlug er mir etwas anderes vor: Warum nicht statt dessen den Snowdon besteigen?

Die Familie war auf dem Weg zurück nach Flint an der nordwalisischen Küste. Dort wäre ich im ersten Morgengrauen, und ich müßte dann nur noch eine Mitfahrgelegenheit Richtung Bangor finden – was ihrer Meinung nach nicht schwer sein dürfte. In Null Komma nichts wäre ich in Snowdonia, wo der ehrfurchterregende Gipfel nur darauf wartete, in einem schnellen Triumphzug von mir bezwungen zu werden.

Im Wagen war es warm, und unter der Bedingung, daß ich meine nassen Regensachen auszog, stellte man mir auch ein Etagenbett zur Verfügung. Ich entschied mich für Snowdon. Ben Nevis konnte warten. (Er wartet bis zum heutigen Tag.)

Als ich in Flint aufwachte, stellte ich fest, daß die Tochter des Paares – sie muß so um die acht oder neun Jahre alt gewesen sein – mich mit einer Decke zugedeckt hatte, während ich schlief. »Du sahst so durchfroren aus«, sagte sie und schenkte mir einen Mars-Riegel zum Frühstück.

Der schnelle Trip nach Snowdonia erwies sich als weitaus schwieriger als erwartet, und es ging bereits auf Mittag zu, als man mich in Betys-y-Coed absetzte. Eine tiefe Nebeldecke verhüllte den Nationalpark und begrenzte die Sicht auf wenige hundert Meter. Der Berg hatte sich irgendwo hinter die undurchdringliche Nebelwand zurückgezogen. Und ich hatte weder eine Karte noch das Geld, mir eine zu kaufen.

Nachdem ich auf einem Parkplatz eine Karte des Nationalparks studiert hatte, machte ich mich in einem feinen Nieselregen Richtung Snowdon auf. Zwei Stunden lang kämpfte ich mich auf einem schlammigen Pfad voran, der sich weigerte anzusteigen. Ich versuchte mir einzureden, daß es schon bald nach oben gehen würde. Aber der Pfad wurde immer schlimmer, der Boden immer sumpfiger. Schließlich hüpfte ich von einem Büschel Sumpfgras zum nächsten.

Klebrige Schlammlöcher, bis zum Rand gefüllt mit schwarzem Morast, lauerten ringsum.

Die Wolke zog sich weiter zusammen, so daß ich schließlich vollkommen vom Weg abkam. Ich kämpfte mir nun einen Weg nach oben durch Felder mit unwirsch dreinblickenden Schafen, kletterte über Steinmauern und verfing mich in Stacheldrahtzäunen. Als mir nur noch eine knappe Stunde an trübem Tageslicht blieb, sank ich erschöpft gegen das rostige Skelett eines verlassenen Traktors und gestand mir meine Niederlage ein. Snowdon kann warten, sagte ich mir.

In meinem Rucksack befand sich eine Viertelliterflasche Southern Comfort. Ich trank sie in weniger als einer halben Stunde leer, verdrückte dann eine Schachtel Jaffa-Kekse und ein *Scotch Egg*. Mir war übel, als ich meinen Rückzug vom Berg antrat – sofern ich überhaupt auf dem Berg gewesen war. Bei Einbruch der Nacht erreichte ich die Sicherheit der geteerten Straße.

Nach einer durchtrampten Nacht erreichte ich Montag morgen Durham, nur wenige Minuten vor Vorlesungsbeginn, mit rotumränderten Augen und völlig erschöpft. Trotz des brennenden Schamgefühls, das mir mein Scheitern verursachte, hatte mir das Wochenende seltsamerweise Spaß gemacht.

Der Teil meiner Bergsteigerkarriere, der einen Schimmer Hoffnung aufkommen ließ – und von dem ich jetzt Brian und Julian erzählte –, war, als ich als Trekkingführer gearbeitet hatte. Im Sommer 1984 leitete ich für den Abenteuerreisen-Veranstalter Explore Worldwide eine Reihe von Berg-Trekking-Touren durch das Atlasgebirge in Marokko.

Alle zwei Wochen flog eine neue Gruppe über Paris in Marrakesch ein. Ich saß dann im Flughafenrestaurant und trank Pastis mit Philippe, dem französischen Führer eines konkurrierenden Veranstalters. Wir beobachteten, wie die

Neuankömmlinge aus dem Flugzeug stiegen. Philippe hatte ein Gespür dafür, Mitglieder seiner Gruppe zu erkennen. Es amüsierte ihn, laufend Kommentare abzugeben, während die Passagiere das Flugzeug verließen. »Die gehört zu meiner Gruppe«, behauptete er jedesmal zuversichtlich, sobald ein hübsches Mädchen auftauchte.

Ältere Frauen oder solche, die nicht seinen hohen Anforderungen entsprachen, wurden kurzerhand abgestempelt: »Das ist eine von dir.«

Was mich am meisten ärgerte, war, daß Philippe fast immer recht behielt. Le Trekking war zu der Zeit in Frankreich in Mode, und seine Gruppen schienen in der Tat einen ungewöhnlich hohen Anteil an fantastischen Mädchen aufzuweisen. Meine dagegen bestanden überwiegend aus behaarten alten Matronen und bärtigen Bibliothekarinnen aus Solihull. Auf dem Trekkingpfad boten Philippes Gruppen mit ihren hautengen Radlerhosen und verspiegelten Gletscherbrillen eine glitzernde Modeschau. Meine trugen undefinierbare Kniebundhosen und flusige Hemden aus Armeerestbeständen.

Am Flughafen verabschiedete sich Philippe stets mit den Worten: »Wie imme, Mathieu, abe isch die Gasellen … und du ast die Siegen! Bis in swei Wochen.«

Sobald er die *crème de la crème* elegant in seinem turbobetriebenen Toyota verstaut hatte, donnerte er mit seinen Gazellen in die Nacht hinein. Er hinterließ eine Wolke aus Dieselabgasen und Chanel.

Abgesehen von diesen kleineren Ärgernissen war meine Zeit als Trekkingleiter im Atlasgebirge sehr lehrreich. Ich lernte, daß seltsame Dinge geschehen, wenn Menschen und Berge aufeinandertreffen. Die Trekkingtouren waren nicht sehr anstrengend, selten überstiegen sie sechs Stunden Wanderzeit am Tag, doch in der Hitze des marokkanischen

Sommers konnten sie eine wahre Herausforderung darstellen. Ich erlebte, wie Persönlichkeiten sich änderten, gerade so, wie sich der Eindruck des Berges von einem Tal zum nächsten ändert.

Berge legen Schicht um Schicht frei, wie bei der Demontage eines Autos auf dem Schrottplatz. Alles fällt nach und nach ab, Panzer und Verkleidungen, und schließlich bleibt nur der Kern zurück. Da bekamen scheinbar sanftmütige Gruppenteilnehmer urplötzlich regelrechte Tobsuchtsanfälle. Hartgesottene Killertypen lösten sich in Tränen auf, und unscheinbare Matronen wurden zu Löwinnen, die mit einem unglaublichen Tempo die Berge hochdüsten und wieder hinab in die Täler stoben.

Mitten in dieser dynamischen, sich ständig ändernden Atmosphäre befindet sich der Trekkingleiter, der ermutigt, gut zuredet, informiert und zu verhindern versucht, daß ein Mitglied dem anderen den Kopf abreißt, wenn unvereinbare Persönlichkeiten aufeinanderstoßen. Die Aufgabe war psychologisch anspruchsvoll, körperlich erschöpfend und ständig von der leisen Ironie begleitet, die sich immer dann einzustellen scheint, wenn sich mehrere Briten zu einer Gruppe zusammenfinden. Ich liebte das Ganze – besonders als eine einsame und besonders anmutige Gazelle endlich, endlich in Marrakesch aus dem Flugzeug stieg und ein Explore-Schildchen auf dem Rucksack hatte.

»Meine«, sagte ich zu Philippe. Er schäumte vor Wut.

Trekking ist jedoch nicht Bergsteigen, und Toubkal – mit 4.165 Metern der höchste Gipfel im Atlasgebirge – wäre nicht mehr als ein winziger Tintenklecks auf einer Karte des Himalaja-Gebirges.

Kurzum, ich war ernsthaft unterqualifiziert, eine wie auch immer geartete Everest-Expedition mitzumachen, vor allem eine, die über die technisch sehr anspruchsvolle und riesige

Nordflanke führte. Wie bereits erwähnt, hatte ich noch nicht einmal die höchsten Berge Großbritanniens erklommen, geschweige denn auch nur einen Gipfel der Alpen bestiegen. Ich hatte noch nie einen Bergsteiger- oder Kletterkurs belegt und nie richtig gelernt, wie man mit Kletterseilen umgeht.

Schlimmer noch ist meine Ungeschicklichkeit. Auseinandergefaltete Karten fliegen mir bei der sanftesten Brise aus den Händen, meine Karabinerhaken klinken sich auf rätselhafte Weise aus den Seilen aus, und Trinkflaschen springen mir aus Rucksacktaschen und krachen Eishänge hinunter. Ich habe bereits Zelte in Brand gesetzt, Schlafsäcke in eiskalte Flüsse fallen lassen und genügend Sonnenbrillen verloren, um damit einen mittelgroßen Optikerladen ausstatten zu können. Eine solche Tolpatschigkeit kommt bereits in niedrigeren Höhen ungelegen, doch in Höhen über 8.000 Metern kann sie tödlich enden.

»Ich werde mich auf die Aufnahmen im Basislager beschränken«, sagte ich zu Brian, »und das Filmen weiter oben einem Fachmann überlassen.«

»Unsinn.« Brian war unnachgiebig. »Wir gehen zusammen bis nach oben. Warte nur, bis du einmal dort bist und diese große, leuchtende Pyramide über dem Rongbuk-Gletscher siehst! Dann gibt es kein Zurück mehr.«

Mit diesen Worten schüttelte Brian mir die Hand, zerbrach mir dabei beinahe sämtliche Knochen und eilte zu einer Voice-over-Aufnahme in ein Studio in Soho.

»Glauben Sie, es klappt?« Julian schüttete den Bodensatz seines Kaffees aus.

Mir war Brian zwar ungemein sympathisch, doch wenn ich mir die Geschichte als Filmemacher betrachtete, dann hingen über dem ganzen Projekt noch einige recht große Fragezeichen.

»Ich glaube, ich muß mich noch ein wenig umtun. Es ist sinnlos, das Projekt voranzutreiben, wenn wir nicht hundertprozentig sicher sind, daß Brian eine echte Gipfelchance hat. Wenn er bis nach oben kommt und wir eine Möglichkeit finden, das zu filmen, dann haben wir etwas wirklich Starkes. Wenn er es nicht schafft, haben wir eine Neuverfilmung von *Galahad*, und darauf habe ich keine Lust.«

Julian gab mir eine Woche Zeit, um eine Entscheidung zu treffen.

Ich machte mich daran herauszufinden, wie hoch Brians Chancen standen. Ich sprach mit einigen Koryphäen auf dem Gebiet Hochgebirgstouren, und sie alle sagten das gleiche: In Anbetracht von Brians beachtlicher Höhenleistung wäre er sicherlich in der Lage, einen Versuch bis zur Spitze zu unternehmen, sofern das Wetter mitspielte und die versorgungstechnische Seite lückenlos durchorganisiert war.

Aus professioneller Sicht sprach also nichts mehr dagegen, das Angebot anzunehmen. Außerdem gab es andere, eher persönliche Gründe, warum zehn Wochen in Tibet zu diesem speziellen Zeitpunkt eine besondere Anziehung auf mich ausübten.

Meine Ehe war nach elf Jahren aus den Fugen geraten und befand sich in einer Krise, die nach einer Lösung schrie. Mir wurde langsam klar, daß der Everest mir möglicherweise den Abstand verschaffen würde, den ich benötigte, um wieder zu mir zu finden.

3. Kapitel

Ich lernte Fiona 1981 während meines ersten Jahres an der Universität von Durham kennen, doch es dauerte eine gewisse Zeit, bis mir klarwurde, wie sehr ich sie mochte. Ich studierte Archäologie und Anthropologie und sie Geisteswissenschaften. Unsere Wege kreuzten sich also nicht allzu häufig in den Vorlesungssälen – ganz abgesehen davon, daß wir beide nicht besonders oft in Vorlesungen waren.

Fiona hatte ein freches Lächeln, widerspenstige schwarze Ringellocken und eine Vorliebe für atemberaubend kurze Röcke. Sie rauchte Benson & Hedges, knabberte ihre Fingernägel bis aufs Fleisch ab und trank so viel Gin und Tonic, daß ein Freund ihr fünf Aktien von United Distillers zum Geburtstag schenkte. Auf dem Tennisplatz schlug sie selbst nach einer halben Flasche Pimms die besten Spieler der Uni. Sie trat nie einem der verschiedenen College-Teams bei, wahrscheinlich, weil sie schlicht und ergreifend keine Lust hatte. Ich fand das ziemlich cool.

Jedesmal, wenn ich einen Blick auf Fiona warf, schien sie gerade auf einem Kahn an mir vorbeizugleiten, der von einem distinguiert aussehenden Eton-Studenten mit Gel im Haar manövriert wurde, oder in der späten Sommersonne auf dem Rasen der Universität mit einem Grüppchen von Leuten Champagner zu trinken, die Samtschärpen um die Hüften trugen.

Gelegentlich trafen wir uns auf Parties, und wir kannten uns gut genug, um uns auf der Straße zu grüßen. Doch ich war sehr mißtrauisch Fionas Freunden gegenüber, die mir ziemlich arrogant vorkamen, und das war ein echtes Problem, ganz gleich, wie sehr sie mich zum Lachen brachte. Mein Umfeld war das der Forschungsgesellschaft, die ich in meinem zweiten Jahr in Durham leitete. Mein Freundeskreis setzte sich aus Weltreisenden, Wandervögeln und Träumern zusammen, die jeden freien Augenblick über Karten von Gegenden hingen, die sie nicht bereisen konnten, weil ihnen das nötige Kleingeld fehlte. Fionas Welt drehte sich um die Schauspielerszene des Colleges und die bierschluckenden männlichen Randgruppen des Universitäts-Rugby-Teams – also Gruppen, denen ich so weit wie möglich aus dem Weg ging. Wir hatten keinen einzigen gemeinsamen Freund.

Es gab zur Zeit unserer ersten Begegnung noch eine andere Hürde: Fiona hatte eine feste und ich mehrere halbfeste Beziehungen. Mein Privatleben durchlief eine dieser periodisch auftretenden Chaos-Phasen, in denen eine langfristige, eine mittelfristige und mehrere extrem kurzfristige Beziehungen abwechselnd, manchmal auch gleichzeitig, in sich zusammenfielen, wieder entflammten, ihren Höhepunkt erreichten, implodierten oder einfach zum Erliegen kamen.

Unter all diesen Bedingungen standen die Chancen, daß ich je eine Beziehung mit Fiona haben würde, praktisch gleich null. Doch das änderte sich unerwarteterweise nach einer zufälligen dreiminütigen Unterhaltung auf der Straße. Ich glaube, es war das einzige Mal, daß ich sie ein Buch tragen sah. Wir gingen beide über eine der vielen Brücken der Stadt, und einer spontanen Eingebung folgend fragte ich sie, ob sie am Wochenende zu einer Campingtour mit ein paar Freunden in die Berge des Lake District mitkommen wolle. Zu meiner Überraschung sagte sie sofort zu.

Und so begann alles.

Ich verliebte mich Hals über Kopf in sie. Einige Wochen später, am Abend vor der Sommersonnenwende, küßten wir uns bei einer Flasche Theakston's Cidre zum ersten Mal. Wir saßen auf einem Hügel, von dem aus man die schmutzverkrusteten Turmspitzen von Durham sehen konnte. Die Sonne stand schon tief, durch die Luft flogen Blütenpollen und Löwenzahnwölkchen, und ich hatte Heuschnupfen. Mitten im Kuß bekam ich einen Niesanfall.

Als der September und mit ihm ein neues Semester begann, waren wir wieder zusammen und verbrachten immer mehr Zeit miteinander. Um Weihnachten herum wurde mir schlagartig bewußt, daß ich sie liebte. Während der Winterferien erhielt ich einen Auftrag von der Zeitschrift *Traveller*, einen Artikel über die Transsibirische Eisenbahn zu schreiben. Fiona begleitete mich auf der Reise. Um uns die Zeit zu vertreiben, während der Zug langsam über das riesige Ödland der ehemaligen Sowjetunion rumpelte, tranken wir unglaublich billigen russischen Champagner und liebten uns zwischen den einzelnen Bahnhöfen in unserem Zugabteil.

In Sibirien liegen die Bahnhöfe weit auseinander.

Wenn man bedenkt, wie schwer ich mich bislang mit festen Beziehungen getan hatte, hätte im Normalfall auch meine Beziehung zu Fiona irgendwann ein Ende finden müssen. Doch das tat sie nicht. Im Gegenteil: Sie wurde immer fester. Als uns eines Tages bewußt wurde, daß wir uns besser einmal um unsere Prüfungen Gedanken machen sollten, lebten wir praktisch bereits zusammen. In der letzten Minute, als mich nur noch wenige Tage von den Prüfungen trennten, wurde ich von Panik ergriffen. Es gelang mir, genügend Stoff in mich reinzutrichtern, um noch einen halbwegs akzeptablen Abschluß hinzulegen. Auch Fiona schaffte ihr Diplom, nachdem sie ein paar Wochen Tag und Nacht gebüffelt hatte.

Irgendwie, irgendwo war ich dem Auswärtigen Amt aufgefallen, oder um genauer zu sein, dem Geheimdienst MI6. Nach einer Reihe von Unterredungen in London wurde mir eine Stelle angeboten, die mich in die Welt der geheimen Nachrichtenermittlungen eingeführt hätte. Nach reiflichen Überlegungen lehnte ich das Angebot jedoch ab. Ich wollte kein Spion werden. Ich hatte mich bereits für eine Laufbahn beim Fernsehen entschieden.

Irgendwo mußte ich anfangen, und so bewarb ich mich bei der BBC für eines ihrer Nachwuchsprogramme. Sie schrieben mir kurz und bündig zurück, daß sich 38 Millionen Leute auf sechs freigewordene Stellen beworben hätten, und daß ich obendrein den Abgabetermin für die Bewerbung verpaßt hätte.

In einem Wutanfall bewarb ich mich für den erstbesten bezahlten Job, den ich über unsere regionale Zeitung finden konnte, und bekam ihn. Hühnerställe säubern war zwar nicht gerade die hochfliegende Medienkarriere, die ich mir erträumt hatte, doch es war ein Anfang. Ich hielt das Ganze genau drei Tage lang aus, dann wandte ich mich anderen, nicht minder geistlosen Tätigkeiten zu. Ich schuftete auf Baustellen, fügte Doppelglasfenster zusammen und stellte Festzelte für Parties und Volksfeste kreuz und quer im ganzen Land auf.

Fiona arbeitete für eine Reiseagentur, wir legten unser Geld zusammen. Unser Plan war, genug zu sparen, um eine lange Reise durch die Sahara in dem alten Landrover machen zu können, den ich kürzlich für 500 Pfund erworben hatte. Am Tag unserer Abreise blickten uns Fionas verstörte Eltern mit tränenverschleierten Augen an, als ob sie nicht erwarteten, ihre Tochter jemals lebend wiederzusehen.

Tatsache ist, sie hätten beinahe recht gehabt.

Unser Landrover brach zusammen. Ein Stottern, ein

Knall, und das Gefährt stand mitten in der Sahara zwischen Tamanrasset und Djanet, im tiefsten Süden Algeriens, still. Und wenn ich sage, der Landrover brach zusammen, dann meine ich das wortwörtlich: Das rostige alte Fahrgestell brach genau über der hinteren Achse entzwei. Das arme alte Vehikel schleifte nun wie ein Hund ohne Hinterbeine mit dem Allerwertesten am Boden. Wenn nicht zufällig zwei Italiener des Weges gekommen wären, hätte die Geschichte böse ausgehen können.

Mit viel Erfindergeist verwendeten wir kaputte Teile von Blattfedern (zu dem Zeitpunkt unserer Reise hatte ich davon bereits eine beachtliche Sammlung) und bohrten zum Festmachen Löcher in das auseinandergebrochene Fahrgestell. So gelang es uns, das Gefährt wieder einigermaßen in seine ursprüngliche Form zu bringen und die Metallteile über die Bruchstelle zu schrauben. Nachdem wir den Landrover in der nächsten Oase notdürftig hatten zusammenschweißen lassen, schleppten wir uns mit gemächlichen dreißig Stundenkilometern zurück nach England.

Ich dürstete nach mehr Reisen, und so bewarb ich mich um den Posten eines Trekkingleiters beim Abenteuerreisen-Veranstalter Explore Worldwide. Ich bekam den Job. Während meiner ersten Saison im Atlasgebirge hatte ich reichlich Zeit zum Nachdenken, und es war hauptsächlich Fiona, um die meine Gedanken kreisten. Die Reise durch die Sahara hatte uns einander noch näher gebracht, und ich erkannte nun, daß ich sie auf keinen Fall verlieren wollte. Nach Marokko war ich von der gleichen Firma für eine Saison für einen Segeltrip auf dem Nil vorgesehen. Ich würde also wieder längere Zeit von Fiona getrennt sein – um die sechs Monate diesmal –, und ich war mir nicht so sicher, daß sie weiterhin auf mich warten würde.

Während der letzten paar Tage meines marokkanischen

Aufenthaltes saß ich im Hotel Foucauld in Marrakesch und dachte über ein paar Gläsern Bier darüber nach, welche Aussichten auf Erfolg eine langfristige Beziehung – und ich meine *wirklich* langfristig – hätte. Könnte ich jemals das Reisen lassen? Würde es mir gelingen, meine innere Unruhe zu bändigen? Wäre ich jemals in der Lage – und allein schon bei dem Gedanken bekam ich eine Gänsehaut –, seßhaft zu werden?

Die Antwort auf alle Fragen war ein nachdrückliches »nein«. Ein schnuckeliges häusliches Leben stand ganz zuunterst auf meiner Prioritätenliste. Es würde bedeuten, daß ich meine Freiheit aufgeben müßte, und das konnte ich nicht. Nach ein paar weiteren Gläsern Bier war ich mit meinem Problem immer noch um keinen Millimeter weiter, und so beschloß ich, einen Kronkorken zu werfen, um endlich zu einer Entscheidung zu kommen. Logo oben bedeutete »ja«, andere Seite oben »nein«.

Ich balancierte das Metallrund eine Sekunde lang auf meinem Daumennagel und warf es dann hoch in die Luft …

Als ich nach England zurückkehrte, bat ich Fiona, meine Frau zu werden.

Wir setzten den Hochzeitstermin auf September fest. Dann reiste ich ab, um betrunkene Australier den Nil runterzuschippern, und überließ es Fiona und ihrer Mutter, sich um die Hochzeitsvorbereitungen zu kümmern.

Die ersten paar Ehejahre waren hektisch: Fiona leitete eine Firma, die toskanische Villen vermittelte, von einem der hinteren Räume unseres kleinen Hauses in St. Albans aus und bekam in schneller Folge Thomas, Alistair und Gregory. Ich konzentrierte mich darauf, mir eine Karriere beim Fernsehen aufzubauen. Durch mehrere glückliche Zufälle wurde mir ein Vertrag als Redakteur bei der BBC-Reihe »Wogan« angeboten, einer Talkshow am frühen Abend. Die Talkshow wurde live gesendet, wodurch die Arbeit recht adrenalingeladen war. Unter den acht Redakteuren der Show herrschte großes Konkurrenzdenken, weil wir ständig mit profilierten Gästen aufwarten mußten, wenn wir an einer Verlängerung unseres Vertrages interessiert waren.

Bei dieser Talkshow mitzuarbeiten war sehr spannend und interessant. Mit Gästen wie Arnold Schwarzenegger, Prinzessin Anne, Mel Gibson und Zsa Zsa Gabor standen während unserer normalen Arbeitswochen immer äußerst interessante Geschäftsessen an. Es gab auch Momente höchster Spannung. Am Abend vor dem Live-Aid-Konzert beschloß urplötzlich der Produzent von »Wogan«, Jon Plowman, daß er Bob Geldof im Abendprogramm haben wollte. Wir spürten Geldof schließlich in Wembley auf, wo er bei den letzten Vorbereitungen für das größte Live-Konzert aller Zeiten war, doch es gelang uns nicht, ihm eine Nachricht zukommen zu lassen.

»Holen Sie ihn mir«, befahl mir Plowman.

»Wie denn?«

»Ich weiß es nicht. Aber bringen Sie ihn mir in die Show.«

Ich verließ das Fernsehstudio gegen 17 Uhr 30 in einer frisierten BBC-Limousine. »Wogan« wurde um 19 Uhr live gesendet. Nachdem ich mich am äußerst rigiden Sicherheitspersonal vorbeigemogelt hatte, mußte ich entdecken, daß Geldof auf der Bühne einen Probedurchlauf mit den Boomtown Rats hatte. Zwischen zwei Titeln lief ich in die Mitte der Bühne, erzählte ihm, wer ich war, und sagte ihm, daß die BBC ihn heute abend in »Wogan« wollte. Geldof antwortete in seiner typisch derben Art, daß er zu tun habe und nicht kommen könne. Ich wies ihn darauf hin, daß er – sollte er als Gast in die Talkshow kommen – weitere acht Millionen Leute davon überzeugen könnte, sich am folgenden Tag Live Aid anzusehen. Geldof ließ alles stehen und liegen und folgte mir. Nach einer rasanten Jagd durch den Westen Londons waren wir im Studio, als gerade die Eröffnungstitel der Talkshow eingeblendet wurden.

So war »Wogan«.

Im Jahre 1988 war ich bei der BBC in eine recht gute Position gerutscht. Die Möglichkeit, selbst Filme zu produzieren und Regie zu führen, lag nur noch ein paar Jahre entfernt. Doch die Zwänge, die sich durch die Zugehörigkeit zu einer großen Institution wie der BBC ergaben, nagten an mir. Ich verspürte bereits wieder die alte Unruhe, etwas Neues machen zu wollen. Wenn ich die mir übergeordneten, festangestellten Produzenten ansah, mit ihrem sicheren Gehalt und ihrer sicheren Karriere, wurde mir klar, daß ich nicht zu diesem langweiligen Kreis gehören wollte.

Ich kündigte bei der BBC und machte mich selbständig. Die meisten meiner Kollegen hielten mich für komplett verrückt. Fiona unterstützte mich voll und ganz, obwohl meine Entscheidung weniger finanzielle Sicherheit bedeutete.

Die John Gau Productions boten mir meinen ersten freiberuflichen Auftrag an, und zwar als Associate Producer für die ITV-Serie »Voyager«, die Expeditionen und Abenteuer in den entlegeneren Ecken des Erdballs filmten. Die Leitung von dreizehn halbstündigen Sendungen gab meiner Karriere eine neue Richtung. Immer häufiger mußte ich nun vor Ort. In meinem ersten Jahr drehte ich in Ländern wie China, Ägypten und Marokko. Der ganze Produktionsvorgang für »Voyager« war faszinierend, doch was ich am meisten daran liebte, war das ganze Umfeld, das Filmen von Leuten, die in ihrer speziellen abenteuerlichen Sparte die Weltbesten waren.

Die Filme konzentrierten sich aufs Visuelle und wurden zu einer der Haupteinschaltzeiten, nämlich am frühen Abend, auf ITV gesendet, wo sie recht gute Zuschauerquoten erzielten. Doch für mich lag der Erfolg in der Art und Weise, in der wir die Abenteuer darstellten. Wir bemühten uns, soweit das eben möglich war, die Protagonisten dazu zu bringen, mehr darüber zu enthüllen, *warum* sie ihr Leben für ein Ziel aufs Spiel setzten, das den meisten verrückt vorkommen mußte. Mein Hauptanliegen war, daß sich der Zuschauer mit dem Helden identifizieren konnte.

1990 produzierte ich die zweite Serie der »Voyager«-Filme, bei denen ich auch Regie führte. Ich dokumentierte unter anderem den Rekordflug eines Drachenfliegers vom höchsten aktiven Vulkan der Erde in Ecuador und folgte dem damaligen Weltmeister im Rennbootfahren, als dieser versuchte, seinen Titel in dieser hochgefährlichen Sportart zu verteidigen.

Bald schon konnte ich mich vor Arbeit kaum retten. Zusammen mit dem Redakteur von »Voyager«, Colin Luke, rief ich die BBC1-Reihe »Classic Adventures« ins Leben, die wir vor Ort in Indien, Kenia, Brasilien und Grönland drehten. In dieser neuen Serie gingen wir noch etwas weiter. Die Expeditionen, die wir filmten, waren bisweilen extrem. In Indien filmten wir einen Kanuten im reißenden Wildwasser des Brahmaputra, in Kenia ein Team von Drachenfliegern und Ultraleichtflugzeugpiloten auf ihrem Flug durch die Wildnis des Rift Valley.

Ein Freiberufler beim Fernsehen führt alles andere als eine gesicherte Existenz, doch wenn man sich, wie ich, zusätzlich auf weltweite Expeditionen spezialisiert, kommen noch ganz andere Probleme hinzu, die einen über die Jahre hinweg zunehmend unter Druck setzen. Allein die Zeit, die ich nicht zu Hause war, war für Fiona schwer zu verkraften, denn sie mußte sich allein um unsere finanziellen Angelegenheiten kümmern. Finanziell gesehen befanden wir uns seit jeher auf einer Gratwanderung, und die Verantwortung, Hypothekengesellschaften und Banken hinzuhalten, lag häufig genug bei ihr.

Für mich war das Reisen Teil der Spannung, Teil des »Kicks«, den die Arbeit für mich bedeutete. Doch so oft unterwegs zu sein war auch für mich nicht immer leicht. Jetzt, wo ich mir in meiner Branche einen Namen gemacht hatte, konnte ich es mir nicht leisten, einen Auftrag abzulehnen. Das bedeutete allerdings auch, daß ich durch meine monatelangen Abwesenheiten viele wichtige Ereignisse verpaßte, an denen ich eigentlich hätte teilnehmen sollen: die Hochzeit meines Bruders; zahlreiche meiner eigenen Hochzeitstage; Silvesterabende. Selten genug war ich im Lande, um die Filme anzusehen, die ich gedreht hatte, wenn sie im Fernsehen gesendet wurden.

Es gibt eine Grenze dafür, wie häufig man seinen Kindern über das Telefon eines Hotelzimmers in Chiang Mai oder Mombasa zum Geburtstag gratulieren kann – irgendwann geht es an die Nerven. Eines Tages – 1992, ich war in Nepal, um eine Expedition behinderter Bergsteiger zu filmen, die einen Trekking-Gipfel anpeilten – ereignete sich in Fionas Verwandtschaft eine Tragödie. Howard, der gerade einmal einunddreißigjährige Ehemann von Fionas Schwester Stephanie, brach während eines Rugby-Spiels auf dem Sportplatz zusammen und starb kurz darauf an Herzversagen. Im Himalaja konnte man mich natürlich nicht erreichen, und so fiel ich aus allen Wolken, als ich nach Katmandu zurückkehrte und das traurige Ereignis (bereits vier Wochen alt) von Fiona erfuhr. Ich hatte die Beerdigung verpaßt, was schon schlimm genug war, doch viel schlimmer war, daß ich Fiona und ihrer Familie in dieser schweren Zeit nicht hatte beistehen können. Während jener Tage und Wochen hätte mich Fiona wirklich gebraucht, und ich war nicht dagewesen, um ihr zu helfen. Wir hatten schon immer rumgewitzelt (wenn auch mit bittersüßem Unterton), daß ich der »unsichtbare Mann« sei, doch bei dieser Gelegenheit der unsichtbare Mann zu sein war kein Witz mehr. Ich hatte das Gefühl, Fiona furchtbar im Stich gelassen zu haben, und damit zu leben war weder für mich noch für Fiona leicht.

Die Liste der Auftraggeber, für die ich Anfang 1990 arbeitete, wurde mit jedem Projekt länger: Mentorn Films, Pioneer Productions, Antelope Films, Mosaic Pictures, Goldhawk Films, Diverse Productions. Sie alle wollten Abenteuer, und ich war einer der wenigen Regisseure, die sich darauf spezialisiert hatten.

Irgendwo in den Tiefen meiner Gehirnwindungen begannen zu der Zeit ein paar rote Warnlämpchen aufzublinken, und Fiona erging es ebenso. Viele der Projekte, bei denen ich Regie führte, enthielten Gefahrenelemente oder zeigten zumindest Menschen, die größere Risiken eingingen. Fernsehsender wollen Nervenkitzel, und im Laufe der Jahre war es gang und gäbe geworden, »extreme« Expeditionen zu verlangen. Als Verantwortlicher für den Inhalt der Filme war ich gezwungen, auf die bestmöglichen Bilder hinzuarbeiten – manchmal mit ziemlich viel Druck. Wie oft noch, begann ich mich zu fragen, konnte ich von anderen verlangen, daß sie gefährliche Schnellen in einem Floß überquerten, oder Bergsteiger filmen, die extreme Felswände ohne Seilsicherung erkletterten, bevor sich einer ernsthaft verletzte? Kein Film ist auch nur die allerkleinste Verletzung wert, geschweige denn einen Todesfall, doch ich hatte von vielen Situationen gehört, wo genau dies geschehen war.

Die Vorstellung, daß etwas fürchterlich schiefgehen könnte, quälte mich zunehmend. Auch die Risiken für die Filmcrew waren nicht eben gering. Wenn es einen Fluß runtergeht, sind wir von der Crew mit dabei. Wenn ein Höhlensystem erforscht wird, muß einer von uns mitgehen und filmen.

Als wir in China einen Film über einen Surfer drehten, der versuchte, die höchste Flutwelle der Welt zu reiten, wurde unser Crew-Boot vom Wirbelsog erfaßt und kippte um. Die sich drehende Schiffsschraube des Außenbordmotors verfehlte um Haaresbreite den Kopf unseres Kameramanns. Es gab noch unzählige weitere Beinah-Unfälle, von denen ich Fiona allerdings wohlweislich nichts erzählte.

Und dann, im Januar 1994, blickte ich dem Tod ins Gesicht.

Wir drehten gerade am Mt. William, einem Berg in der Antarktis, der an den oberen Hängen eine Reihe enormer Hängegletscher und Séracs (massiven, freistehenden Eistürmen) aufweist. Als wir vom Gipfel abstiegen – wir befanden uns schon auf der letzten Etappe der Tour –, betraten wir (fünf Bergsteiger und zwei Filmcrewmitglieder) eine steile Eisrinne. Es war 4 Uhr morgens, und die Szene wurde vom düsteren Halblicht des antarktischen Sommers erhellt.

Plötzlich verdunkelte sich der Himmel, etwa siebenhundert Meter über uns. Es war die stiebende Wolke einer massiven Lawine, die von der Nordostflanke des Berges auf uns zu rollte. Sie näherte sich mit ungeheurer Geschwindigkeit, und wir hatten kaum die Zeit, uns eine Warnung zuzurufen, bevor sie über uns war.

In den wenigen Sekunden, bevor die Lawine uns erreichte, war mein Gehirn in der Lage zu erkennen, von wo sie gekommen war und daß sie die gesamte Nordostflanke weggerissen haben mußte. Den ganzen Tag über war uns bewußt gewesen, daß die Bedingungen wie geschaffen für eine Lawine waren, doch hatten wir bereits sechs Wochen auf das geeignete Wetter für eine Gipfelbesteigung warten müssen, und dieser Tag war unsere letzte Chance gewesen. Und jetzt waren Millionen Tonnen von Schnee und Eis im Begriff, uns zu Brei zu zermalmen.

Ich hatte nicht den leisesten Zweifel, daß wir alle umkommen würden. Den anderen sechs erging es ebenso: Auch sie sahen keinen Ausweg aus dieser hoffnungslosen Lage. Wir drückten uns ins Eis hinein und warteten darauf, entweder zermalmt oder in den felsigen, mehrere hundert Meter tiefen Abgrund gerissen zu werden. Es ist ein merkwürdiges Gefühl, sich absolut sicher zu sein, daß man kurz davor steht, sein Leben zu verlieren. Zwar spulte mein Leben nicht vor meinem inneren Auge ab, aber ich erinnere mich, ein ganz außergewöhnliches Gefühl der Ruhe und eine Art Verwunderung über die Naturgewalt verspürt zu haben, die über uns hereinbrach.

Es sollte anders kommen. Die Schockwelle ging mit über hundert Stundenkilometern auf uns nieder, doch die Trümmer der Eislawine schossen über unsere Köpfe hinweg. Die Schlucht, in der wir uns befanden, war steil genug, um die ganze Gewalt der Lawine von uns abzublocken. Einige kleinere Brocken trafen uns – einer der Bergsteiger hätte beinahe ein Auge verloren –, doch abgesehen von den blauen Flecken und Prellungen trugen wir keinen Schaden davon. Irgendwie war es uns allen gelungen, nicht mit in die Tiefe gerissen zu werden. Zehn Minuten zuvor hatten wir noch an der oberen Kante der Schlucht gestanden, wo wir dem Tod unter keinen Umständen hätten entrinnen können.

Es dauerte eine ganze Weile, bis ich Fiona davon erzählen konnte.

Nach der Lawine wurde mir zunehmend bewußt, daß ich mich von diesen Abenteuern distanzieren mußte, wenn ich meine Filmkarriere weiter ausbauen und mein Leben nicht so leichtfertig aufs Spiel setzen wollte. Läßt man die Gefahren einmal beiseite, gibt es in einer Welt, in der die meisten wahren Herausforderungen bereits bewältigt worden sind, wenige Expeditionen, die man filmen kann. Die Nische, in der ich mich bewegte, war äußerst eng, und mit jedem Film, den ich drehte, wurde sie kleiner und kleiner.

Unglücklicherweise lastete der Druck auf mir, Geld verdienen zu müssen, und so hatte ich keine andere Wahl, als meine Energien weiterhin in die Organisation neuer Abenteuerprojekte zu stecken. Gleichzeitig mußte ich meine Bemühungen auf einem anderen Feld – dem Schreiben von Drehbüchern für Kinofilme – ausdehnen. Meine Begeisterungsfähigkeit für Abenteuerfilme befand sich zweifellos auf dem absteigenden Ast, und meine Drehbuchideen waren eine Flucht ... eine Art Tagtraum, der es mir erlaubte, meiner Phantasie freien Lauf zu lassen.

Meine Beziehung zu Fiona befand sich Ende 1994 ebenfalls in einer sehr kritischen Phase. Der Druck, die Familie trotz meiner langen Abwesenheiten zusammenhalten zu müssen, und meine ständige Rastlosigkeit belasteten Fiona in zunehmendem Maße. Sie investierte weit mehr in unsere Beziehung als ich, und von Jahr zu Jahr fiel immer weniger für sie dabei ab. Es war für Fiona alles andere als lustig, einen ständig abwesenden und zunehmend unberechenbareren Ehemann im Auge zu behalten. Unsere Beziehung schien von einer Krise in die nächste zu stürzen.

Fiona hatte nie versucht, mich zu besitzen. Darin lag die Schönheit unserer Beziehung, aber auch ihre Schwäche. Wir waren zwei sehr unterschiedliche Menschen. Zwar liebten wir uns, hatten drei Kinder miteinander und empfanden eine starke Loyalität für den anderen, doch hatten wir von Anfang an gewußt, daß wir zwei grundsätzlich verschiedene Menschen waren. Es gab viele Träume, die wir gemeinsam hatten, es gab aber auch sehr viele, die wir nicht teilten. Diese grundsätzlichen Unterschiede untergruben unsere Beziehung damals dermaßen, daß sie drohten, uns auseinanderzureißen.

Mir kam allmählich die schreckliche Erkenntnis, daß Fiona wahrscheinlich ohne mich besser dran wäre, und ich hatte große Schwierigkeiten, damit umzugehen. Doch eine Lösung des Problems herbeizuführen, der Ehemann zu werden, den sie sich eigentlich wünschte, hieße, Freiheiten aufzugeben, die ich in meinem Egoismus inzwischen für selbstverständlich hielt. Ich war seit jeher ein Wandervogel, mehr noch, ich hatte mich selbst immer als einen freien Geist gesehen (was immer das auch sein mag), doch ich liebte Fiona viel zu sehr, um ihr weiterhin so viel Schmerz zuzufügen, wie ich das wohl tat. Eine Uhr in meinem Innern tickte und tickte. Sie flüsterte mir leise ins Ohr – genau wie beim ersten Mal, als ich gerade mal siebzehn war und diese Stimme mich wieder und wieder auf Reisen fort in die Sahara lockte –, daß es an der Zeit sei zu gehen. Gleichzeitig sagte mir eine zweite, ebenso dringliche Stimme, daß ich endlich erwachsen werden und mich meinen Verpflichtungen stellen müsse.

Eine Everest-Expedition würde mir die Gelegenheit geben, mit mir ins reine zu kommen und eine Entscheidung zu fällen, welche Richtung mein Leben in Zukunft nehmen sollte. Zehn Wochen in Tibet war reichlich Zeit, um nachzudenken, und wer weiß, vielleicht würde ich genügend Abstand von meinem Problem finden, um das Ganze aus einer anderen Perspektive betrachten und eine Lösung herbeizuführen zu können.

Ich rief Julian Ware von ITN Productions an und nahm den Auftrag an. Dann lud ich zwanzig Bände der *Children's Britannica* in einen Rucksack und wanderte fünf Stunden lang über die Wege und Felder im ländlichen Hertfordshire.

Ich verwendete viel Zeit auf die Auswahl des Kamerateams. Es gibt nur wenige Kameraleute, die über 8.000 Metern gefilmt haben, doch wenn unser Projekt ein Erfolg sein sollte, mußte ich sicher sein, daß es ein Mitglied meines Teams bis zum Gipfel schaffen konnte.

Meine Wahl fiel auf Alan Hinkes. Nur sechs Wochen vor der geplanten Abreise rief ich ihn an. Al war einer der erfolgreichsten Hochalpinisten Großbritanniens. Er hatte sich in der Bergsteigerwelt mit seinen Touren im Himalaja einen Namen gemacht. Auf dem Gipfel des K2 hatte er bereits einen Film gedreht. Er war einer der beiden britischen Bergsteiger, die den Gipfel des zweithöchsten Berges der Welt (der K2 ist 8.622 Meter hoch) erklommen haben und lebend zurückgekommen sind. Außerdem hatte er vier weitere Achttausender bestiegen.

Al war zweimal am Mount Everest gewesen, doch bis jetzt hatte er ihn noch nicht bezwungen. Ich wußte, daß er nur auf eine neue Gelegenheit wartete, und mein Angebot, ihn dafür auch noch zu bezahlen, mußte einfach unwiderstehlich für ihn sein. Er hatte zwar keine formelle Ausbildung als Kameramann, doch ich war mir sicher, daß er unter den extremen Bedingungen ein annehmbares Ergebnis erzielen konnte.

Al kommt aus dem Norden und ist bekannt für seine direkte Art. In der Bergsteigerwelt hat er sich so manchen Feind gemacht, weil sein ausgesprochen kommerzieller Ansatz und sein Talent, sich selbst zu vermarkten, nicht jedermanns Sache sind. Körperlich gesehen ist er ein hartgesottener Bursche. Sein Durchhaltevermögen ist legendär. Bei unserem ersten Treffen hatte ich den Eindruck, als ob er auch auf menschlicher Ebene ein harter Fall wäre.

Mit seinem kurzgeschorenen, militärisch anmutenden Haarschnitt und seinen eiskalten blauen Augen sieht er haargenau so aus, wie man sich einen klassischen Hochgebirgshelden vorstellt. Unterschwellig spürt man bei Al eine gewisse Aggressivität, mit der einige Leute absolut nicht umgehen können. Er ist ein eingefleischter Individualist, und man hatte mich davor gewarnt, daß er sich bei früheren Expeditionen nicht immer besonders gut in die Teams eingefügt hatte, doch von meiner Warte aus war das nicht das Entscheidende. Ich wollte ihn ja nicht, weil ich seine diplomatischen Fähigkeiten brauchte. Was ich brauchte, war jemand, der in der Todeszone eine Kamera bedienen konnte, und es gibt nur wenige Leute, die besser dafür qualifiziert waren als Al.

Al hörte sich mein Angebot aufmerksam an, erhöhte das Honorar um mehr, als ich geplant hatte, und nahm den Auftrag an.

Als ersten Kameramann für weiter unten wählte ich Kees 't Hooft, einen dänischen Filmemacher, der in London lebte und mit dem ich bereits zusammengearbeitet hatte. Kees erinnerte mich mit seinem lichten Rotschopf und den feinen Zügen eines Intellektuellen an einen leicht schrulligen Professor. Er verbringt seine Wochenenden in Philosophie-Kursen zum Thema Jung, und die englische Aristokratie übt eine unerklärliche Faszination auf ihn aus. Am glücklichsten ist er, wenn er mit Herzogen, Herzoginnen und adligen Witwen zusammen sein kann. Vermutlich beruht das auf Gegenseitigkeit, denn er ist bei dem einen oder anderen ein gern gesehener Gast.

Im Grunde ist Kees ein sehr sanftmütiger Mensch, der die übertrieben guten Umgangsformen eines Butlers oder Weinkellners tadellos beherrscht, doch hinter dieser kultivierten Fassade verbirgt sich ein sehr starker Bergsteiger. Auf dem Makalu (8.481 Meter) war er bis auf beinahe 7.000 Meter gekommen, wo er einen Film für eine Dokumentationssendung von Channel 4 gedreht hatte, und war auf dem Pokalde Peak in Nepal mein Kameramann gewesen. Ich rief ihn an und fragte ihn, ob er Interesse an unserem Projekt hätte.

»Natürlich. Wann, sagtest du, wird die Expedition zurück sein?«

»Am 6. Juni. Warum?«

»Nur so. Ich heirate am 8. Juni.«

Ich war enttäuscht. Das bedeutete zweifellos, daß Kees nicht mit von der Partie sein würde, was für mich wiederum hieß, daß ich mit einer schwierig zu besetzenden Lücke dastand. Aber natürlich konnte er seine Verlobte nicht ausgerechnet zehn Wochen vor ihrer Hochzeit allein lassen. Oder vielleicht doch?

Er konnte.

»Äh, ich denke, ich unterhalte mich mal mit meiner Verlobten darüber«, sagte Kees und klang nicht gerade sehr zuversichtlich.

Kees bat mich um vierundzwanzig Stunden Bedenkzeit, in der er die Angelegenheit mit seiner Verlobten Katie Isbester besprechen wollte. Katie, die als Professorin an der Universität von Toronto Politikwissenschaften lehrt, zögerte keinen Augenblick. »Natürlich mußt du gehen«, entschied sie.

Kees rief mich zurück und sagte zu.

Das dritte Mitglied meines Teams war Ned Johnston, ein amerikanischer Filmemacher mit einem sehr guten Ruf. Er würde zu uns stoßen, um während der ersten drei Wochen mit 16-Millimeter-Film zu drehen. Am vorgeschobenen Basislager würde er umkehren und mit dem Filmmaterial nach Großbritannien zurückreisen. Wir wollten den Rest mit einer digitalen Videokamera filmen.

Die verbleibenden Wochen verbrachte ich damit, die Ausrüstung zu arrangieren, mich selbst körperlich in Schuß zu bringen und die vielen Kleinigkeiten zu erledigen, die vor jedem größeren Projekt anstehen.

Am 31. März trafen sich die Expeditionsteilnehmer zum ersten Mal am Flughafen Gatwick. Nur Roger Portch und Richard Cowper fehlten; sie reisten unabhängig von uns nach

Katmandu. Wir fühlten uns seltsam fehl am Platz mit den Flugkoffern und blauen Expeditionsfässern, die sich vor dem Eincheck-Schalter der Royal Air Nepal stapelten und neben den Touristen, die nach Teneriffa oder Mahón flogen, merkwürdig aussahen.

Expeditionsleiter Simon Lowe war da und sah genervt und überhitzt aus in seiner dicken Daunenjacke. Simon trug sein langes Haar zu einem Pferdeschwanz gebunden, was ihm garantiert keine Pluspunkte in seinem früheren Leben als Armeeoffizier eingebracht hätte. Er war seit 1993 bei Himalayan Kingdoms angestellt. Zweimal war er bereits am Everest gewesen, einmal 1988 über die Nordflanke zum Westgrat, und 1992 ebenfalls zum Westgrat, diesmal jedoch über die Südflanke. Bei beiden Gelegenheiten hatte er die 8.000-Meter-Marke überschritten. Hinter der Brille und dem leicht hippiehaften Aussehen verbarg sich ein echtes Verhandlungsgenie, das er sofort unter Beweis stellte, als er die Royal Air Nepal dazu überredete, uns mehrere tausend Pfund Nachlaß auf unser stark übergewichtiges Gepäck zu gewähren.

Simons Assistent Martin Barnicott, der von allen nur »Barney« gerufen wurde, war ebenfalls da. Er trug ein abgetragenes Paar fellgefütterter Mukluks. Barney sprach sehr leise und hatte den unsteten Blick von jemandem, der sein Leben in den Bergen verbracht hat. Er vermied direkten Augenkontakt und sah aus, als ob er alle Winkel der Abflughalle nach möglichen Lawinen absuchte. Von Natur aus scheu und zurückhaltend, hatte er den Ruf, einer der besten Hochgebirgsführer im Geschäft zu sein. Er hatte 1993 eine Expedition für Himalayan Kingdoms geleitet und dabei den Everest erklommen und sollte nun eine entscheidende Rolle bei Brians Gipfelversuch übernehmen. Ich hatte den Eindruck, daß er endlich ins Flugzeug steigen wollte. Die ganzen Begrüßungen und Vorstellungen schienen ihm auf die Nerven zu gehen.

Sollte Barney auf unserer Expedition erfolgreich sein, wäre er der einzige britische Bergsteiger, der den Everest sowohl von der Nord- als auch von der Südseite bestiegen hatte – eine potentielle Premiere, die er mit einem lässigen »Warten wir's ab« kommentierte.

Sundeep Dhillon, unser Expeditionsarzt, war damit beschäftigt, in letzter Minute umzupacken. Er stopfte sterile Tupfer und unheilvoll aussehende Untersuchungsgeräte in ein großes Faß. Sundeep, Captain bei der 23er Fallschirmspringer-Feldambulanz mit Sitz in Aldershot, hatte sich von der Armee für die Zeit unserer Expedition unbezahlten Urlaub genommen. Er befand sich auf der letzten Etappe seines selbsterklärten Zieles, das ihn die letzten drei Jahre seines Lebens beschäftigt hatte, nämlich der jüngste Mensch der Welt zu sein, der die Seven Summits – die höchsten Punkte aller kontinentalen Landmassen – bestiegen hat: Kilimandscharo, Mount McKinley, Aconcagua, Elbrus, Carstenz Pyramide, Vinson-Massiv, Mount Everest. Es war ein Projekt, das ihn in die entferntesten Winkel des Erdballs und an den Rand des finanziellen Ruins gebracht hatte.

Auf Sundeeps Liste »fehlte« jetzt nur noch der Everest, ein Berg, bei dem er sich wahrscheinlich nicht mehr als diesen einen Versuch in seinem Leben würde leisten können. Er hatte bei einer Bank einen Kredit über 20.000 Pfund aufgenommen, um bei der Expedition dabeizusein, und mußte ihn über Jahre hinweg in Raten zurückzahlen. Das, zusammen mit den hohen Erwartungen, die seine befehlshabenden Offiziere in ihn hatten, bedeutete, daß Sundeep unter beträchtlichem Erfolgsdruck stand.

Tore Rasmussen, das norwegische Mitglied der Expedition, war wenige Stunden zuvor aus Oslo eingetroffen und zeigte den abgestumpften Ausdruck von jemandem, der zu viele Stunden in Warteräumen auf Flughäfen verbracht hat.

Tore hatte den schwarzen Gürtel in Karate. Seine harten, schiefergrauen Augen wurden von dichten, buschigen Augenbrauen überschattet. Sein Körper besaß die stählerne und muskulöse Struktur eines Spitzenklasse-Athleten. Mit seinem Händedruck hätte er Avocadokerne zerquetschen können. Simon war mit ihm zusammen auf dem Aconcagua gewesen und hatte eine hohe Meinung von seiner Leistungsfähigkeit in extremen Höhen.

Kees' hübsche kanadische Verlobte Katie war ebenfalls da. Sie schien leicht verwirrt darüber, von ihrem Zukünftigen Abschied nehmen zu müssen, wo ihre Hochzeit in nur wenigen Wochen gefeiert werden sollte. Da klar war, daß Hochzeitsvorbereitungen in letzter Minute zu dem Zeitpunkt, da Kees zurückkehrte, nichts mehr bringen würden, hatten sie die Details der Hochzeitszeremonie und die Reisearrangements für Familienmitglieder (zahlreiche von Kees' Verwandten flogen von Holland nach Toronto) bis kurz vor der Abflughalle geplant und besprochen.

Brian erschien mit seiner Familie und einer einzigen Reisetasche, die verdächtig leicht aussah. Wir übrigen hatten zahllose, prall gefüllte Gepäckstücke, an denen die Reißverschlüsse bis zum Äußersten gespannt waren. Allein ein einziger meiner Seesäcke – der mit den Essenssachen – war größer und schwerer als Brians gesamte Last. Fast hätte man meinen können, Brian wäre unterwegs zu einem Wochenende in einem Landhotel.

»Wo ist deine Ausrüstung?« fragte ich ihn.

»Hier drinnen.« Brian tätschelte seine Tasche und versuchte, meinem Blick auszuweichen.

»Das ist nicht dein Ernst!«

»Falls ich noch was brauchen sollte, kann ich es in Katmandu kaufen. Dort kriegt man alles.«

Ich wollte gerade nachhaken, als Brian sich abwandte, weil

er bemerkt hatte, daß Kees die Kamera rausholte und sich daran machte zu filmen. Als vollendeter Künstler kann Brian einfach keine Gelegenheit zum Herumwitzeln auslassen, sobald eine Kamera in seine Richtung geschwenkt wird.

»Einen guten Ratschlag noch, Kees: Schlag dein Lager nie unterhalb der Franzosen auf. Sie werden von oben auf dich herunterscheißen.«

Sobald er bemerkte, daß die Kamera ausgeschaltet war, kam auch Leben in Al Hinkes. Bewaffnet mit einer Handvoll leuchtend heller Sticker ging er von Faß zu Faß und beklebte sie mit Logos einiger seiner zahlreichen Sponsoren.

»He!« rief Simon lachend. »Hast du schon mal daran gedacht, daß ich die Dinger nicht auf meinen Fässern haben will?«

»Nö.« Al klebte ungerührt weiter.

Wir filmten Brians Abschied von seiner Frau Hildegard und seiner Tochter Rosalind und nahmen dann selbst Abschied.

Ich ging mit Fiona zurück zum Parkplatz und vergewisserte mich, daß sie das nötige Kleingeld für die Parkscheinmaschine hatte. Im Laufe der letzten zwölf Jahre hatte es für uns viele – viel zu viele – dieser Abschiedsszenen am Flughafen gegeben, doch diesmal hielten wir uns fester umarmt als gewöhnlich.

»Mach dir keine Sorgen! Es ist nur ein Film … wie alle anderen.«

»Kümmere du dich nur darum, in einem Stück zurückzukommen, sonst werde ich wirklich stinksauer.«

Und damit lächelte sie, wischte sich die Tränen vom Gesicht und fuhr davon. Sie verlangsamte nur kurz, um mir eine Kußhand durchs Rückfenster zuzuwerfen.

Fünfzehn Stunden später, nach einem Zwischenstopp in Frankfurt, kamen wir in Katmandu an. Was nicht in Katmandu ankam, war das große Faß mit den medizinischen Gerätschaften und Medikamenten, das Sundeep mit soviel Liebe und Kostenaufwand vorbereitet hatte. Wir schickten eine Fax- und Telexflut nach London und Frankfurt in der Hoffnung, etwas über den Aufenthaltsort des vermißten Gepäckstücks zu erfahren.

Eine Gruppe eifriger Träger lud unsere Ausrüstung auf die hintere Ladefläche eines Kleintransporters und brauste in einer schwarzen Abgaswolke davon. Wir folgten dem Wagen mit quietschenden Reifen in einem wackeligen alten Bus durch die Seitenstraßen, wobei wir Lastern ausweichen und schlingernd um die eine oder andere Kuh herumfahren mußten, die gleichmütig mitten auf der Straße stand.

Als ich so in das helle Morgenlicht blinzelte, von der schlaflosen Nacht im Flugzeug noch wie betäubt, dachte ich an meinen ersten Aufenthalt in Katmandu. Damals war ich achtzehn Jahre alt gewesen und hatte mich auf meiner ersten großen Solo-Tour befunden. In meiner Erinnerung sah ich einen ruhigen, friedvollen Ort, in dem die größte Lärmbelästigung vom Läuten der Fahrradklingeln an den Rikschas kam. Seit 1978 hatte sich einiges geändert: Die Straßen waren nun von den Abgasen schlecht eingestellter Motoren erfüllt, wo schwer beladene Laster zu Baustellen flitzten und Taxis um Kunden wetteiferten.

Über dem Eingang unseres Hotels hing peinlicherweise ein großes Transparent, in dem in ausladenden roten Buchstaben geschrieben stand: »Das Summit-Hotel begrüßt Himalayan Kingdoms auf der 1996er Mount-Everest-Expedition (Nordflanke)«.

»Wir haben's eben gerne unauffällig«, bemerkte Simon.

Lächelnde Hotelangestellte stülpten uns Blumengirlanden über den Kopf, und es gab eine kleine Begrüßungszeremonie, in deren Verlauf uns ein roter Brei auf die Stirn geschmiert wurde und wir ein Ei und eine Tonschüssel mit Raki erhielten.

»Feuerwasser!« rief Brian erfreut und stürzte den Raki in einem großen Schluck hinunter.

Auf uns warteten bereits unsere letzten beiden Teammitglieder: Roger Portch, ein British-Airways-Pilot, und Richard Cowper, der Journalist der *Financial Times*, der über unsere Schritte berichten sollte.

Roger machte vom ersten Augenblick an auf mich den Eindruck eines ruhigen, selbstbewußten Menschen – genau die Art Person, die man sich während eines turbulenten Fluges in einem Tropensturm am Ruder eines Jumbo-Jets wünscht. Er war ein talentierter Bergsteiger, der eine lange Liste erfolgreich bestiegener Alpengipfel vorweisen konnte. Auch Roger gehörte zu denen im Team, die bereits den Aconcagua (6.860 Meter) erklommen hatten, den argentinischen Vulkan, mit dem man sich gern auf die extremere Höhe des Everest »einstimmt«. Um sich die Tour leisten zu können, hatte Roger seine BA-Aktien verkauft. Wenn er über die kommende Expedition sprach, sprühte er nur so vor Begeisterung. Den Mount Everest zu besteigen würde der großartigste Moment in seinem Leben sein.

Richard war nicht ganz so leicht zu durchschauen. Er war ein Experte, was die politische und wirtschaftliche Lage in Asien anging, und man würde ihn eher zu Hause in einem politischen Meeting als hier, im Durcheinander einer Expedition, vermuten. Er sollte ein paar Artikel schreiben, einschließlich eines Porträts von Al Hinkes und eines Artikels über das Für und Wider des Einsatzes von Sauerstoffgeräten bei Hochgebirgstouren. Richard hatte sein eigenes Kuppelzelt aus England mitgebracht, ein »Himalaya-Hotel« gigantischer Ausmaße mit einem verzwickten Doppelgestängesystem, das angeblich den heftigsten Stürmen standhielt.

Wir übrigen, mit unserer minderwertigen Expeditionsausrüstung – Zelte nepalesischer Herkunft mit Firststangen – erblaßten vor Neid.

Das Summit ist ein hübsches Hotel mit einem tadellos in Schuß gehaltenen Garten. Es befindet sich auf einem kleinen Hügel mit Blick auf Katmandu. Normalerweise ist es ein Hafen des Friedens und der Ruhe, doch unsere Ankunft änderte dies im Handumdrehen. Innerhalb weniger Stunden türmte sich ein unglaubliches Durcheinander an Ausrüstungsgegenständen auf dem Balkon im ersten Stock, wo wir die neuen Teile zum ersten Mal ausprobierten. Die meisten von uns hatten es gerade so geschafft, die letzten paar Stücke zusammenzukratzen, die auf unserer Liste standen, bevor wir nach Nepal aufbrechen mußten. Dies war unsere erste und letzte Gelegenheit sicherzustellen, daß alles zusammenpaßte.

Sofort tauchten die ersten Probleme auf. Meine Hochgebirgsplastikstiefel waren so groß, daß die Überstiefel aus Neopren, die Al Hinkes aus England mitgebracht hatte, nur mit Gewalt darüberpaßten. Sie wurden so gedehnt, daß der kleinste Riß größtmögliche Schäden anrichten würde. Ich nahm mir vor, besonders vorsichtig mit ihnen umzugehen. Auch meine Steigeisen mußten bis an ihre Belastungsgrenze ausgezogen werden. Sie sahen aus, als ob sie nach nur wenigen Stunden Benutzung vor Metallermüdung den Geist aufgeben würden. Doch ich konnte jetzt nichts mehr daran ändern. Das einzige, was ich tun konnte, war, alle Ersatzteile mitzunehmen, die für eine Reparatur erforderlich waren.

Die Ausrüstung auszuprobieren war Schwerstarbeit. Allein das Anlegen der Fußbekleidung, nachdem ich bereits meinen Daunenanzug anhatte, ließ mich nach Atem ringen. Und das, obwohl Katmandu sich auf einer Höhe von weniger als dreitausend Metern über dem Meeresspiegel befindet.

Brians Ausrüstungsprobleme waren jedoch schwerwiegender. Seine Steigeisen paßten überhaupt nicht, was meine Ängste bestätigte, daß er schlecht vorbereitet beziehungsweise schlecht ausgerüstet war. Er ging mit Barney zum Touristenmarkt in Thamel, um sich ein besseres Paar zu besorgen. Dies wurde eine unserer ersten Sequenzen für den Film.

Thamel gehört zu den erfreulichen Gegenden Katmandus. Es besteht aus einer Reihe gewundener Straßen, die von Hunderten von Läden gesäumt sind, in denen man von bestickten Westen mit Marihuana-Motiven bis zu CD-Raubkopien von Simply Red und U2 alles findet. In den mit Holzschnitzereien verzierten Cafés von Thamel werden heute wie damals, zur Glanzzeit der Hippie-Ära, Schokoladenkuchen und Bananen-Beignets angeboten. Und wirklich, neben den Heerscharen von Trekkern – die man leicht an ihren GoreTex-Schuhen erkennen kann – sieht man Hippies der zweiten Generation mit Sandalen an den Füßen durch die staubigen Gassen Thamels schlendern.

Als ich an einem Fotogeschäft vorbeikam, beschloß ich ganz spontan, einen Fotoapparat für acht Dollar zu erstehen. Mein Gedanke war, daß diese Kodak-Wegwerfkamera nützlich sein könnte, falls meine beiden anderen Fotoapparate nicht funktionieren sollten. Ich verstaute sie in einem der Fässer und vergaß sie augenblicklich wieder.

Im Gegensatz zu Brian hatte Al einen richtigen Berg an Ausrüstungsgegenständen herumliegen, die aus unzähligen Fässern und Seesäcken quollen, auf denen noch der Name früherer Expeditionen zu ehrfurchtgebietenden Gipfeln zu lesen war. Da er ziemlich regelmäßig in Katmandu war, hielt Al sich hier einen ständigen Vorrat bestimmter Ausrüstungsgegenstände, so daß er nicht alles mehrere Male im Jahr mit dem Flugzeug ein- und ausfliegen lassen mußte. Da kam der wahre Profi zum Vorschein, und ich begriff wieder einmal, daß Al ein ganz anderes Berggeschöpf als wir anderen war. Sein Paß sprach Bände: Seite um Seite war er mit Visa für Nepal, Pakistan und China bedruckt.

Unser Sherpa-Team kam am nächsten Tag ins Hotel, um beim Überprüfen der allgemeinen Expeditionsausrüstung behilflich zu sein. Es war ein sehr junges, allerdings auch sehr starkes Team. Der erfahrene Sirdar Nga Temba, der 1993 den Everest bestiegen hatte, war der Leiter der Sherpas. Ohne ihn, die neun Hochgebirgs-Sherpas und die zwei Köche hätten wir kaum Aussichten gehabt, jemals den Gipfel zu erreichen.

Wir befanden uns mit den Sherpas im Hotelgarten und errichteten die Zwei-Mann-Zelte, um sie auf Schäden hin zu überprüfen. Das schwere Speisezelt stellte ein größeres Problem dar. Die komplizierten Metallstangen drohten uns zu erschlagen, bis uns Sundeep, der den Typ von seiner militärischen Ausbildung her kannte, geduldig zeigte, wie sie ineinandergesteckt werden mußten. Die Kochgerätschaften, Lebensmittelvorräte und Sauerstoffflaschen wurden gezählt und für die Reise ins Basislager zusammengepackt.

In dieser Nacht – unserer letzten in Katmandu – aßen wir zusammen mit den Sherpas. Unmengen von Bier tauten schnell auch das letzte Eis zwischen uns auf.

Wir verließen das Summit am 3. April und starteten zur achtstündigen Fahrt in die Stadt Tatopani in Richtung chinesischer Grenze. Alan war in Höchstform und vertrieb uns die Zeit mit zweifelhaften Geschichten und noch viel zweifelhafteren Witzen. Die Pointe eines dieser Witze entging Richard, der befremdet fragte: »Al, was genau ist ein *fudgepacker*[4]?«

4 Anm. d. Ü.: »Fudgepacker« ist eine vulgäre Bezeichnung für einen Homosexuellen.

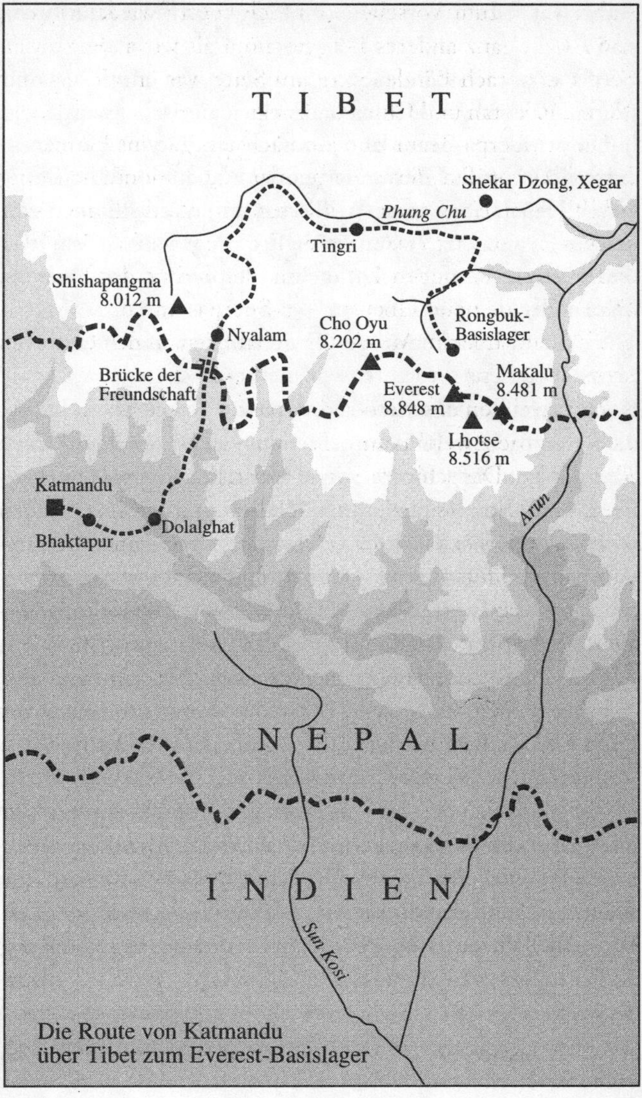

Die Route von Katmandu
über Tibet zum Everest-Basislager

Das war selbst für Al zuviel. Er zog es vor, nicht zu antworten.

Wir erreichten die Gebirgsausläufer des Himalaja und fuhren durch kleine Dörfer, die um so malerischer wurden, je höher wir hinaufkamen und je weiter wir uns von Katmandu entfernten. Nach Jahrhunderten des Anbaus sind die Berghänge Nepals übersät mit Millionen und Abermillionen von Terrassen, und jetzt, in den ersten Frühlingswochen, war jede dieser Terrassen mit einem dichten Teppich grüner Schößlinge bedeckt.

Nach einem unfreiwilligen Zwischenstop wegen eines geplatzten Reifens erreichten wir die nepalesische Grenzstadt Kodari zwei Stunden nach Einbruch der Nacht. Die »Brücke der Freundschaft« bildet in einem engen Bogen den wackeligen Grenzübergang zwischen Nepal und China und war über Nacht geschlossen. Deshalb quartierten wir uns in einer einfachen Herberge ein, die direkt über dem tosenden Bhote-Kosi-Fluß lag. Hoch über uns, auf der chinesischen Seite, glitzerten die Lichter von Zangmu verführerisch unter dem Vollmond.

An diesem Abend verschätzte ich mich beim Entladen der Vorräte in der Höhe einer Tür und stieß hart mit dem Kopf gegen den Türrahmen. »Fehler!« läutete es in meinem Kopf. Ich sah Sterne. In dem relativ vergeblichen Versuch, meine Tolpatschigkeit unter Kontrolle zu bekommen, hatte ich es mir zur Gewohnheit gemacht, derartige Vorkommnisse zu analysieren. Ich befürchtete immer noch, mein größter Feind auf dem Berg könnte meine Koordinationsunfähigkeit sein. Übelkeit überkam mich, und so setzte ich mich auf ein Faß und fluchte über meine Dummheit.

Nach einem kalten Omelett mit Pommes frites legten wir uns in unsere Schlafsäcke. Ich konnte nicht einschlafen: Der Gedanke, schon am nächsten Tag in Tibet zu sein, verursachte mir wohlige Schauer. Mein Wunsch, durch dieses geheimnisvolle Hochland zu reisen, bestand seit meiner absolut katastrophalen Reise durch Nepal im Jahre 1978, die damit endete, daß ich ohne einen Pfennig in der Tasche und mit Amöbenruhr auf einem Müllhaufen in Katmandu zusammenbrach.

Kurz nach Mitternacht wurde Kees schrecklich übel. Er hatte sich, wie auch Sundeep, in Katmandu etwas eingefangen. Den Rest der Nacht jagten ihn fürchterliche Krämpfe auf die übelriechende Toilette hinaus. Am Morgen fragte ich ihn, wie es ihm gehe.

»Ganz gut«, antwortete er. »Ich hatte lediglich eine etwas unruhige Nacht.« Sprachs und verschlang ein riesiges Frühstück.

Während die Grenzformalitäten erledigt wurden, versuchten wir fieberhaft, heimlich ein paar Aufnahmen zu machen, wie die Expeditionsfahrzeuge die politisch explosive Brücke überquerten. Wir fühlten uns ziemlich lächerlich, als wir darübergingen: Vor uns filmte eine Gruppe italienischer Touristen die Szene mit ihren Videokameras, ohne die leiseste Reaktion der Grenzwachen zu provozieren. Auf der Brücke war auf einem Schild zu lesen, daß man sich in einer Höhe von 1.770 Metern über dem Meeresspiegel befand.

»Noch 7.078 Meter«, war Alans Kommentar.

4. Kapitel

Zwischen der Brücke der Freundschaft und der Stadt Khasha – oder Zangmu, wie sie heute für gewöhnlich genannt wird – verläuft eine steil aufsteigende, fünf Kilometer lange Fahrspur, die im Niemandsland liegt. Auf halber Höhe war ein Trupp verwahrlost aussehender Sträflinge bei der Zwangsarbeit. Jede Bewegung wurde von den wachsamen Augen eines aknegesichtigen Wachmanns verfolgt. Einer der Sträflinge bearbeitete einen riesigen Steinfels. Sein Schotterhaufen war fast einen Meter hoch. Als wir an ihm vorbeikamen, blickte er auf und winkte. Er hatte ein intelligentes, feingeschnittenes Gesicht. Ich fragte mich, wer er war und welches Verbrechen gegen das Volk er wohl begangen hatte, um eine solche Strafe verdient zu haben.

Am oberen Ende dieser staatenlosen Zone wurden wir von lächelnden Vertretern der Tibetan Mountaineering Association empfangen, einer Organisation für »Gäste«, die für unseren Transport und den offiziellen Papierkram, den wir zu erledigen hatten, zuständig war. An der Grenze luden wir die Ausrüstung aus unserem Transporter und warteten, auf unseren Seesäcken vor uns hin dösend, fast den ganzen Tag, bis Zoll- und Einwanderungsformalitäten erledigt waren.

Brian amüsierte sich damit, von seinem Sitz im hinteren Teil des Transporters ein paar zweideutige Ermunterungen herunterzubellen. Zum Glück verstanden die Grenzbeamten nicht die wirkliche Bedeutung seiner Äußerungen.

Kurz vor Einbruch der Nacht wurde die Schranke gehoben, und unser kleiner Konvoi fuhr über die Grenze nach Tibet.

Tibet und Westeuropa haben in etwa die gleiche Fläche. Seit der chinesischen Invasion im Jahre 1950 befindet sich Tibet unter chinesischer Besatzung. Vor unserer Reise hatte ich mich bei der Tibet Society in England nach Literatur zu diesem Thema erkundigt. Ihre Veröffentlichungen erschütterten mich: Seit 1950, so die Tibet Society, sind über 1,2 Millionen Tibeter durch Inhaftierungen, Folter und Hinrichtungen ums Leben gekommen. Die einmalige Kultur und buddhistische Religion Tibets werden systematisch unterdrückt. Mehr als 6.000 Klöster und öffentliche Gebäude wurden zerstört. Über 120.000 Tibeter sind nach Indien, Nepal und andere Länder geflohen.

Der Dalai Lama, Tibets Staatsoberhaupt und religiöser Führer, war zur Zeit der chinesischen Invasion erst sechzehn Jahre alt. Über die letzten vierzig Jahre hinweg hat er geduldig und mit gewaltlosen Mitteln auf eine Lösung des Problems hingearbeitet, was ihm zwar die Sympathie vieler Millionen Menschen eingebracht hat, bei den Chinesen jedoch bis jetzt keine spürbare Reaktion ausgelöst hat. Es gibt keinerlei Anzeichen dafür, daß sie Tibet bald verlassen werden.

Wir betraten ein Land, das von einem aggressiven Nachbarn seit über fünfundvierzig Jahren besetzt und für das keine Befreiung in Sicht war. Die Stadt, in der wir uns wiederfanden, war ein perfektes Beispiel dafür, wie schwierig das Alltagsleben in Tibet geworden war.

Zangmu bestand aus einer einzigen, langen Straße, die sich in endlosem Auf und Ab das Tal hinaufschlängelt. Längs der Straße standen hölzerne Wohnhäuser und Geschäfte. Das

Ganze sah genauso aus, wie man sich eine Grenzstadt eben vorstellt. Durch Regengüsse hatte sich die ungepflasterte Straße in eine Schlammbahn verwandelt, durch die Fußgänger knöcheltief wateten und dabei den grell-bunten Lastern und Armeejeeps auswichen, die in rücksichtslos hohem Tempo über die Straße rasten. Schweine, Hühner und Hunde stöberten in Müllhaufen, und mit Einbruch der Nacht kamen Ratten aus ihren Verstecken gekrochen, die den Festschmaus nicht verpassen wollten.

Durch die ethnische Mischung der Einwohner Zangmus wirkte die Stadt – wie auch jeder andere Ort in Tibet, durch den wir kamen – gespalten. Die Tibeter fielen einem am meisten ins Auge: ihre anmutigen Gesichter von der Sonne gebräunt und vom ständigen Wind der Hochebene wettergegerbt, ihre Filzkleidung fleckig vom Rauch der Holzfeuer und vom Yak-Fett. Die Männer trugen das Haar in langen Pferdeschwänzen, die von knallroten Tüchern gehalten wurden, die Frauen hatten Schals und Glasperlen um den Hals. Sie beobachteten uns mit glitzernden schwarzen Augen, und als wir an ihnen vorbei durch den Schlamm wateten, flüsterten und lachten sie über unsere ungeschickten Bewegungen und unsere bizarren, aufgeblähten Bergsteigerklamotten.

Die Soldaten der Volksarmee lächelten uns nicht zu, blickten nicht einmal zu uns herüber, wenn wir auf der Straße an ihnen vorbeigingen. Sie trugen ihre typische grüne Uniform mit der Reihe blankpolierter Knöpfe vorne und die komische, viel zu große, spitz zulaufende Kappe. Sie wirkten wie saubergeschrubbt und waren vielfach noch sehr jung. Man hatte den Eindruck, sie fragten sich, was sie hier, so weit weg von zu Hause, eigentlich zu suchen hatten. Und zumindest die unter ihnen, die aus Peking stammten, waren nun wirklich weit weg von zu Hause: mehrere tausend Kilometer.

Für sie war Zangmu das Ende der Welt. Sie standen vor

den Geschäften und schauten mit gelangweilten Mienen auf die Auslagen oder saßen in den Restaurants vor Fernsehern mit schlechtem Empfang, wo man ihnen tagaus, tagein schales chinesisches Bier und Nudeln vorsetzte.

Die Kaufleute und Händler Zangmus waren ebenfalls überwiegend Han-Chinesen, die sich durch den neu aufkommenden Handel mit Nepal in die Stadt hatten locken lassen. Auch sie zeigten die abwesende Miene von Menschen, die versuchen, in einem fremden Land Wurzeln zu schlagen. Die Männer, in gestreiften Bürohemden und mit Gel im Haar, sahen intelligenter aus, als man es in dieser Stadt erwartet hätte. Man konnte sie von der Straße aus in ihren Büros im ersten Stock sehen, und es war zu hören, wie sie voller Dringlichkeit in knisternde Telefonhörer sprachen und Geschäfte tätigten. Ihre Frauen und Töchter leiteten die Läden im Erdgeschoß – häufig nicht größer als Kabinen –, wo sie Küchengeräte aus Kunststoff, Batterien, Konserven und importierte westliche Güter, wie Coca Cola, verkauften.

Ich beobachtete, wie eine Frau ihren Laden für die Nacht verriegelte. Sie hatte eine elegante Seidenbluse und einen engen Nadelstreifenrock an und trippelte auf mörderisch hohen Pfennigabsätzen über die entsetzlich schlammige Straße, wobei sie geschickt von einem trockenen Fleckchen zum nächsten hüpfte, um ihre Schuhe nicht zu beschmutzen. Drei unbeschreiblich verwahrloste tibetische Jugendliche beobachteten sie ebenfalls, fasziniert von ihren anmutigen Sprüngen. Einer machte einen Witz, und die anderen brachen in Grölen aus.

Zangmu befand sich nur wenige Kilometer von Nepal entfernt, doch es bestand kein Zweifel daran, daß wir in China waren. Eine unserer ersten Handlungen war, unsere Uhren auf Pekinger Zeit umzustellen, die vier Stunden vor der nepalesischen liegt. Hier entschieden sogenannte Verbindungsoffiziere, in welchem Hotel wir absteigen würden. Sie bestimmten die Uhrzeit für ein arrangiertes Abendessen. Das Hotel war ein kalter, unheimlicher Ort mit hallenden Fluren und Fenstern ohne Scheiben, durch die die Feuchtigkeit des Abendregens hereinkroch. Volle Spucknäpfe und überquellende Aschenbecher zierten das Treppenhaus. Die Zimmer waren mit einer seltsamen Kombination aus grünen und orangefarbenen Plastikmöbeln ausgestattet, und auf dem Fußboden wand sich ein psychedelisches Teppichmuster, das einem garantiert schönste Alpträume verschaffte.

Das Restaurant befand sich im Kellergeschoß neben einer gespenstisch leeren Bar, die mit Vorhängeschloß und Kette verbarrikadiert war. Deprimiert saßen wir dichtgedrängt um einen runden Tisch und aßen Gemüse und Reis mit Schweinefleisch. Das Ganze spülten wir mit einem Bier hinunter, das so schal war, daß sich darin kein einziges Kohlensäurebläschen mehr zeigte. Als ich wieder oben im Zimmer war, kämpfte ich zwei Stunden lang gegen eine aufsteigende Übelkeit an und versuchte zu schlafen, doch dann ergab ich mich und zog mich mit einem heftigen Brechdurchfall für den größten Teil der Nacht auf die eisige Toilette zurück. Kees, der sich inzwischen von seiner Darmerkrankung erholt hatte, war so freundlich, sich nicht zu beklagen, obwohl ihn meine Würgegeräusche bis in die frühen Morgenstunden wachhielten.

Am Morgen schleppte ich mich auf wackeligen Beinen in den Frühstücksraum, um eine Tasse grünen Tee zu trinken. Wohlweislich versuchte ich, die in meiner Nähe sitzenden chinesischen Gäste zu ignorieren, die genüßlich schmatzend große Portionen knoblauchgewürzten Schweinefleisches hinunterschlangen. Das schaffte ich gerade noch. Doch als der Kellner einen schmutzig aussehenden Kühlschrank neben mir öffnete und mir scharf der Geruch verwesenden

Fleisches in die Nase stieg, mußte ich mich beeilen, um rechtzeitig auf die Straße zu kommen, wo ich mich auf einem Müllhaufen erneut übergab.

Den Morgen verbrachten wir größtenteils mit Einreiseformalitäten. Das war Simons Aufgabe, der unser Expeditionsleiter war. Da ich nichts zu tun hatte, begleitete ich ihn. Auf der Einwanderungsbehörde war es mit den Nerven der Wartenden offenbar nicht mehr weit her. Frustriert von dem komplizierten Prozedere und in der (fälschlichen) Annahme, Simon habe sich vorgedrängelt, schickte sich der entnervte Tourleiter einer Gruppe vollkommen erschöpfter französischer Kunden an, Simon die Zähne einzuschlagen. Es folgte ein verbaler Kampf, begleitet von Knuffen und einem Handgemenge, weil jeder als erster am Schalter des perplexen Einwanderungsbeamten stehen wollte. Simon – mit bewunderungswürdiger Ruhe – behielt die Oberhand: Unsere Papiere wurden zuerst bearbeitet. Dieser Sieg brachte ihm die abfällige Bemerkung des Tourleiters ein: »Pah! Ihr Engländer! Ich seh schon, es sind nicht nur eure Kühe, die verrückt sind!«

Wir verließen Zangmu um 11 Uhr 30 in einem Konvoi, der aus drei Toyota-Geländewagen und einem Transporter bestand. Das waren unsere »offiziellen« Transportmittel, die uns von der Tibetan Mountaineering Association zu einem astronomisch hohen Preis, der ausschließlich in US-Dollar zu entrichten war, zur Verfügung gestellt worden waren.

Nach Passieren eines militärischen Kontrollpunktes überquerten wir das gefährliche Erdrutschgebiet oberhalb der Stadt. Bei starken Regenfällen kommt es bisweilen vor, daß tödliche Geröll- und Schlammlawinen herabstürzen. Unzählige Menschen waren dabei bereits ums Leben gekommen, bis die Bebauung dieser Gefahrenzone endlich verboten wurde. Selbst in dem leichten Nieselregen, der an diesem

Morgen vom Himmel fiel, kamen kleinere Steinbrocken ins Rutschen. Der Fahrer blickte immer wieder sorgenvoll nach oben, als er sich auf die schmale Fahrspur wagte, die von losen Felsbrocken gesäumt war.

Vier Stunden lang folgten wir der steilen Straße längs des Bhote-Kosi-Tals. In niedrigen Gängen quälten sich unsere Gefährte steile Bergnadelwälder hoch. Mehrmals mußten wir den Fluß über halb verfallene Betonbrücken überqueren. Neben mir saß Tore und überwachte ununterbrochen seinen Höhenmesser, den er an einem Armband um das Handgelenk trug, und verzeichnete mit Befriedigung jeden Meter, den wir an Höhe gewannen. »Zweitausenddreihundert«, informierte er mich, ohne seinen Blick vom Gerät zu nehmen.

Nach schätzungsweise dreißig Kilometern – wir hatten die Stadt eine knappe Stunde zuvor verlassen – wurde die Straße richtig steil. Sie führte an einem Berghang hinauf, der vom Geröll und Schutt früherer Erdrutsche und Lawinen gezeichnet war. Riesige Bulldozer waren dabei, Abschnitte freizuräumen, die erst kürzlich weggespült worden waren. An ein oder zwei Stellen, wo uns die Geschichte zu riskant erschien, stiegen wir aus den Fahrzeugen aus und gingen nebenher, aus Angst, die anfällige Fahrspur zu überlasten. Tatsächlich stand der gesamte Berghang unter Wasser, weil der Winterschnee schmolz. Da es hier praktisch keine Vegetation gab, um die schiefrige Erde zusammenzuhalten, kann man sich den Effekt etwa so vorstellen, wie wenn glitschiger Haferschleim am Kochtopfrand herunterläuft. Der ganze Berg war in Bewegung, und wir waren ziemlich erleichtert, wieder festeren, felsigeren Boden zu betreten, als wir nach Nyalam kamen.

Nyalam liegt strategisch gesehen sehr günstig: Die Stadt befindet sich am äußeren Rand des Tibetischen Plateaus, ganz oben am Bhote-Kosi-Tal und am Fuße des Shishapangma, des breitrückigen, 8.012 Meter hohen Gipfels. Wie in Zangmu konzentriert sie sich an der ungleichmäßig verlaufenden Hauptstraße, die von Herbergen und Teehäusern gesäumt ist. Hier und da sah man Weihnachtslichterdekorationen, die je nach Leistung des Stromgenerators der Stadt mal heller, mal weniger hell leuchteten. Die meisten Einwohner waren Han-Chinesen – Ingenieure und Straßenbauarbeiter, deren undankbare Aufgabe es war, ständig die Talverbindung nach Nepal zu erneuern.

Hier stellte sich ein kleineres Problem: Die Verbindungsoffiziere wollten, daß wir in Nyalam in einer der Herbergen übernachteten, Simon dagegen wollte noch etwa eine Stunde weiterfahren und dann einen Campingplatz suchen, wo wir ein paar Tage verbringen konnten, um uns an die Höhe des Plateaus zu gewöhnen. Schließlich einigten wir uns auf einen Kompromiß: Die Expedition übernachtete auf einem geeigneten Campingplatz, und einer der TMA-Vertreter blieb bei uns, um ein wachsames Auge auf uns zu haben. Die übrigen Vertreter des TMA-Teams und die Fahrer kehrten nach Nyalam zurück und verbrachten die Nacht dort in einem Hotel.

Dreißig Kilometer von Nyalam entfernt – es blieb uns nur etwa eine halbe Stunde Tageslicht – fanden wir in einem verwahrlosten Dorf den perfekten Campingplatz: eine kleine Wiese, die von gertenschlanken Bäumen umringt war. Ein paar zerlumpte Kinder beobachteten uns mit offenen Mündern, während wir ungeschickt unsere Zelte aufbauten. Weiter hinten, im Schatten jenseits einer niedrigen Mauer, hatten sich auch die wild aussehenden Erwachsenen des Dorfes versammelt und plapperten aufgeregt durcheinander, als wir unsere Ausrüstungsberge vom Transporter abluden. Alle paar Minuten näherten sich die Kinder neugierig der Stelle, an der wir mit Zeltbahnen und -pflöcken kämpften. Jedesmal wirbelte dann ein Sherpa mit einem gewaltigen Stock in der Luft herum und verjagte sie mit Gebrüll. Dies wurde bald zu einem hysterischen Katz-und-Maus-Spiel, und die vor Lachen kreischenden Kinder wurden von rasenden Sherpas über die Lichtung gejagt. Das Spiel endete in Tränen, als eines der Kinder gegen einen Baum lief.

Wie auf ein unsichtbares Signal verschwanden die Dorfbewohner lautlos in der Nacht, sobald unsere Zelte fertig aufgeschlagen dastanden. Wir aßen zum ersten Mal in unserem Speisezelt und zwangen uns trotz der höhenbedingten Appetitlosigkeit (4.600 Meter) zu Reis, Kohl und Knödel. Meinem Magen ging es nach dem Brechdurchfall in Zangmu immer noch nicht besonders gut, und so beschränkte ich mich darauf, etwas Flüssigkeit zu mir zu nehmen. Ich trank mehrere Tassen Tee und heiße Schokolade. Wir schliefen mit dem Gekläff der Hunde ein, die auf der Dorfstraße miteinander kämpften.

Die nächsten vier Tage war diese kleine Lichtung unser Zuhause, und allmählich gewöhnten sich unsere Körper an die dünne Luft der Hochebene. Die Akklimatisierung kann man nicht beschleunigen. Dies war gerade mal die erste Etappe eines sorgfältig geplanten Programmes. Zwei Monate wollten wir zunächst über der 5.000-Meter-Grenze verbringen, um dann wesentlich höher zu steigen. Schon hier, auf 4.600 Metern über dem Meeresspiegel, machte sich die dünne Luft bei der kleinsten Bewegung bemerkbar: Wenn man sich bückte, um die Trekkingschuhe zuzuschnüren, wurde man kurzatmig, nach dem Verrücken eines zwanzig Kilo schweren Fasses um ein paar Meter mußte man sich hinsetzen und eine Ruhepause einlegen; selbst das Ausräumen eines Rucksacks war äußerst mühsam.

Wir alle litten in den ersten vierundzwanzig Stunden unter Kopfschmerzen und leichter Übelkeit, und zwei aus dem

Team hatten zusätzlich noch andere Gesundheitsprobleme: Ned hatte nun Brechdurchfall, den die meisten von uns bereits in Nepal und Zangmu hinter sich gebracht hatten. Da er fürchtete, es könnte sich um *Giardia intestinalis* handeln – eine Form der Ruhr –, aß er rohen Knoblauch, um die Amöben abzutöten. Tore litt unter einem wiederkehrenden Rückenproblem, das er seit einer Karateverletzung hatte, die ihm vor Jahren ein Gegner mit einem brutalen Tritt in den Rücken beigebracht hatte. Eine Niere wurde dabei aus dem umliegenden Gewebe gerissen. Nach einer Notoperation befand sich die Niere wieder mehr oder weniger an ihrem Platz, doch Tore machte sich immer Sorgen, wenn er mal Rückenschmerzen bekam, denn sie konnten Zeichen einer gefährlichen Infektion sein.

Am zweiten Tag begannen wir mit unseren Trainingsstreifzügen in die umliegenden schneebedeckten Berge. Die ersten paar Trecks waren leicht und kurz, ein- bis zweistündige Klettereien an felsigen Hängen, doch niemals über 5.000 Meter Höhe. Die meisten Expeditionsmitglieder bildeten Zweier- oder Dreiergrüppchen für diese Abstecher, nur Al und Brian zogen es vor, allein auf Tour zu gehen. Dieses Phänomen faszinierte mich, und ich versuchte herauszufinden, wie es kam, daß diese zwei nach außen hin so unterschiedlichen Charaktere das gleiche Verlangen nach Einsamkeit teilten. Wer weiß, vielleicht waren sie letztendlich doch nicht so verschieden, wie es schien.

Am dritten und vierten Tag hatten wir uns bereits etwas akklimatisiert. Wir drangen jetzt ein wenig weiter vor, bis oberhalb der Schneegrenze, wo wir nach einem vierstündigen Aufstieg einen kleineren Gipfel in 5.600 Metern Höhe erreichten, über den der Wind nur so pfiff. Von diesem Aussichtspunkt hatten wir einen überwältigenden Blick auf die Grenzgebiete Nepals, wo ganze Reihen von Sechs- und Siebentausendern Wache zu stehen schienen. Das Tal, von dem wir aufgestiegen waren, wirkte aus dieser neuen Perspektive noch karger als von unten aus der Nähe. Der gewaltige Fluß sah aus wie ein kleines silbernes Band, nicht größer als ein schillernder Seidenfaden.

Ich erspähte einen winzigen Punkt, der sich auf einem der umliegenden Gipfel auf halbem Weg nach oben befand. Zuerst dachte ich, es sei ein Bär, doch als er innehielt und einen Moment sein Profil zeigte, erkannte ich, daß es Brian auf einem seiner Solo-Trainingstrips war. Kurze Zeit später, weit weg in der entgegengesetzten Richtung, entdeckte ich noch einen Punkt. Al bewegte sich über einen schneebedeckten Grat voran. Er war auf dem Weg zu einem Gipfel, der ungefähr die gleiche Höhe hatte wie der, auf dem wir standen. Er hielt einen Augenblick lang an, und ich winkte mit einem Arm, um zu sehen, ob er uns ebenfalls entdeckt hatte. Er winkte zurück und stieg dann weiter, allein und, wahrscheinlich wie Brian auch, in seine Gedankenwelt versunken.

Bei Einbruch der Nacht war von Al keine Spur zu sehen, und einige machten sich Sorgen. Simon zeigte sich kein bißchen beunruhigt: »Macht euch keine Sorgen um Al. Ihm passiert so leicht nichts.«

Eine halbe Stunde später sahen wir das auf- und abtanzende Licht seiner Stirnlampe aus der Dunkelheit der Nacht auftauchen, gerade als der Abendgong zum Essen geläutet wurde.

Da wir so nahe beim Dorf und den Feldern campten, hatten wir die einmalige Gelegenheit, den täglichen Kampf der Dorfbewohner mit dem ausgedörrten Land, das ihnen ihren Lebensunterhalt sichern mußte, mitzuerleben. Es war Frühling. Unter einem tiefblauen Himmel, und begleitet von den beißenden, eiskalten Westwinden, wurde gesät und angepflanzt. Jeden Morgen bei Sonnenaufgang verließen die

Dorfbewohner ihre Steinhäuser und gingen, um ihre Felder zu bestellen. Alte Frauen, Mütter, die ihre Neugeborenen eng an den Rücken gewickelt trugen, Männer, deren Gesichter von der sengenden Sonne und den peitschenden Winden schwarz wie Ebenholz waren – die Felder saugten ihre Arbeit so mühelos auf wie der Wüstenboden das Wasser.

Sie arbeiteten mit Hacke und Pflug. Die Hacke wurde von Hand geführt, Schlag um Schlag, Stunde um Stunde, in die steinige Erde, die Rücken gebeugt, die Beine gegrätscht. Die Pflugscharen waren grob und einfach, aus schwerem Eisen mit verwittertem Holzgestänge. Sie ähnelten denen, die vor hundert Jahren in Europa verwendet worden waren. Vor die Pflüge waren Yaks gespannt – Tiere, die wohl die nötige Kraft für die Aufgabe haben, jedoch das denkbar unangenehmste Temperament. Die Pflüger schlugen mit langen Stöcken auf die Yaks ein und bewarfen ihre Hinterteile mit Steinen – nie verfehlten sie ihr Ziel –, trotzdem liefen die Yaks häufig genug Amok, kämpften, stießen ihre großen Köpfe gegeneinander und zogen den Pflug in die Felder des Nachbarn. Und die laut fluchenden Treiber rannten hinterher.

Die Felder waren klein und unregelmäßig geformt. Längs der Ränder liefen erhöhte Bewäserungskanäle, durch die nur zu bestimmten Tageszeiten Wasser geleitet wurde. Jedes kleinste Stückchen bestellbaren Landes wurde in Terrassen angelegt und dann für die Saat vorbereitet. Große Haufen mit Yak- und Ziegendung standen bereit, der auf den gepflügten Furchen verteilt wurde, sobald die Zeit dafür kam.

Ich untersuchte eine Handvoll der gelben Erde und konnte mir nur schwerlich vorstellen, daß irgendeine Saat darin gedeihte. Die Erde war kaum mehr als Staub: so ausgetrocknet und verdorrt wie Sand. Bei jeder Windböe erhob sich die oberste Erdschicht als Staubwolke in die Luft, blies den

Feldarbeitern in die Augen und die Nase und machte das Land noch unfruchtbarer, als es bereits war.

Es gibt nur zwei Getreidearten, die auf diesem ungastlichen Terrain gedeihen: Gerste und Hirse. Zusammen mit der Milch und dem Fleisch der Yaks sind sie die Grundnahrungsmittel der Menschen des Tibetischen Plateaus. Ohne das Getreide wäre keine dauerhafte Besiedlung möglich. Ich beobachtete einen älteren Mann, der Gerstensamen aus einem Ledersack auf den Boden streute. Sein Arm beschrieb einen eleganten Bogen, als er ihn hin- und herschwenkte. Die winzigen weißen Samen schossen durch die Luft wie Wassertröpfchen aus einem Rasensprenger. Man hätte ihn als hoffnungslosen Optimisten oder aber als Verrückten bezeichnen können. Aber er hatte dieselben Felder sein ganzes Leben lang erblühen und das Getreide wachsen sehen, warum also sollte es dieses Jahr anders sein?

In diesem Augenblick fiel mir ein, daß wir, wenn wir auf unserem Rückweg nach Nepal wieder durch dieses Dorf kamen, die trockenen, staubbedeckten Felder als grünes, wogendes Meer wiedersehen würden. Unser gefährliches Unterfangen schien mir plötzlich eine kleine Ewigkeit zu dauern.

Wir brachen unsere Zelte am 9. April ab und setzten uns mit unserem Konvoi in östlicher Richtung über das Plateau in Bewegung, zur nächsten Etappe unserer Reise durch Tibet. Die unbefestigte Straße blieb glücklicherweise die nächsten zwei Stunden da, wo sie hingehörte, nämlich am Talboden. Alle fünf bis zehn Kilometer kam ein Dörfchen in Sicht. An diesem Morgen waren nicht nur die Feldarbeiter mit ihrer Arbeit beschäftigt, sondern auch Straßenbauarbeitertrupps unterwegs. Alle hundert Meter lag ein sorgfältig aufgeschichteter Haufen Kies am Straßenrand. Diese Haufen hatten wir ab Zangmu bemerkt. Offenbar waren größere Reparaturen geplant. Die Aufgabe der Straßenbauarbeiter war das Ausbessern der zahlreichen Schlaglöcher und Bodenwellen, mit denen die Straße übersät war. Dazu standen ihnen nur primitive Werkzeuge zur Verfügung: Spaten und Rechen. Gegen den Straßenstaub trugen sie Gesichtsmasken, und gegen die Kälte dicke, wollene Mäntel. Es war wohl einer der undankbarsten Jobs, den man sich vorstellen kann. Und der Anblick reicher Ausländer, die in ihren netten, warmen Toyotas an ihnen vorbeirasten, munterte sie wahrscheinlich auch nicht gerade auf.

Am späten Morgen verließ die Straße den Fluß und stieg abrupt zum Lalung-La-Paß auf, einem der höchsten Straßenübergänge in Tibet, der sich in einer Höhe von 5.300 Metern befindet. Die letzten paar hundert Meter ließen uns den Atem stocken: Der Toyota schlingerte auf der von tiefen Furchen durchzogenen Fahrbahn hin und her, rechts und links meterhohe Wände aus windgehärtetem Schnee. Der Sattel selbst war mit Gebetsfahnen geschmückt, die wie Fähnchen bei einem fröhlichen Landfest an den Telegrafenmasten befestigt worden waren. Wir hielten auf dem Paß an, um ein paar Aufnahmen zu machen und den Blick auf den Shishapangma und den Cho Oyu zu genießen, zwei Achttausender, die den Horizont beherrschten. Al hatte sie beide bestiegen und erklärte die Routen, die er genommen hatte, während wir frierend im eisigen Wind standen. Wenn man ihm zuhörte, klang es wie ein Kinderspiel. Monate harten Kampfes umschrieb er mit ein paar kurzen Glanzpunkten, so daß wir den Eindruck gewannen, beide Gipfelaufstiege wären nicht viel mehr als Wochenendausflüge.

Kurz hinter dem Sattel kamen wir an einem Fußgänger vorbei, einem Inder oder Nepalesen, der in eine braune Decke gehüllt war, aber ansonsten weder Beinkleid noch Kopfbedeckung trug.

»Ein Pilger«, sagte unser Verbindungsoffizier. »Vielleicht geht er nach Lhasa. Vielleicht ist er morgen tot. Viele von ihnen sterben.«

Der Pilger hatte weder Nahrung noch Wasser bei sich, machte jedoch keine Anstalten, uns zu stoppen. Unser Fahrer raste an ihm vorbei und hüllte ihn in eine Staubwolke. Ich war überrascht, daß jemand eine derartige Kälte so leicht bekleidet überstehen konnte, und wie er die Nächte überlebte, war jenseits meiner Vorstellungskraft. Vielleicht würde er tatsächlich noch vor dem Ende seiner Pilgerreise tot sein, wie unser Verbindungsoffizier gesagt hatte.

Bei der Abfahrt ins Tal stieß die Straße erneut auf einen Flußlauf, dem sie diesmal in östlicher Richtung folgte. Das Tal öffnete sich nun in eine weite Ebene, und hier und da sahen wir in der Ferne Ruinen alter Karawansereien und Festungen stehen. Dieses Land war grüner und saftiger als das Tal, in dem wir gecampt hatten. Ziegenherden, die teilweise aus mehreren hundert Tieren bestanden, knabberten an den neuen Schößlingen.

Hinter einer Kurve hatten wir unvermittelt unseren ersten Blick auf den Everest. Unser Konvoi machte halt, und mehrere Minuten lang gab es kein anderes Geräusch als das Klikken der Fotoapparate und das immerwährende Getöse des Windes.

Obwohl der Everest noch über achtzig Kilometer entfernt war, hatte man den Eindruck, als stünde man direkt davor. Die feinen Details der Nordflanke, die viel mehr einem Dreieck glich, als ich es mir vorgestellt hatte, waren mit bloßem Auge selbst aus dieser Entfernung sichtbar. Jetzt verstand ich endlich, warum die Tibeter den Everest *Chomolungma* genannt hatten, die Göttin-Mutter der Erde, lange bevor westliche Vermesser dem Berg den wissenschaftlichen Status des höchsten Gipfels der Erde gegeben hatten.

Das Basislager auf dem Rongbuk-Gletscher. Der Everest beherrscht den Horizont mit seiner berühmten Fahne aus wirbelnden Eiskristallen.

Links: Brian Blessed mit einer Blumengirlande um den Hals im Summit-Hotel in Katmandu. Die Expedition war Brians dritter Versuch, den Everest zu besteigen.

Unten: Teammitglieder wandern den Rongbuk-Gletscher hinauf. Im Hintergrund die Nordflanke des Everest. Der dreitägige Marsch über den Gletscher ist eine der ersten Herausforderungen der Nordroute.

Links: Die Yak-Treiber brechen zum vorgeschobenen Basislager auf.
Mehrere Tonnen an Ausrüstung wurden so den östlichen Rongbuk hochtransportiert.

Rechts: Mitglieder des Sherpa-Teams auf dem Weg zum Basislager.

Unten: Die Nordflanke des Mount Everest (8.848 Meter).

Rechts: Das Lager auf dem Nordsattel, dahinter der Nordgrat.

Unten: Matt Dickinson. Im Hintergrund der Changtse.

Das *Himalayan-Kingdoms*-Team steigt den Nordsattel auf. Diese lawinengefährdete Eiswand war der Schauplatz vieler Tragödien. Weiter hinten ist der Nordgrat zu sehen.

Alan Hinkes in Lager Fünf mit Sauerstofflaschen.

Links: Lager Sechs auf der Nordflanke des Everest in einer Höhe von 8.300 Metern, das höchstgelegene Berglager der Welt. Im Vordergrund die Überreste der vom Sturm zerstörten Zelte und die zurückgelassenen Sauerstoffzylinder.

Rechts: Matt Dickinson auf dem Gipfel des Mount Everest am 19. Mai 1996 um etwa zehn Uhr morgens.

Links: Der berühmte *Second Step* auf dem Nordostgrat des Mount Everest. Matt Dickinson befindet sich auf halber Höhe. Wenn man von der Nordseite kommt, stellt der *Second Step* eine der größten Herausforderungen am Tag der Gipfelbesteigung dar.

Rechts: Alan Hinkes mit einer Fotografie seiner Großmutter und seiner Tochter auf dem Gipfel des Mount Everest. Im Hintergrund Mingma und Gyaltsen.

Links: Matt Dickinson zeigt sich in »Hillary-Gipfelpose« auf dem vollbepackten Gipfel des Mount Everest.

Rechts unten: Erfrierungen ersten Grades an den beiden mittleren Fingern von Matt Dickinsons Hand, die er sich während des Aufstiegs zugezogen hatte. Die Blasen heilten später vollständig ab.

Unten: Matt Dickinson (links) und Alan Hinkes (rechts) kurz nach ihrer Rückkehr aus Tibet im Summit-Hotel in Katmandu.

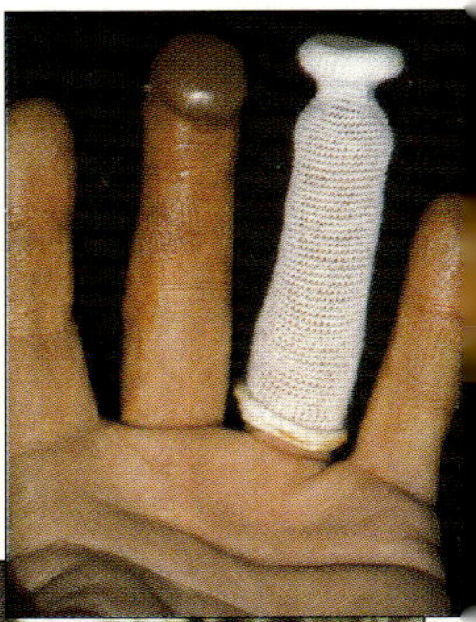

Wenn man auf dem Tibetischen Plateau steht, braucht man keinen Theodoliten, um die Großartigkeit des Everest zu erkennen. Es steht außer Zweifel, daß er alles auf dieser Erde überragt, und das mit einer Herrschaftlichkeit, einer Grandiosität, die die anderer Himalaja-Riesen um ein Vielfaches übertrifft.

Ich hatte den Gipfel des Everest bereits zuvor von Namche Bazar in Nepal aus gesehen, doch der Anblick war nichts im Vergleich zu dem, was sich unseren Augen jetzt bot. Vom Süden ist der Everest schwer faßbar. Ich hatte nur einen unvollständigen Blick auf den Gipfel erhaschen können, gerade mal die oberen zehn Prozent der Südwestflanke. Die Sicht auf den Berg ist dort vom Nuptse und vom Lhotse verstellt, und man muß bis tief in das Western Cwm (sprich »Kum«) vordringen, oberhalb des Basislagers, bevor die Südwestflanke in ihrer ganzen Pracht sichtbar wird. Selbst von Kala Pattar aus, dem bekannten Everest-Ausblickpunkt der Trekker, sieht man nur einen frustrierend kleinen Teil des Berges.

Vom Norden her versteckt sich der Everest hinter keinem Schleier. Er gibt sich in seiner ganzen Herrlichkeit zu erkennen. Der Berg prangt da ganz allein, stolz und majestätisch, eine Pyramide aus Fels, die von gewaltigen Erdkräften über Millionen von Jahren geformt wurde. Kein anderer Gipfel drängt sich davor – keiner würde es wagen. Mühelos füllt der Everest die Fläche des halben Horizontes. Aus dieser Perspektive gab es absolut keinen Zweifel: Wir standen vor dem ultimativen Berg.

Die berühmte Eiskristallfahne wehte eindrucksvoll vom Nordostgrat. Simon schätzte, daß sie ungefähr fünfzig Kilometer lang war. Diese weiße Mähne des Everest ist Beweis für die heftigen Winde, die über seine höheren Regionen fegen, ein sichtbares Zeichen für die unsichtbaren JetstreamWinde, die von Westen nach Osten über das südliche

Tibet wehen. Die Winde treffen mit bis zu 150 Stundenkilometern auf den Everest und schlagen Eiskristalle aus dem Felsen. Diese werden in die Luft gepeitscht, wo sie waagerecht vom strengen Wind Richtung Osten getragen werden und schließlich, weit entfernt vom Berg, zu Boden sinken.

Die Eiskristallfahne hat etwas Fesselndes, Hypnotisches an sich, wie die Nordlichter oder Meereswellen, die sich am Strand brechen. Wenn man einmal dasteht und zusieht, kann man sich so schnell nicht wieder losreißen, so verführerische Formen und Muster bilden sich. Vom Plateau aus hört man die Schneefahne nicht, doch man kann sich den Ton, der die Fahne begleitet, mühelos vorstellen – ungefähr so, wie wenn jemand hinter schalldichtem Glas steht und schreit.

Von Ehrfurcht ergriffen kletterten wir zurück in die Toyotas, jeder von uns in Gedanken versunken. Brian, Al, Barney und Simon hatten diesen Anblick des Everest bereits zuvor genießen können. Sie waren zweifellos bereits verzaubert – sonst wären sie nicht zurückgekehrt. In uns übrigen stiegen ganz neue Gefühle hoch. Der Berg, der während unserer Vorbereitungen zur Expedition nur in unseren Träumen existiert hatte, war nun greifbar nah und beängstigend real. Die Nordflanke wirkte selbst aus dieser großen Entfernung bedrohlich und steil. Zum ersten Mal wurde mir schlagartig bewußt, daß einer oder mehrere von uns in den kommenden Monaten auf diesen Hängen sterben könnten. Es war sehr still im Fahrzeug, während wir über die holprige Fahrbahn rumpelten.

Am frühen Nachmittag erreichten wir die Stadt Tingri, die ein größeres Armeelager und mehrere einfache Eßlokale für Wehrpflichtige und Touristen beherbergt. Wir aßen einen sättigenden Hammeleintopf in einem verräucherten Gasthaus und spülten ihn mit ein paar Tassen bitteren tibetischen Tees hinunter. An den Wänden warben grelle Poster für italienische Sektor-Armbanduhren und für Bergsteigerkleidung aus GoreTex – Artikel, die dem durchschnittlichen Tibeter etwa soviel bedeuten wie Raumanzüge und kugelsichere Westen dem durchschnittlichen Westeuropäer.

Tingri befindet sich am Rand eines Sumpfes. Ringsherum gibt es mehrere seichte Seen. Al war schon viele Male hier gewesen und zeigte uns, wie der Boden an gewissen Stellen wackelt, wenn man darauf herumspringt. Wir amüsierten uns ein paar Minuten damit, in unseren schweren Bergstiefeln darauf herumzuhüpfen, um zu fühlen, wie der Boden unter uns schwankte. Ein paar Kinder, die uns dabei beobachteten, kringelten sich vor Lachen.

Nachdem wir Tingri verlassen hatten, passierten wir einen militärischen Kontrollpunkt und kamen um 17 Uhr in Shegar Dsong an, wo wir übernachten wollten. Die Stadt selbst hat nichts Sensationelles an sich, doch dahinter stößt man auf eines der wunderbarsten Klöster Tibets. Dieses Konstruktionswunder wurde vor vielen Jahrhunderten errichtet. Es befindet sich auf einer Gratschneide und überblickt majestätisch die umliegenden Ebenen. Zu seiner Glanzzeit beherbergte das Kloster Hunderte von Mönchen. 1950, während der Besetzung Tibets durch China, wurde es zu einem Zentrum des Widerstandes und zum Schauplatz heftiger Kämpfe. Schließlich schickten die Chinesen MiGs, die das Kloster so lange bombardierten, bis sich seine Insassen unterwarfen. Das Kloster liegt immer noch in Ruinen – ein schmerzliches Denkmal für die Brutalität des Angriffes und für die unzähligen anderen Zerstörungen, die für die chinesische Invasion bezeichnend sind.

Unser sogenanntes »Hotel« in Shegar wurde uns von unserem Verbindungsoffizier zugewiesen. Es dauerte nur wenige Minuten, bis wir uns zurück in unsere Zelte wünschten. Die Korridore waren so kalt, daß sich durch einen tropfenden Samowar Eisstalagmiten auf dem Betonboden gebildet hatten. Die Zimmer ähnelten Gefängniszellen, hatten durchhängende Metallbetten mit einer einzigen rauhen Decke darauf. Die Gemeinschaftstoiletten waren offensichtlich seit den Zeiten Maos nicht mehr gesäubert worden. Wir trafen uns mit den Sherpas im Speisesaal und stocherten lustlos im Essen herum, das nicht einmal durch Brians Witze genießbar wurde.

Der größte Witz – irgendwie schienen die Chinesen immer auf ihre Kosten zu kommen – daran war, daß eine Übernachtung in dieser Farce von Hotel sechzig US-Dollar pro Kopf kostete, der offizielle, in Peking festgesetzte Zimmerpreis für Ausländer. Es ist immer ärgerlich, ausgenommen zu werden, besonders aber, wenn die Wucherpreise von offizieller Seite festgelegt werden.

Wir bereiteten die 16-mm-Kamera und das nötige Zubehör vor und filmten am nächsten Morgen, wie der Expeditionskonvoi von Shegar aufbrach, um sich auf die letzte Etappe der Reise zum Basislager zu begeben. Die chinesischen Fahrer waren verständlicherweise ziemlich verärgert über meine ständigen Bitten, anzuhalten und dann wieder weiterzufahren, während wir sie mehrere Male überholten, um ein paar Reiseabschnitte zu filmen. Doch schließlich hatten wir die Sequenz, die wir brauchten, im Kasten und beendeten die Aufnahmen, als die Fahrzeuge den Pang-La-Paß überquerten, der sich in 5.750 Metern Höhe befindet – unser bester Blick bislang auf den Everest.

Auf der südlichen Seite des Pang La ging es schnell bergab, und der Zustand der Straße wurde zunehmend schlechter. Große Schlaglöcher ließen unsere Fahrzeuge auf und ab hüpfen und schüttelten uns kräftig durch. Als wir am Talboden angekommen waren, schlugen wir erstmals, seit wir Katmandu verlassen hatten, eine westliche Route ein. Wir befanden uns jetzt auf dem steinigen Weg, der zum Rongbuk-Kloster und zum Basislager führt. Hier waren die Dörfer reicher, die Häuser besser gebaut als die, die wir bisher gesehen hatten. Wir sahen vornehm verputzte Häuser und auf den Feldern wohlgenährte Pferde. Die Talwände waren im Gegensatz dazu steinig und praktisch ohne Bewuchs, wenn man einmal von den paar leuchtend grünen Fleckchen absah, wo ein Dörfchen mit ein paar kostbaren Feldern und ein oder zwei widerstandsfähigen Bäumen die Monotonie unterbrach.

Obwohl der Everest nun teilweise hinter Hügeln verborgen lag, wurde der milchig aussehende Fluß, dem wir folgten, von seinen Schmelzwassern gespeist. In diesem Teil des Landes ist der Fluß als Rongbuk bekannt. Er hat seine Quelle in den nördlichen Hängen des Everest und des Makalu und fließt in einer großen Schleife über das Tibetische Plateau, bevor er sich kühn in einer Reihe tiefer Schluchten durch das Himalaja-Gebirge bei Tsanga gräbt und in Nepal als Arun anlangt. Im Süden Nepals fließt er mit dem Sun Khosi zusammen und durchquert die indischen Ebenen. Bei Katihar mündet er in den Ganges.

Den Geographen früherer Zeiten war es ein Rätsel, wie es dem Arun gelingt, die Wasserscheide des Himalaja zu durchfließen. Es wurde erst 1937 von L.R. Wager gelöst, einem Geographen und Forscher, der eine Expedition in die zu dieser Zeit unbekannten Schluchten des Arun organisierte. Seine Schlußfolgerung war, daß sich der Fluß lange vor dem Himalaja-Gebirge gebildet hatte und er seinen Lauf dadurch beibehalten konnte, daß er immer tiefere Schluchten in den Fels schnitt, je höher der Berg sich erhob. Wager veröffentlichte seine Theorie im *Geographical Journal* vom Juni 1937 und führte darin den Beweis, daß der Fluß Arun lange vor den höchsten Bergen der Erde entstanden war.

Jetzt, wo der Winter gerade vorbei war, konnte man den Rongbuk bestenfalls als Bach bezeichnen, der von einem Rinnsal schlammigen Schmelzwassers von den Gletschern des Everest gespeist wurde. Innerhalb weniger Monate würde der Fluß mit den steigenden Temperaturen des Sommers einen ganz anderen Charakter annehmen und zu einem tosenden Eiswasserstrom werden. Wir kamen an zahlreichen zerstörten Brücken vorbei – stumme Zeugen der jahreszeitlich bedingten Flut.

Über eine imposante neue Brücke überquerten wir den Fluß und hielten uns auf dem Südufer dann weiter westlich. Unterwegs sahen wir Herden kräftig aussehender Yaks auf ihrem Weg zum Basislager. Beladen mit Futter und den Vorräten ihrer Treiber werden die Yaks – pünktlich zum Saisonbeginn der Expeditionen in der Vormonsunzeit – jedes Frühjahr nach oben getrieben. Seit Jahrhunderten trotten sie auf demselben Pfad und transportieren Vorräte zu dem Kloster am Fuße des Rongbuk-Gletschers, das mindestens vierhundert Jahre alt ist.

Die Straße verlief allmählich immer mehr Richtung Süden. Sie umrundete den Vorsprung des Tales, bis wir geradewegs in den Rongbuk-Gletscher hineinsehen konnten. Die massive Nordflanke des Everest erhob sich drohend vor uns. Seit wir vor mehreren Stunden auf dem Pang La gewesen waren, hatte es wieder auf die Flanke geschneit, und an vielen Stellen war der dunkle Fels mit einer schmutzigweißen Schneeschicht überzogen. Erneut hielten wir an und suchten unsere Filmausrüstung zusammen. Wir filmten, bis uns Wolken die Sicht verdunkelten.

Sehr zum Ärger unserer Fahrer, die inzwischen ihre Ungeduld kaum mehr unterdrücken konnten, legten wir einen neuen Filmstop beim Rongbuk-Kloster ein, wo wir Brian vor einer der goldbedeckten Stupas interviewten. Er machte einen nachdenklichen Eindruck und sprach offen über seine Ängste vor den kommenden Monaten:

> Manchmal berste ich vor Zuversicht, und dann wieder sterbe ich vor Angst. Der Everest ist ein wirklich furchterregender Berg. Ich muß mich Schritt für Schritt an ihn herantasten … Tag für Tag. Wenn er es zuläßt, werden wir es bis zur Spitze schaffen. Doch bei Gott, ein Kinderspiel wird das sicherlich nicht werden.

Endlich fuhren wir, mit einem eisigen Wind im Rücken, die letzten zwanzig Minuten an der Gletschermoräne entlang und erreichten das Basislager in 5.500 Metern Höhe. Wir hatten gerade noch genügend Tageslicht, um Plattformen freizuschaufeln und unsere Zelte aufzustellen. Während wir mit den Zeltbahnen kämpften, verzog sich die Wolke über dem Everest kurz und enthüllte einen in glühendrotes Licht getauchten Gipfel. Es war der 11. April. Vor neun Tagen hatten wir Katmandu verlassen, vor zwölf Tagen waren wir aus England abgereist. Die Zeit des Reisens war vorüber, die Expedition konnte beginnen.

Als Kind hatte ich mich oft gefragt, wie ein Basislager wohl aussehen mochte. »Basislager« klang genauso aufregend wie »Schneeloch« oder »Biwak« – was aber verbarg sich tatsächlich dahinter? Ich hatte immer die Vorstellung von ein paar hübschen Berghütten, in denen sich fröhliche Bergsteiger trafen und bei einer Tasse dampfenden Kakaos zusammensaßen. Mit den flackernden Sturmlaternen und dem wärmenden offenen Feuer war es ein beruhigend gemütliches Plätzchen – eine Welt, in der man sich vor den Schneestürmen, die draußen tobten, in Sicherheit fühlte.

Ein kurzer Besuch im Basislager auf der Nordseite des

Everest hätte mir diese Gedanken schnell ausgetrieben und ein paar Kindheitsphantasien zerstört. Abgesehen von den Polarzonen kann ich mir kaum einen unwirtlicheren und ungemütlicheren Ort vorstellen als das Everest-Basislager. Eintreffende Expeditionen verteilen sich über das gesamte Gletschertal und suchen nach flachen Bodensenken und Mulden, in der Hoffnung, dem Wind dort entfliehen zu können. Ein völlig nutzloses Unterfangen, denn in Tibet ist der Wind allgegenwärtig – er gehört zum Land wie die Steine und der Staub. Und der muffige Gestank des Yak-Kots.

Wir planten keinen flüchtigen Aufenthalt. Das Lager würde für die nächsten zehn Wochen unser Zuhause sein, zu dem wir nach jedem Ausflug in die höheren Lager am Berg zurückkehren würden. Der Akklimatisierungsprozeß ist langwierig. Selbst für erfahrene Teams ist es ganz normal, daß sie ihrem Organismus mindestens sechs bis acht Wochen Zeit lassen, um sich an den geringen Sauerstoffgehalt der Luft zu gewöhnen, bevor sie einen Gipfelvorstoß unternehmen.

Die Lebensbedingungen im Rongbuk-Tal sind schwierig und widrig. Der Boden ist gefroren und widersteht selbst dem besten Zeltpflock. Die Flüsse sind ebenfalls zugefroren und da, wo sie offen sind, schlammig, und das Wasser ist ungenießbar. Schlafsäcke, die zum Lüften nach draußen gehängt werden, ergreift der Wind und trägt sie mit sich fort. Gewaschene Kleidung gefriert und ist dann bretthart. Die Luft ist trocken und verstärkt so die zehrenden Auswirkungen der großen Höhe. Der Hals ist rauh, die Lippen platzen. Die Haut an den Fingern wird rissig und entzündet sich. Die Gedanken beginnen zu wandern, man denkt an seine Heimat ... man denkt an alles andere als an den beängstigenden Berg, der sich über dem Tal erhebt.

Ich fand es aufregend, im Everest-Basislager zu sein, aber daß es mir gefiel, kann ich nicht behaupten.

Die alten Hasen, Barney und Al, errichteten rings um ihre Zelte solide Steinmauern, um sie vor den zerstörerischen Kräften des Windes zu schützen. Die Faultiere, wie Kees und ich, unternahmen nur einen halbherzigen Versuch, es ihnen gleichzutun – mit dem Ergebnis, daß wir unser Zelt mehrere Male nach heftigen Sturmböen komplett neu aufbauen mußten.

Im Basislager wird man leicht depressiv, wie einige meiner Teammitglieder in den folgenden Monaten am eigenen Leib erfahren mußten. Die sogenannte »Gletschermüdigkeit«, die Krankheit, die im Buch *The Ascent of Rum Doodle* so treffend beschrieben wird, frißt unablässig an einem, wenn sie einen einmal in den Klauen hat.

Eines der Teammitglieder, bei dem ich es für unwahrscheinlich gehalten hatte, daß er ein Opfer von Depressionen werden würde, war Brian. Er war schon mal hier gewesen und hatte seine eigene Taktik entwickelt, wie er mit der Situation umgehen konnte.

»Sieh dich vor, Matt«, riet er mir nachdrücklich, »oder du drehst irgendwann durch. Mach dir dein Zelt so gemütlich wie möglich und lies alles, was du in die Hände bekommen kannst.«

Ich befolgte seinen Rat. In den ersten fünf Tagen im Basislager las ich den achthundert Seiten dicken Schinken *The Scramble for Africa*, eine Biographie über Sherpa Tenzing, eine Biographie über Paul Getty, *Trainspotting*, zwei Romane von Patrick O'Brian, *Unser Mann in Havanna* und Paul Theroux' *Jungle Lovers*. Kees war kein so begeisterter Leser, oder vielleicht las er einfach nur sehr viel sorgfältiger als ich. Er las im gleichen Zeitraum weniger als hundert Seiten über den Industriegiganten Krupp, wobei er über jeder Seite verweilte wie ein Kenner, der eine exquisite Zigarre genießt.

Eine neue Angst befiel mich, die beinahe so stark war wie

meine Angst vor dem, was uns auf dem Berg erwartete: kein Lesematerial mehr zu haben.

Simon hatte einen leicht erhöhten Standort für unser Lager ausgesucht, unweit der Stelle, an der die britische Expedition von 1922 seinerzeit ihre Zelte aufgeschlagen hatte. Ganz in der Nähe befand sich der Moränenhügel, den die Chinesen als Standort der TMA-Basis erkoren hatten – eine häßliche, aus Steinen errichtete Konstruktion mit einem überlaufenden Toilettenblock gleich nebenan. An diesem trostlosen Ort zählten mürrische Verbindungsoffiziere die Tage, die sie noch absitzen mußten, voller Groll über diese unfreiwillige Versetzung ins Nichts, in der ihre einzige Unterhaltung aus einem flimmernden Fernsehapparat bestand, dessen Empfang eine Satellitenschüssel sicherstellte, die sich in Jodrell Bank[5] gut ausgenommen hätte.

Unsere Expedition war eine der ersten, die im Basislager eingetroffen waren. Nur die Norweger und die Japaner waren noch vor uns da. An jedem der vier Tage, die wir zum Errichten unseres Lagers benötigten, verkündete das Rumpeln von einrollenden Transportern weitere Neuankömmlinge. Schon bald teilten sich eine deutsche, eine katalanische, eine slowenische und eine indische Expedition den Platz um den Gletscher. Einige der Expeditionen, wie beispielsweise die katalanische, bestanden gerade mal aus fünf oder sechs Teilnehmern und hatten nur wenig Sherpa-Personal. Andere, wie die indische Expedition, zählten über vierzig Mitglieder und hatten ein großes Sherpa-Team.

Insgesamt würden während dieser Vormonsunzeit über hundertachtzig Bergsteiger (darunter nur wenige Frauen)

5 Anm. d. Ü.: Jodrell Bank ist eine Hügellandschaft vierzig Kilometer südlich von Manchester; dort steht die Nuffield Radio Astronomy Station der Universität Manchester mit einem steuerbaren Teleskop (Durchmesser sechsundsiebzig Meter).

die Nordflanke des Everest angehen – ein Zeichen für die wachsende Beliebtheit der Nordseite und ein dramatischer Zuwachs seit den frühen achtziger Jahren, als es noch extrem schwierig war, an Genehmigungen von den Chinesen zu kommen.

Al, der zur Hochgebirgselite gehörte, war ganz in seinem Element. Viele Bergsteiger aus den anderen Expeditionen waren alte Freunde von ihm, und so verbrachte er viele Stunden damit, Neuigkeiten mit ihnen auszutauschen: Wer hatte was bestiegen, auf welcher Route, wer war gestorben, seit man sich zum letzten Mal gesehen hatte. Immer, wenn ich bei den Unterhaltungen dabeisein konnte, faszinierten sie mich: Seriöse Bergsteiger redeten über Lawinen, Stürze und heftige Stürme in der gleichen nüchternen Art und Weise, in der Normalsterbliche sich über Fußball unterhalten. Hier ein Tod. Da ein zerstörtes Lager. Über Todesfälle wird mit der gleichen Resignation gesprochen, mit der man sich über Soldaten unterhält, die an der Front gefallen sind. Die Neuigkeiten werden mit einem kaum erkennbaren Nicken oder einer hochgezogenen Augenbraue zur Kenntnis genommen.

Innerlich müssen sie sich fragen, wann *sie* wohl an der Reihe sein werden.

Wir anderen gingen jeder auf seine Art und Weise auf die Neuankömmlinge zu: Einige ließen sich vom Duft frisch gemahlenen Kaffees und eben aus dem Backofen kommenden Brotes ins Lager der Konkurrenz locken. In Sundeeps Fall war es vielleicht die Entdeckung, daß bei der indischen Expedition zwei hübsche Frauen mit von der Partie waren. Wie wir schon bald herausfanden, wies jedes Lager ganz besondere Eigenheiten auf. Im norwegischen wurden die Expeditionsmitglieder von einem genialen dieselangetriebenen Heizgerät gewärmt, während sie unaufhörlich an ihrem Satellitenfax herumbastelten und auf getrocknetem Fisch und Streifen von Rentierfleisch herumkauten.

Im indischen Lager sahen die Zelte wie mongolische Jurten aus, in denen die Mitglieder im Schneidersitz auf exotischen, aus Delhi importierten Teppichen saßen. Wenn man ein solches Zelt betrat, fühlte man sich ins Reich eines Mogulkönigs versetzt. Der indische Leiter hieß Mohindor Singh und war ein hochrangiger Beamter der indisch-tibetischen Grenzpolizei, aus deren Reihen er sein Team zusammengestellt hatte. Es umfaßte neununddreißig Mitglieder und war damit eine riesige Expedition. Dementsprechend aufwendiger und schwieriger als bei uns war denn auch die Organisation der Logistik. Doch Singh ging mit militärischer Gründlichkeit an die Sache heran, und nur Tage später machte sich seine Expedition bereits auf den Weg über den Gletscher, um weiter oben ein vorgeschobenes Basislager zu errichten.

Mein bevorzugtes »zweites Zuhause« im Basislager war das Lager der Katalanen mit sechs Bergsteigern aus Girona im Norden Spaniens. Was ihrem Speisezelt an Qualität abging (es bestand hauptsächlich aus Plastikbahnen), machten der warme Empfang und der exzellente Kaffee wieder wett. Sie hatten besonderen Wert auf ihre Verpflegung gelegt: Vom Zeltdach hing ein enormer Schinken, und auf dem Tisch stand ein köstlich würzig riechender Käse.

Die Katalanen wollten – wie die Russen – über eine schwierigere und lawinengefährdetere Route zum Gipfel als wir. Anstatt sich links zu halten und den östlichen Rongbuk-Gletscher hochzuklettern, würden sie sich bis zur östlichen Seite des Nordsattels vorkämpfen und ihr vorgeschobenes Basislager in der Nähe von Tilman's Camp errichten. Sie hatten nur drei Sherpas zur Unterstützung und hofften, die schwierige Eiswand von dort bis zum Sattel zu bewältigen und dann über den Nordgrat zum Gipfel vorzudringen. Mit der dürftigen Unterstützung, die sie hatten, war das ein ehrgeiziges Projekt. Daran änderte auch die Tatsache nichts, daß mehrere ihrer Teammitglieder bereits Achttausender bestiegen hatten.

»Wir brauchen mehr Sherpas«, vertraute einer der katalanischen Kletterer mir an. Ich hätte es nicht treffender ausdrücken können. Sie verließen das Basislager vor uns und schleppten ihre gesamte Ausrüstung mit, weil sie weder die Mittel noch die Leute hatten, um ein ständiges Lager am Fuße des Rongbuk zu unterhalten.

Die Unzulänglichkeiten unseres eigenen Speisezeltes wurden schon bald offensichtlich. Es gab kein Heizgerät und nur eine einzige dürftige Zeltplane, wodurch das Zelt, vor allem nachts, extrem kalt war. »Sich fürs Abendessen umziehen« bedeutete, daß man seine Thermo-und Überhandschuhe sowie (mindestens) eine Daunenjacke oder einen Daunenanzug überstreifen mußte.

Roger stand schnell im Mittelpunkt unserer Unterhaltungen im Speisezelt: Seine Arbeit faszinierte uns alle.

»Wie sicher sind diese Jumbos?«

»Warst du schon mal kurz vor dem Absturz?«

»Ist schon mal ein Baby bei dir an Bord zur Welt gekommen?«

»Kann man mit einer 747 einen Looping fliegen?«

Roger beantwortete diese und andere Fragen, die bisweilen stundenlang auf ihn einprasselten, mit endloser Geduld, und oft genug stand sein Essen unberührt vor ihm und fror langsam am Teller fest. Ab einem gewissen Zeitpunkt mischte sich immer Brian in unsere Unterhaltung ein und nahm uns und unserer Flugzeugbesessenheit die Luft aus den Segeln. Sobald die Unterhaltung einmal abebbte, bombardierte er unseren Piloten mit Fragen: »Die Messerschmitt 109, Roger, stimmt das wirklich, was man über ihr Überziehverhalten behauptet?« oder: »Schon mal eine Junkers abgeschossen, Rog?«

Nach jeder Mahlzeit kehrte ich in die relative Wärme unseres Zwei-Mann-Zeltes zurück und massierte mir die steifgefrorenen Füße.

Neben unserem Speisezelt befand sich das der Sherpas. Wenn unser Zelt die »Offiziersmesse« war, so hatte ihres viel von einem Arbeiterclub an sich. Es war sinnvollerweise an das Küchenzelt gekoppelt, so daß sich darin die größtmögliche Wärme bilden konnte. Man hat schon viel geschrieben über derartige Eßarrangements – Bergsteiger hier, Sherpas da –, doch Sherpas sind viel zu gescheit, um sich, was die Gemütlichkeit anbelangt, an andere anzupassen. Ihr Speisezelt war wesentlich wärmer und gemütlicher als unseres. Ab und an wurde dort ein Fäßchen des traditionellen nepalesischen Biers, *Chang*, gegen die große Kälte geöffnet.

Unsere Köche im Basislager hießen Dhorze und Dawa. Man sah sie immer fröhlich, immer geschäftig, immer zwiebelschneidend mit der abgewetzten Schneide ihrer Macheten in einer der dunklen und rauchigen Ecken ihrer Küche herumhantieren. Wie alle Köche hatten sie gute und schlechte Tage, doch irgendwie schienen die schlechten zu überwiegen. Sie waren weitaus unterhaltsamer als kochbegabt, doch es hatte keiner den Mut, ihnen das zu sagen. Dazu mochten wir sie viel zu sehr.

»Ihr solltet wissen, daß Dhorze eine Woche in der Küche eines bedeutenden Hotels in Katmandu gearbeitet hat«, erzählte Simon uns eines Abends stolz. Die Flut von Beschwerden, die bei ihm nach nur wenigen Tagen Basislager eingegangen war, begann ihm offensichtlich Kopfzerbrechen zu bereiten.

»Und was hat er da gemacht? Mülltonnen geleert?« konterte nicht gerade taktvoll jemand aus unserem Kreis.

Bei den Suppen waren sie wenigstens konsequent. Sie servierten uns große Kessel dampfender Suppe, die sie mit Ingwer und großzügig mit Knoblauch »abgeschmeckt« hatten. Das Hauptgericht diente hauptsächlich der konzentrierten Aufnahme von Kohlehydraten: Berge von Reis, Nudeln und Knödeln, angerichtet mit gedünstetem Kohl und merkwürdig riechenden Linsen. Das Essen sah immer ganz okay aus. Es schmeckte nur einfach nicht.

So straften die Geschmacksnerven das Auge oft Lügen. Kohlstreifen schmeckten wie gekochte Seife, appetitliche Linsen verätzten einem die Zunge, als ob es sich um ein Chilikonzentrat gehandelt hätte, und sogar so etwas Simples wie gedünstete Bohnen konnten das ahnungslose Opfer mit einem anhaltenden Nachgeschmack billigen Aftershaves quälen, gerade so, als hätte man eben mit *Brut 33* gegurgelt. Zwangsläufig konnten wir unser Verlangen nach gewohnteren Nahrungsmitteln nur schwer unterdrücken. Die Nachfrage nach solchen Dingen wie Tomatenketchup nahm schon fast krankhafte Züge an.

»Hast du mal ein paar *spam fritters* da?« lautete Alans tägliche Bitte.

»Eier! Ich will Eier, verdammt noch mal!« rief Brian.

Und trotzdem empfingen wir unsere Köche, die uns das Essen ins Speisezelt trugen, jedesmal mit Hurrarufen, weil wir sie nicht enttäuschen wollten. Wenn wir dann etwas später wieder in unseren Zelten waren, schoben Kees und ich uns mit leicht schlechtem Gewissen Emmentaler-Käse und Haferkekse rein. Wir rundeten diese Nachspeise mit Bendicks Bittermints und einem Spritzer Courvoisier aus meinen privaten Vorräten ab. Andere, wie Tore und Brian, die keine eigenen Eßvorräte dabei hatten, brachten nur wenig von dem, was die Köche uns zubereiteten, hinunter und aßen folglich wenig und schlecht. Zu diesem Zeitpunkt nahmen sie das Essen noch relativ gelassen hin, doch im Verlauf der Expedition sollten ihre Klagen wesentlich lauter werden.

Gelegentlich, wenn das Murren mal wieder einen kritischen Punkt erreichte, erklärte Simon gnädig die nächste Mahlzeit zur »Wegelagerer-Mahlzeit« und ließ uns auf die abgepackten Folienbeutel mit den Fertigmenüs los. Den Zeitpunkt für diese Ankündigungen wählte er jedesmal mit schlafwandlerischer Sicherheit: Immer konnte er sich unserer Dankbarkeit gewiß sein, wie der Rektor einer Dorfschule, der ganz unerwartet einen Schultag freigibt. Dadurch lenkte er auch geschickt von anderen, kleineren Ärgernissen ab, die sich bei jeder Expedition früher oder später einstellen. Diese »Wegelagerer-Mahlzeiten« wurden von allen sehnsüchtig erwartet und waren die einzigen Gelegenheiten, bei denen ich Brian eine vollständige Mahlzeit zu sich nehmen sah.

Während wir an unserem Essen herumnörgelten, besprachen die Sherpas mit den Lamas des nahe gelegenen Rongbuk-Klosters, wann ein günstiger Zeitpunkt für die *puja*-Zeremonie[6] wäre. Es wurde der 14. April vereinbart. Tags drauf würden wir zum vorgeschobenen Basislager aufbrechen.

Die Vorbereitungen zur *puja*-Zeremonie hatten bereits in Katmandu mit dem Kauf von Gebetsfahnen begonnen, der von jedem Teammitglied durch eine Spende von 200 Rupien mitfinanziert wurde. Im Basislager errichteten die Sherpas eine zwei Meter hohe Steinpyramide im äußeren Bereich des Lagers und trugen das Essen und Trinken zusammen, das während der Zeremonie verzehrt werden sollte. Kees, Ned und ich konnten nicht am Hauptteil der Zeremonie teilnehmen, weil wir sie filmen wollten, doch ich schenkte meinen

6 Anm. d. Ü.: Dabei wird für das Gelingen der Expedition gebetet.

Liter kostbaren Paddy's Irish Whiskey in der Hoffnung her, daß die Götter unsere Abwesenheit dann verzeihen würden.

Nach dem Frühstück versammelte sich die ganze Mannschaft bei der Steinpyramide. Alle erschienen in großer Hochgebirgsaufmachung mit den schweren Daunenanzügen und darüber den Windanzügen. Steigeisen, Eispickel und Klettergurte wurden ebenfalls mitgebracht und gegen die Steinpyramide gelehnt, damit sie, wie auch die Konserven, Kekse und Reisschüsseln, gesegnet werden konnten. Es war eine farbenfrohe Szene, die sich da unter strahlend blauem Himmel abspielte – an einem der klarsten und windstillsten Tage, die wir bislang erlebt hatten.

Ich hatte mir den Lama als einen verehrungswürdigen alten Mann in orangefarbener Kutte vorgestellt, doch die Zeremonie wurde von einem jungen Nepalesen geleitet, der ein buntes Vlies und eine teure Sonnenbrille trug. Er las aus einem Gebetbuch, während Weihrauch abgebrannt wurde, der die Gebete zu den Göttern emportragen sollte.

Gerade als wir mit dem Filmen beginnen wollten, fing unser DAT-Tonaufnahmegerät an, Probleme zu machen. Vielleicht vertrug es die eisigen Temperaturen nicht. Kees versuchte mehrere Minuten lang, es wieder zum Funktionieren zu bringen, doch das Gerät weigerte sich hartnäckig. Er wechselte die Batterie aus und startete einen neuen Versuch. Wieder nichts. Ich fing in meinem Daunenanzug zu schwitzen an: Die *puja*-Zeremonie war eine der Szenen, auf die wir keinesfalls verzichten konnten.

Ned begann stumme Bilder mit der 16-mm-Aaton zu schießen, und ich lief zum Zelt, um die digitale Ersatzkamera zu holen. Dabei vergaß ich, daß mich mein kurzer Sprint in dieser Höhenlage völlig außer Atem bringen würde.

Als ich zurückkam, nahmen wir den Ton auf der Ersatzkamera auf und hofften, daß das Ergebnis synchron sein würde. Es war unser erster ernsthafter Ausfall, den wir mit unserer Filmausrüstung hatten, und mir war ganz schön mulmig zumute. Von Anfang an hatte mich die Angst verfolgt, unsere Kamera würde hoch oben auf dem Berg ausfallen, doch die Möglichkeit, daß unsere Geräte bereits im Basislager den Geist aufgeben könnten, war mir naiverweise nie in den Sinn gekommen.

Trotz der Probleme gelang es Ned, die *puja*-Zeremonie bis zu ihrem Höhepunkt, als die Gebetsfahnen entrollt und an der eigens für den Zweck errichteten Steinpyramide angebracht wurden, auf Film zu bannen. Die Gruppe stand bei den letzten Gesängen zusammen und warf in einem gewaltigen Crescendo mit beiden Händen Reis und Tsampa auf die Fahnenstange. Dann wurden Whiskey und Bier ausgeschenkt, und man stieß auf das Gelingen der Expedition an.

Der Start unserer Expedition stand unter einem guten Stern, ganz im Gegensatz zur *puja* für Simons früheren Gipfelversuch am Everest, bei der die Fahnenstange nur wenige Sekunden, nachdem sie aufgestellt worden war, im Wind zerbrach (ein schlechtes Omen, das verständlicherweise sowohl von den Sherpas als auch von den Expeditionsmitgliedern mit Schrecken aufgenommen wurde).

»Auf den Everest!« Brian hob sein Glas. »Wir sind nicht hier, um dich zu bezwingen, sondern um Freundschaft mit dir zu schließen, Chomolungma!«

Anschließend zogen wir uns in unsere Zelte zurück. In einer Höhe von über 5.000 Metern reichte ein einziges Gläschen Whiskey aus, um uns für einen ganzen Tag außer Gefecht zu setzen. Ich döste unruhig vor mich hin, heimgesucht von Alpträumen, in denen unsere Kameras ein schweres Schicksal ereilte: Sie sprangen von selbst aus unseren Taschen, glitten in Gletscherspalten, fielen Séracs hinunter und wurden unter den Füßen wildgewordener Yaks zertrampelt.

Als ich aufwachte, mußte ich feststellen, daß ein wirklicher Alptraum im Gange war: Der verrückte Professor Kees, mit Spannungsmesser und Schraubenzieher bewaffnet, hatte eine der Ersatzkameras und das DAT-Tonaufnahmegerät in sämtliche Einzelteile zerlegt und diese über das ganze Zelt verteilt. Einzelne Schrauben, enggewickelte Federn und andere, elementare Teile waren in einer höchst alarmierenden Art und Weise im Zelt verstreut.

»Kees! Was zum Teufel machst du da?«

»Ich bastle nur ein wenig herum.«

»Du bastelst nur ein wenig herum? Wenn du diese Geräte kaputtmachst, Kees, dann ist das das Aus für unseren Film! Was ist zum Beispiel mit dem Teil da?«

Ich zeigte auf eine Schaltplatte des DAT, die aus einem von Kees' Bergsteigerstiefeln hervorlugte. Er sah mich verletzt an.

»Bin mir nicht ganz sicher. Aber ich glaube, das Ding funktioniert nicht richtig.«

Kees war schon immer ein Meister der vagen Antworten gewesen, und wenn man ihn unter Druck setzte, konnte er wie eine Auster zusammenklappen. Er warf mir einen seiner Vertrau-mir-Blicke zu und fuhr mit dem Herumbasteln fort, wobei er die Metallmeßfühler wie ein Hinterhofchirurg, der eine verzwickte Transplantation durchführt, tief in die Innereien des DAT-Gerätes stieß.

»Und was genau stimmt mit der Kamera nicht?«

»Das Mikrophon sitzt nicht fest. Ich nehme nur das Plastikgehäuse ab und befestige es wieder.«

»Ich glaube, ich mache besser einen Spaziergang.«

Außerstande, Kees noch weiter zuzusehen, verließ ich ihn, wie er über seinem Spannungsmesser undeutliches Zeug murmelte, und ging ins katalanische Lager, um nachzusehen, ob die Spanier noch etwas von dem Schinken übrig hatten.

Als ich ins Zelt zurückkehrte, funktionierten beide Geräte einwandfrei. »Du ungläubiger Thomas«, waren Kees' letzte Worte zum Thema, bevor er über die Moräne ging, um seinen Erfolg mit einem Bad im eisigen Wasser des Flusses zu feiern.

Es war die letzte Gelegenheit, sich zu waschen. Am nächsten Morgen würden wir zum vorgeschobenen Basislager aufbrechen.

5. Kapitel

Im Morgengrauen des 15. April wurden die störrischen Yaks zu Grüppchen zusammengetrieben, während wir unsere Zelte abbauten und unsere Ausrüstung zusammenpackten, um aufzubrechen. Man konnte aus ihrer mürrischen Miene und ihrer schlechten Laune deutlich ablesen, daß sie wußten, was ihnen bevorstand: Der Treck zum vorgeschobenen Basislager ist eine »harte Drillübung«, wie es Simon ausdrückte, besonders wenn man ein Yak ist und eine fünfzig Kilo schwere Last mit sich herumschleppen muß.

Theoretisch arbeiten die Yak-Treiber und ihre Tiere zu genau festgesetzten Preisen, die von der Tibetan Mountaineering Association bestimmt werden. Wenn man die TMA-Broschüre liest, bekommt man den Eindruck, als wäre das Auftreiben und Anheuern von Yak-Zügen nicht schwieriger, als sich einen Gepäckträger auf dem Flughafen Heathrow herbeizuwinken. Praktisch sah die Geschichte jedoch anders aus: Die Szene, die sich uns an diesem Morgen im Basislager bot, war absolut chaotisch. Der Chef-Sirdar Nga Temba war umringt von Yak-Treibern, die sich über die Größe der Gepäckstücke beklagten und um Prämien feilschten.

Tibetische Yak-Treiber kann man nicht gerade als schüchtern bezeichnen. Ihnen ist es nicht – wie so vielen Westeuropäern – unangenehm, ihrem Unmut offen Ausdruck zu verleihen. Verhandlungen werden von einem verblüffend großen Repertoire an finsteren Blicken, häßlich verzogenen Mündern und mörderischen Mienen begleitet. Nga Temba blieb ruhig, was die Yak-Treiber noch mehr in Rage brachte. Schon bald war er von einem drängelnden, schreienden Mob umzingelt, und keiner der Treiber dachte auch nur im Traum daran, ein einziges Gepäckstück aufzuladen.

In dem Moment, in dem der Ausbruch von Gewalt unausweichbar schien, tauchte aus dem TMA-Gebäude ein tibetischer Vermittler mit einem bunten Seidenhut auf, der die Yak-Treiber zu besänftigen suchte. Keiner von uns hatte den blassesten Schimmer, was er sagte, doch seine Worte machten die Treiber noch wütender. Jetzt standen einzelne Gepäckteile zur Diskussion, während sich der Mob von einem Ausrüstungshaufen zum nächsten weiterschob. Schachteln wurden gehoben und für zu schwer befunden, Bündel prüfend in die Hand genommen und verächtlich beiseite geschleudert.

Dann, wie aus heiterem Himmel, schlug die Stimmung plötzlich um. Die Streitereien nahmen ein Ende, und die Yak-Treiber fanden sich zu Grüppchen zusammen, um ihre Tiere zu beladen. Man hatte sich geeinigt, und alle waren zufrieden. Weit und breit kein Anzeichen mehr davon, daß es nur wenige Minuten zuvor beinahe zum Aufstand gekommen wäre.

Wir aßen früh zu Mittag und brachen dann vor der Haupttruppe auf, weil wir die Teammitglieder und die Yaks filmen wollten, wie sie sich über den Rongbuk-Gletscher auf uns zu bewegten. Wir hatten drei oder vier Fehlstarts wegen eines Bandsalats in der 16-mm-Kamera, doch Ned zog gerade noch im rechten Augenblick sein Ersatzmagazin heraus, und es gelang ihm, im Flimmern der Sonnenstrahlen eine wundervolle Sequenz mit dem Teleobjektiv zu drehen. Ich kümmerte mich um den DAT-Ton und nahm die unheimlichen Pfiffe der Yak-Treiber auf, die im Tal von den Bergwänden widerhallten.

Hinter dem breiten Moränenplateau dreht der Trekkingpfad nach links, die östliche Seite des Tals entlang, und zwängt sich dann durch eine enge Schlucht zwischen dem Gletscher und den brüchigen Abhängen, von denen ohne Unterlaß salvenweise lose Steine und Geröllbrocken herunterbrechen. Das ständige, sich schnell nähernde Gerumpel dieser Steine läßt einem häufig genug das Blut in den Adern stocken. In der Schlucht gab es genügend Hinweise auf Erdrutsche von größeren Felsbrocken, wo fußballgroße Talwandabschnitte nachgegeben hatten und auf das Gletschereis niedergeprasselt waren.

Da wir eines der ersten Teams waren, die vom Basislager aufbrachen, lag auf dem Trekkingpfad noch Schnee. Die Yaks mußten sich gehörig plagen. Sie stolperten häufig oder blieben auf dem engen Pfad durchs Eis stecken. Die Yak-Treiber schrien fast ununterbrochen auf die Tiere ein, um sie zum Weitergehen zu bewegen.

»Huioy!« war ein Anfeuern, doch wenn es einen wirklich schlimmen Yak-Stau gab, ertönte »Irriaaaargh!« – ein fürchterlicher Schrei, der den Stau so gut wie immer beseitigte. Wenn Worte nichts mehr ausrichteten, wurden die Yaks mit Steinen beworfen. Das verfehlte seine Wirkung nie.

Der Rongbuk-Gletscher besteht aus einer enormen Eismasse, doch über dem Eis liegt so viel Schutt, daß es in den unteren Regionen des Gletschers kaum sichtbar ist. Erst nach etwa einer Stunde auf dem Trekkingpfad kann man Gletscherspalten und ferne Eiszinnen erkennen, doch auch sie sind, wo sich Gletscherstaub angesammelt hat, schmutzig-grau.

Drei Stunden nach unserem Aufbruch aus dem Basislager

begannen wir den Anstieg über den steilen Vorsprung, der den Anfang des östlichen Rongbuk-Gletschers markiert. Brian zeigte mir den Grund dafür, daß Shipton die Bedeutung des engen Tals auf seiner Vermessungsexpedition von 1922 übersehen hatte.

Bei flüchtiger Betrachtung bemerkt man im Tal keinerlei Hinweise darauf, daß sich ein riesiges Gletschersystem dahinter verbirgt, so geschickt ist es getarnt. Die Gletscheröffnung ist kaum mehr als eine harmlos aussehende Spalte in der Talwand, wenn man die übrige Landschaft ringsum betrachtet. Ein armseliges Rinnsal (man kann es noch nicht einmal als Bach bezeichnen) fließt den Hohlweg herunter in Richtung Rongbuk-Gletscher. Weit und breit ist kein Eis in Sicht, und wenn man vom Rongbuk in das Tal hineinblickt, sieht man nur eine wenig verheißende Steinschlucht.

Kein Wunder, daß Shipton falsche Schlüsse zog. Er verzichtete darauf, das Tal zu erforschen, und passierte den Rongbuk auf der »direkten« Route, die geradewegs zum Everest führt. Jetzt, da ich mich mit eigenen Augen von der Lage überzeugen konnte, überraschte mich seine Entscheidung nicht mehr – der direkte Weg scheint nicht nur die beste, sondern schlicht und ergreifend die einzige Möglichkeit zu sein.

Der Verlauf des östlichen Rongbuk-Tals trägt zusätzlich zur Desorientierung bei. Man glaubt, man entferne sich vom Everest. Wenn man in das Tal hineinwandert, erlebt man jedoch zwei Überraschungen: Erstens ist das darin enthaltene Gletschersystem ebenso mächtig wie der Rongbuk selbst. Zweitens schlägt das östliche Rongbuk-Tal mit dem Gletscher unerwartet einen eleganten südlichen Bogen, der einen direkt an den Fuß des Nordsattels führt. Da aus dem Tal selbst extrem wenig Wasser kommt, wird vermutet, daß unterirdisch ein gewaltiger Fluß fließt.

Shipton konnte das nicht wissen. Leider hatte er keine

Möglichkeit, das Ganze aus der Luft betrachten, denn dann hätten sich ihm die Geheimnisse des östlichen Rongbuk innerhalb weniger Minuten erschlossen. Doch die Nordflanke des Everest wurde letztendlich erst über diese Route zugänglich. Es dauerte wiederum zwei Jahre und erforderte eine weitere Expedition, bevor diese wichtige geographische Biegung untersucht werden konnte, denn die »offensichtliche« Route stellte sich als technisch zu anspruchsvoll heraus und vereitelte alle Versuche.

Wir zockelten weitere zwei Stunden den Vorsprung hinauf und tiefer in das Tal hinein, in dem sich ein geröllübersäter Pfad auf der nördlichen Seite des milchigtrüben Baches hinzog. Sobald wir mit dem Anstieg begonnen hatten, wurden die Yaks immer schneller, und bald schon überholten sie uns. Die Yak-Treiber folgten ihnen mit überraschender Leichtigkeit. Sie gingen in ihren Plastikschuhen oder alten Armeesegeltuchstiefeln sicher und schnell, selbst wenn sie tückische Eisflächen überquerten. Ohne Unterlaß sangen und pfiffen sie und hatten doch immer noch genügend Atem, um zügig weiterzugehen, während wir atemlos hinterherhechelten.

Eine Stunde vor Einbruch der Nacht errichteten wir unser Lager auf einem kleinen Felsvorsprung über dem Fluß, unterhalb eines Hanges, der alles andere als vertrauenerwekkend wirkte. Es war unser erster Versuch, die Quasar-Zelte aufzubauen, und Kees und ich mußten uns von Al zeigen lassen, welche Stangen wohin gehörten.

Wir aßen gemeinsam in einem provisorischen Küchenzelt, und um 20 Uhr brachen wir erschöpft zusammen. Gerade als ich einschlafen wollte, fielen Felsbrocken vom nahe gelegenen Felsvorsprung mit unheilvollem Rumpeln und Platschen in den Fluß. Ein fürchterlicher Gedanke durchzuckte mich: Das Zelt, in dem ich zusammen mit Kees lag, stand exponiert und nur wenige Meter von der Abbruchkante des

Felsvorsprungs entfernt. Alle anderen Zelte waren etwas zurückgesetzt. Wenn der Teil des Felsvorsprungs, auf dem wir lagerten, plötzlich unter uns nachgab, würden wir zwanzig Meter tief an Hunderten von Tonnen Felsgestein vorbei in den Fluß stürzen.

Bei jedem neuen Krachen setzte mein Herz eine Sekunde lang aus, und meine Atemfrequenz verdoppelte sich. Über eine Stunde lang lag ich in diesem panikerfüllten Zustand da, bevor ich in einen unruhigen Schlaf fiel, in dem ich von Stürzen und vom Gepolter gigantischer Erdrutsche träumte.

Ich bin mir sicher, daß ich mir auf Meereshöhe keine Gedanken über irgendwelche Gefahren gemacht hätte, oder falls doch, dann wäre ich logisch vorgegangen und hätte mir überlegt, wie viele Millionen von Jahren sich dieser Abschnitt des Felsvorsprungs bereits an dieser Stelle befand und wie groß die Wahrscheinlichkeit war, daß er ausgerechnet jetzt nachgeben würde. Doch hier oben, auf 5.800 Metern über dem Meeresspiegel, schien ich anfälliger gegenüber Ängsten und paranoiden Anwandlungen zu sein – eine der heimtückischen Nebenwirkungen großer Höhen.

Kees hatte andere Probleme. Seit drei oder vier Tagen hatten sich seine Halsschmerzen zusehends verschlimmert, und nun hatte er auch noch einen quälenden Husten. Besonders nachts war sein Zustand jammervoll.

»Du solltest dich mal von Sundeep untersuchen lassen, Kees.«

»Ich glaube, ich warte besser noch ein wenig damit«, antwortete er und krümmte sich unter seinem nächsten Hustenanfall.

Typisch Kees! Bevor er nicht an akuter Höhenkrankheit im Endstadium litt, würde er nie freiwillig die Hilfe eines Arztes in Anspruch nehmen. Schließlich gelang es mir doch, ihn zu überreden, sich an Sundeep zu wenden. Unglücklicherweise waren die meisten Medikamente in dem Faß gewesen, das auf dem Weg von London nach Katmandu verschollen war. Sundeep konnte ihm nur Hustenbonbons und Pastillen anbieten – oder Antibiotika. Kees beschloß abzuwarten und hustete sich weiter durch die Nächte.

Am nächsten Morgen wurde das Wetter schlechter. Graue Wolken drohten von Westen. Der Wind war so eisig, daß wir jede verfügbare Schicht Thermokleidung unter unsere windabweisenden GoreTex-Anzüge ziehen mußten. Ich schützte mein Gesicht mit einem Schal und einer seidenen Sturmhaube. Um keine kostbare Wärme entweichen zu lassen, atmete ich in meinen Wollschal. Während wir einen felsigen Paß beschritten, den kleinen Gletscherfluß überquerten und uns an den Aufstieg über den östlichen Rongbuk-Gletscher machten, fegten immer wieder Schneegestöber von oben ins Tal hinunter.

Die Unterhaltungen stockten, während wir uns über die schmutzigen Eishügel vorankämpften. Wir hatten alle Mühe, genügend Luft in unsere Lungen zu pumpen, um das unebene Gelände zu bewältigen. Der Pfad verlief sehr ungleichmäßig: Mal ging es nach oben, mal nach unten. Es wollte sich einfach kein Rhythmus einstellen. In regelmäßigen Abständen sah man Bluttropfen im Schnee von den Yaks, die sich ihre Füße am kantigen Gestein verletzt hatten.

Nach der unruhigen Nacht war ich erschöpft und gereizt. Meine Beine schienen weich wie Wackelpudding. Sobald der Pfad etwas anstieg, kroch ich im Schneckentempo voran, hinter mir ungeduldige Yaks und die schreienden Treiber, die an mir vorbei wollten. Mein Rucksack, der sich im Basislager so leicht angefühlt hatte, zog nun an meinen Schultern, als wäre er mit Blei gefüllt.

Ich wollte ein paar Aufnahmen machen, wie das Team den östlichen Rongbuk hinaufsteigt – möglichst bei schlechten

Wetterbedingungen. Aus guten Gründen tendiert man bei Bergfilmen dazu, überwiegend bei gutem Wetter zu drehen, wenn es hell und das Risiko, die Ausrüstung zu beschädigen, minimal ist. Schmelzender Schnee und wirbelnde Eiskristalle können in die bestgeschützte Filmkamera eindringen und großen Schaden anrichten. Doch Bergsteigen im Himalaja geschieht meistens unter Bedingungen, die alles andere als optimal sind. Und eben das wollte ich einfangen. Ich wollte auf jeden Fall vermeiden, mit einem Film zurückzukommen, auf dem alles »nett« war.

Doch im Laufe des Morgens verließ mich meine Energie. Um filmen zu können, hätten wir unsere Ausrüstung auspacken und aufbauen müssen, und das hätte bedeutet, fünfzehn bis zwanzig Minuten in der Eiseskälte stillzustehen, während uns die Finger und Zehen abfroren, ganz abgesehen davon, daß wir das übrige Team erst einmal dazu hätten bringen müssen, auf uns zu warten. Die Aussicht auf die körperliche Schwerstarbeit, die diese sieben oder acht Aufnahmen bedeuteten, war nicht besonders erfreulich. Hinzu kam, daß mein Hirn und mein Körper alles andere als fit waren. Es wollte sich einfach keine rechte Begeisterung bei mir einstellen.

Je mehr ich darüber nachdachte, desto attraktiver erschien mir der Gedanke, das Filmen sein zu lassen und mich für den Augenblick darauf zu konzentrieren, einen Fuß vor den anderen zu setzen und die Tagesetappe hinter mich zu bringen. So wie die anderen Teammitglieder. Zum ersten Mal, seit ich vor zehn Jahren mit dem Filmen von Expeditionen angefangen hatte, erlebte ich einen vollkommen irrationalen Ärger über das Ausmaß der Aufgabe, die uns bevorstand. Wie konnte man von uns erwarten, einen Film auf dem Everest zu drehen? Die ganz alltäglichen Anforderungen, die das Bergsteigen an einen stellt, sind schon hart genug. Doch gleichzeitig auch noch einen Film drehen und die gesamte Ausrüstung mitschleppen?

Ich schimpfte und fluchte leise vor mich hin, bis ich mich so richtig über die Ungerechtigkeit meiner Lage in Rage geredet hatte und mir selbst wahnsinnig leid tat. Was zum Teufel tat ich eigentlich hier? Diese ganze Plackerei, nur um ein paar Filmaufnahmen zu machen? Und wer garantierte mir – wenn wir diese eine Sequenz wirklich drehen sollten –, daß sie überhaupt in der Endfassung auftauchen würde? Die ganze Arbeit für nichts und wieder nichts. Gibt es etwas noch Sinnloseres?

Ich hatte keinen guten Tag, und meine körperliche Kraft ließ rapide nach. Der Gedanke daran, daß wir uns noch mindestens zweimal diesen Weg über den östlichen Rongbuk hochquälen mußten, bevor die Expedition beendet war, stimmte mich nicht gerade milder. Meine Zweifel, ob ich die Kraft dazu aufbringen würde, nahmen von Minute zu Minute zu.

Zwei Stunden später hielten wir bei einem gefrorenen Schmelzwassersee an und tranken einen Schluck. Meine Trinkflasche hatte ich im Lager mit gesüßtem Schwarztee gefüllt, und da ich sie im Rucksack in meinen Schlafsack gewickelt hatte, war der Tee noch lauwarm. Die Wirkung des Tees zeigte sich sofort: Wärme durchströmte meinen ganzen Körper. Ich fühlte mich wie eine angefrorene Figur aus einem Zeichentrickfilm, deren Farbe innerhalb von Sekunden von Blau zu Rosa wechselt.

Mit dem Tee änderte sich auch meine Stimmung schlagartig. Der Ärger fiel von mir ab. Ich schämte mich meiner üblen Laune.

Was war mit mir passiert? Mit Schrecken erkannte ich den Grund für meinen Zustand: Während der ersten paar Stunden des Tages hatte ich nicht genügend getrunken, und das kritische Gleichgewicht der Flüssigkeiten in meinem Körper war ins Schwanken geraten. Niedergeschlagenheit und Ärger waren die Folgen gewesen. Dies war das erste Mal, daß ich einen solchen Stimmungswechsel aufgrund von starker Dehydratation erlebt hatte, doch ich war mir sicher, daß der Flüssigkeitsmangel der Grund gewesen war. Warum sonst hätte sich meine Laune so grundlegend nach einem halben Liter Tee ändern sollen?

Den Augenblick, in dem mir diese Zusammenhänge klar wurden, empfand ich als erhebend. Jedes bißchen Wissen mehr war ein weiterer Schritt auf meiner persönlichen Lernkurve … und ein weiterer Schritt den Berg hoch. Ich trank meinen Tee aus und machte mich wieder auf den Weg, fest entschlossen, mich nicht wieder vom Ärger überwältigen zu lassen.

Nach einer weiteren kräftezehrenden Stunde erreichten wir eine kleine Plattform, auf der die indische Expedition ein Zwischenlager errichtet hatte. Unsere Yak-Treiber machten eine Pause. Sie saßen zusammengekauert im fallenden Schnee und kochten Tee. Als sie sahen, wie wir uns den Hang hochquälten, begrüßten sie uns mit einem breiten Grinsen, bei dem die Zahnlücken in ihren Mündern sichtbar wurden, witzelnd und vom Rauch des Feuers laut hustend. Der Geruch brennenden Holzes und billiger chinesischer Zigaretten stieg mir in die Nase.

Neben dem grünen Armeezelt der Inder standen stapelweise Plastikkisten für die Expedition sauber in Reih und Glied, auf jeder die Aufschrift »Indisch-tibetische Grenzpolizei«. Daneben lagen große Säcke mit Futter für die Yaks, die von einem bissig aussehenden Hund bewacht wurden. Zu gerne hätten wir uns ausgeruht und ein Häppchen gegessen, doch wir konnten hier nicht kochen, und so marschierten wir weiter einen steilen Abhang hinunter, überquerten einen zugefrorenen Fluß und stiegen zum nächsten Abschnitt des östlichen Rongbuk auf, zum drei Kilometer langen Scheitel der Moräne, über den wir zu unserem nächsten Lager gelangen würden.

Die deprimierenden Hügel des unteren Gletschers mit ihren Geröllfeldern verwandelten sich hier in eine Vision vollkommener Schönheit. Links von uns befanden sich die spitzen Türme, die Mallory als »Märchenreich« bezeichnet hatte, zinnenförmige Eistürme, die wie durch Zauber zackengleich aus dem Gletscher in die Höhe schießen. Diese Eistürme werden vom Wind geformt und reichen farblich vom reinsten Weiß bis zum tiefsten Blau.

An diesem Ort *mußten* wir einfach filmen.

Ned trug die Aaton, ich hatte das DAT-Gerät und das Mikrophon, und Kippa Sherpa schulterte das Stativ, unsere schwerste und sperrigste Last. Oben auf dem Kamm packten wir unsere Ausrüstung aus, wobei wir sorgfältig darauf achteten, daß die Kamera vor dem wirbelnden Schnee geschützt war. Die nächste Stunde filmten wir verschiedene Szenen mit den Bergsteigern und der Yak-Karawane, die sich vor dem malerischen Hintergrund der Eiszinnen bewegten. Unsere Bergsteiger ließen sich nicht zweimal bitten, doch einmal anzuhalten, während wir vor ihnen Position bezogen – auf diese Weise konnten sie sich ein wenig ausruhen. Eine Yak-Herde zum Anhalten zu bringen, wenn sie sich erst einmal in Bewegung gesetzt hat, ist ein Ding der Unmöglichkeit, doch wir filmten, was eben ging, wenn Nachzügler hinter der Hauptgruppe auftauchten.

Als der Schnee immer dichter fiel und verstärkt Wind aufkam, beeilten wir uns, die Filmausrüstung wegzupacken und uns wieder auf dem »Moränen-Highway« einzureihen. In dem dichten Schneegestöber konnte man die Eiszinnen kaum mehr ausmachen, nur ab und an erhaschte man einen flüchtigen Blick auf gespenstische, bizarre Formen. Wir hatten gerade noch rechtzeitig gefilmt: Das Wetter war zwar schlecht gewesen, doch nicht zu schlecht, um auf dem Film nicht eindrücklich herauszukommen. Und die Eistürme hatte man noch erkennen können. Ned und ich waren zufrieden.

Unser nächstes Lager erreichten wir gegen 16 Uhr nach sieben Stunden Marsch. Durchschnittlich legten wir in dieser Höhe nur einen Kilometer pro Stunde zurück im Gegensatz zu den zwei oder drei Kilometern, die man auf Meereshöhe von einer normal trainierten Gruppe auf unebenem Gelände erwarten würde. Wir legten Plattformen frei und errichteten unsere Zelte, als das Schneegestöber wieder einsetzte. Es wurde von einem steten nördlichen Wind getrieben, der direkt aus dem Eis aufzusteigen schien. Unsere Finger froren augenblicklich ein, sobald wir die dicken Überhandschuhe auszogen, um kniffligere Operationen auszuführen, wie beispielsweise das Einfädeln der Zeltstangen in die entsprechenden Hülsen.

Dieses zweite Zwischenlager befand sich an einem spektakulären Punkt, direkt an der Stelle, wo östlicher Rongbuk und Beiteng-Gletscher aufeinandertreffen. Der Everest war hinter der massiven Flanke des Changtse verborgen, doch wir konnten nun andere Gipfel sehen, wie den Changzheng (6.977 Meter) und den Lixin (7.113 Meter).

Das Wasser entnahmen wir einem zugefrorenen Gletschertümpel, der sich zwischen zwei in sich zusammengestürzten Eistürmen gebildet hatte. Während Kees sich am Gaskocher versuchte, kletterte ich den flachen Schneeabsatz hinunter, um die Trinkflaschen und unseren großen Kochtopf mit Wasser zu füllen. Es hatte wenig Sinn, hier ein Speisezelt aufzubauen, deshalb war jeder von uns für seine eigene Verpflegung verantwortlich.

Jemand hatte ein Loch in das fünfzehn Zentimeter dicke Eis geschlagen, um an das Wasser darunter zu gelangen. In den paar Minuten, seit der letzte Besucher seine Töpfe mit Wasser gefüllt hatte, hatte sich bereits wieder eine dünne Eisschicht gebildet, die dick genug war, daß ich sie mit meinem Eispickel einschlagen mußte. Irgendwie hatte ich es geschafft, meine Handschuhe beim Wasserschöpfen naß zu machen, und als ich wieder vor unserem Zelt stand, waren sie gefroren und steif wie ein Brett. Ich mußte die andere Hand zu Hilfe nehmen, um meine Finger auseinanderzuziehen und sie vom Kochtopfhenkel zu lösen.

Wir setzten Wasser zum Teekochen auf und besprachen müßig, was wir an diesem Tag gefilmt hatten, während wir darauf warteten, daß das Wasser zu sieden begann. Simon hatte uns ermahnt, das Wasser hier sehr sorgfältig abzukochen, da die Quelle mit fast hundertprozentiger Sicherheit verseucht war. Nachdem wir die Schneeplattform für unser Zelt freigeschaufelt hatten, fanden wir genügend Beweise für seine Behauptung: Der Boden um das Lager war übersät mit Toilettenpapier und Exkrementen von den Teilnehmern früherer Expeditionen.

Kees' Husten hatte sich in den letzten vierundzwanzig Stunden weiter verschlimmert, und mein Hals fühlte sich auch nicht besonders gut an. Die ersten Teammitglieder litten an Halsinfektionen, und das Schlucken von Nahrung wurde zunehmend schwieriger. Uns beiden war eigentlich nicht nach Essen zumute, doch wir zwangen uns, eine Fertigmahlzeit mit Bohnen und Schinken runterzuwürgen, und legten uns dann erschöpft zum Schlafen nieder. Wie die Nächte davor wachte ich auch in dieser Nacht mehrmals auf und pinkelte in eine Flasche. Kees, der wohl bessere Manieren als ich hatte, huschte jedesmal in die eisige Nacht hinaus, wenn er mal mußte.

Die Rufe der Treiber, die ihre Yaks zusammentrieben, weckten uns im ersten Morgengrauen.

Nachdem wir das zweite Zwischenlager verlassen hatten, betraten wir das *»trough«*, die »große Furche«, unsere letzte Trekking-Etappe im östlichen Rongbuk, die uns bis zum vorgeschobenen Basislager führen würde. Dieses *»trough«*, wie die Rinne von den frühen Expeditionen der zwanziger Jahre genannt worden war, ist eine natürliche Vertiefung, die zwischen zwei parallelen Reihen von Eistürmen verläuft. Sie ist mit Moränenschutt gefüllt und im Vergleich zu dem Eislabyrinth des Gletschers ein relativ leicht zu bewältigender Pfad, der direkt zum flachen Becken am Fuße des Nordsattels führt. Wir kletterten schweigend durch eine trübweiße Wolkenschicht, ohne den Nordgrat des Everest zu bemerken, der jetzt direkt über uns lag.

Die Höhe machte uns inzwischen ernsthaft zu schaffen. Das letzte Mal, daß ich so nach Atem ringen mußte wie an diesem abschließenden Tag auf unserem Weg zum vorgeschobenen Basislager, war als Kind bei einem Asthmaanfall. Meine Halsschmerzen hatten sich über Nacht in eine Infektion verwandelt, die sich nicht mehr ignorieren ließ. Jeder Atemzug in dieser unbeschreiblich trockenen Luft reizte die entzündeten Schleimhäute noch mehr, und ein scharfer, bohrender Schmerz stach an einer Stelle irgendwo direkt hinter meinen Mandeln. Als ich haltmachte, um etwas blutigen Schleim auszuspucken, dachte ich, daß dies wahrscheinlich der mit Abstand unangenehmste Tag war, den ich bislang auf einer Bergsteigertour verbracht hatte.

Ich beschloß, mich untersuchen zu lassen, sobald wir im Lager waren, denn mir war klar, daß dies nur die Frühstadien eines größeren Gesundheitsproblems waren. Es konnte schnell zu einer ernsthaften Krankheit führen, die mich womöglich daran hindern würde, weiter aufzusteigen. Ich hatte einen Bericht der britischen Expedition von 1924 gelesen, bei der Howard Somervell (der in seinem Gipfelvorstoß bis auf 8.500 Meter gekommen war) beinahe an einem Stück entzündeten Gewebes erstickt wäre, das sich gelöst hatte und in seiner Luftröhre feststeckte. Er schrieb:

> Ich versuchte ein- oder zweimal durchzuatmen, doch ohne Erfolg. Schließlich drückte ich mit beiden Händen und aller Macht meinen Brustkorb ruckartig zusammen, und jetzt endlich war die Blockade weg. Was für eine Erleichterung! Ich hustete ein wenig Blut aus, und konnte wieder wirklich frei atmen – freier, als es mir seit Tagen möglich gewesen war.

Die »Blockade«, von der Somervell sprach, war ein enormer Schleimpfropf, der sich auf Höhe seines Kehlkopfes gebildet hatte.

Wir befanden uns jetzt eintausend Meter oberhalb des Basislagers – höher als die meisten Gipfel außerhalb des asiatischen Kontinents, einschließlich Riesen wie dem Kilimandscharo und dem Mt. McKinley. Dennoch hatten wir den Fuß des Everest immer noch nicht erreicht.

Die Zelte des vorgeschobenen Basislagers tauchten kurz nach 14 Uhr vor uns auf.

»Wir sind fast da«, sagte ich zu Kees gewandt. Doch der Schein trog. Die kleinen grünen und roten Zelte waren ein gutes Stück weiter entfernt, als es den Anschein hatte. Ich hatte mich von dem verkürzenden Effekt der dünnen Luft täuschen lassen. Wir stapften noch zwei gute Stunden weiter, bevor wir das Lager erreichten. Kurz vor dem Eintreffen überholten wir Brian, um seinen Einzug ins Lager zu filmen, das nun für die nächsten beiden Tage unser Zuhause sein sollte.

Lager Drei, das sogenannte »vorgeschobene Basislager«, liegt auf einer Höhe von 6.450 Metern. Dagegen wirkt das untere Basislager wie ein Urlaubsort in der Karibik. Hineingequetscht in ein enges, felsiges Geröllfeld zwischen dem schmutzigen Eis des Gletschers und der bröckelnden Felswand der Südostflanke des Changtse ist es kein Ort, an dem man sich so recht entspannen kann. Das Gelände ist unübersichtlich und riskant: Der Gang von einem Zelt zum anderen kommt einem vor wie ein Hindernislauf über versteckte Gletscherspalten und rutschiges Geröll.

Essen, Schlafen, jede Körperfunktion artet in einen Kampf gegen die Erschöpfung und die Apathie aus, welche sich in der Höhe automatisch einstellen. Jede kleinste Handlung – ganz gleich, ob es sich dabei um das Zubinden eines Schnürsenkels oder um den Gang zur Toilette handelt, erfordert die Aktivierung aller Kraftreserven und wird in Zeitlupentempo ausgeführt. Einerseits kann man nicht genug Willen aufbringen, um irgend etwas zu tun, andererseits muß der Körper mit viel zu wenig Sauerstoff auskommen, als daß er den Motor voll aufdrehen könnte.

An unserem ersten Abend starrte ich beim Essen fast eine halbe Stunde lang trübsinnig auf meinen Teller, auf dem sich fettige Fertignudeln türmten, bevor ich den Mut aufbrachte, mir etwas davon in den Mund zu schieben. Doch sosehr ich mich auch bemühte, das Schlucken ging über meine Kräfte. Wortlos verließ ich das Speisezelt und spuckte den Inhalt meines Mundes auf den Gletscher. Dann schickte ich gleich noch die Reste meines halbverdauten Mittagessens hinterher und zog mich, vor Kälte zitternd, in mein Zelt zurück.

Am nächsten Morgen, nach einer unruhigen Nacht voller Alpträume und klaustrophobischer Anwandlungen, fühlte ich mich, als ob ich langsam aus einer Vollnarkose erwachte. Ich hatte bohrende Kopfschmerzen. Über eine Stunde brauchte ich, um die Energie aufzubringen, meinen Schlafsack zu verlassen und zum Speisezelt hinüberzugehen, um mir einen Tee zu holen.

Am späten Nachmittag rief uns Simon zusammen, weil er uns etwas zu sagen hatte: »Wir haben schlechte Nachrichten aus dem Basislager«, begann er und mußte dann eine Pause einlegen, um nach Luft zu schnappen. »Wir haben gerade erfahren, daß letzte Nacht jemand ins Ausrüstungszelt eingebrochen ist und einen Seesack gestohlen hat.«

»Von wem?«

»Das werden wir erst erfahren, wenn wir wieder unten sind.«

Diese Neuigkeiten gaben uns in den langen Stunden der Langeweile Stoff zum Grübeln. Wer war der Unglücksrabe, dessen Seesack gestohlen worden war? Und was hatte sich darin befunden? Auf einer Expedition wie der unseren erfüllt jedes Ausrüstungsteil einen ganz bestimmten Zweck. Ganz egal, welcher Seesack abhanden gekommen war, man konnte fast mit Sicherheit davon ausgehen, daß er etwas Wichtiges enthalten hatte. Die Aussichten des Bestohlenen, jemals auf dem Gipfel zu stehen, waren nun stark eingeschränkt. Unsere gesamten Hochgebirgsklamotten befanden sich da unten und warteten darauf, auf unserem nächsten Ausflug ins vorgeschobene Basislager mitgenommen zu werden. Wenn Plastikstiefel oder Daunenanzüge gestohlen worden waren, bestand kaum Hoffnung, rechtzeitig Ersatz herbeizuschaffen.

»Was glaubst du, wer es war?« fragte ich.

»Yak-Treiber«, mutmaßte Al.

Traurig, aber wahrscheinlich wahr. Es war schwer vorstellbar, daß es jemand anderes gewesen sein konnte. Das Basislager wimmelte von Yak-Treibern, die dort ihr vorläufiges Lager aufgeschlagen hatten, und da es allgemein bekannt war, daß unser Ausrüstungszelt praktisch unbewacht dastand, hatte wohl jemand der Versuchung nicht widerstehen können. Die Beute konnte man leicht in einer der Tausenden von Gletscherspalten und kleinen Höhlen des Rongbuk verstecken.

Simon, dem diese Sicherheitslücke Sorgen machte, brach einen Tag früher als geplant zum Basislager auf. Wir anderen saßen unsere achtundvierzig Stunden im vorgeschobenen Lager ab und warteten lustlos darauf, daß sich unsere Körper auf den niedrigen Sauerstoffgehalt der Luft umstellen würden. Wir fühlten uns ziemlich mies. Lediglich unser Arzt, Sundeep, betrachtete diesen wundersamen Akklimatisierungsprozeß, der stillschweigend in unseren Körpern ablief, mit einer Art Ehrfurcht.

»Denkt nur an all die roten Blutkörperchen, die sich verändern und akklimatisieren. Einfach unglaublich, findet ihr nicht?« brach es aus ihm heraus, als wir im trüben Halblicht des Speisezeltes zusammensaßen.

Die einzige Antwort war das laute Schlürfen von Suppe. Für uns andere war die Akklimatisierung eine Qual, die wir über uns ergehen lassen mußten und an der wir nicht den geringsten Gefallen finden konnten.

Am 19. April packten wir unser Gepäck und machten uns, so schnell wir konnten, über den Gletscher auf den Rückweg zum Basislager. Für den sechzehn Kilometer langen Weg, für den wir auf dem Hinweg gut drei Tage gebraucht hatten, benötigten die meisten von uns kaum mehr als acht Stunden.

Nur für zwei Mitglieder der Expedition stellte der Abstieg vom östlichen Rongbuk ein Problem dar. Brian und Richard, der Journalist von der *Financial Times*, waren wohl von den Strapazen des ersten Ausfluges ins vorgeschobene Basislager (Lager Drei) noch so geschwächt, daß ihre Kräfte im Laufe des Tages immer weiter schwanden.

Die meisten von uns erreichten das Basislager kurz vor Einbruch der Nacht. Als es dunkel wurde, suchten wir mit den Augen den Berg besorgt nach dem Schein von Stirnlampen ab. Weit und breit durchbrach nicht der kleinste Lichtstrahl das Dunkel, obwohl wir kilometerweit freie Sicht hatten. Gegen 19 Uhr gab es keine Zweifel mehr, daß Brian und Richard irgendwo feststeckten. Roger, Sundeep und ich packten Thermosflaschen mit Tee, Schlafsäcke und ein paar zusätzliche Kleidungsstücke ein und gingen den Weg zurück, in der Hoffnung, auf sie zu stoßen.

Wir mußten mehrere Stunden lang durch die Nacht stiefeln – fast bis zu dem Punkt, an dem der östliche Rongbuk in den Rongbuk übergeht –, bis wir auf die beiden trafen, die von Barney, Simon und Al geduldig durch die Dunkelheit geführt wurden. Sie waren erschöpft und dem Zusammenbruch nahe. Simon war froh, uns zu sehen.

Brian saß zusammengesunken gegen einen Fels gelehnt und murmelte Entschuldigungen: »Dieser verfluchte Gletscher. Mir ist die Puste ausgegangen. Meine Beine machen einfach nicht mehr mit.«

Richard war in einem seltsamen Zustand der Euphorie, bedingt durch seine große Erschöpfung. Vielleicht litt er auch unter Dehydratation. Jedenfalls war die Hälfte von dem, was er brabbelte, kompletter Unsinn. Er fragte uns, ob wir Bier dabei hätten, und brach dann in hysterisches Kichern aus.

»Bei Richard waren das zweifellos die ersten Symptome von Höhenkrankheit«, erklärte Sundeep mir später. »Eine Zeitlang hatte ich sogar Angst, daß es Anzeichen eines Gehirnödems wären. Als wir ihn endlich im norwegischen Lager untersuchen konnten, haben wir festgestellt, daß er stark dehydriert war.«

Nachdem die beiden etwas Tee getrunken hatten, schafften sie es, sich weiter in Richtung Basislager zu schleppen, wenn auch sehr langsam und nur mit Hilfe der Sherpas, die sie stützten.

Im Basislager, das Richard gegen 3 Uhr erreichte, gab sein merkwürdiges Verhalten weiterhin Anlaß zur Besorgnis. Außerdem trank er nur widerwillig. Schließlich zwang ihn Sundeep zu seinem eigenen Besten, das zu trinken, was wir ihm brachten.

Dieser Zwischenfall ließ uns die Gefahren der Höhe nochmals deutlich vor Augen treten. Darüber hinaus erschütterte er auch mein Vertrauen in Brians allgemeine Kondition. Auf dem Weg ins vorgeschobene Basislager war seine Leistung wirklich stark gewesen, so daß es mir überhaupt nicht in den Sinn gekommen war, daß es auf dem Rückweg ein Problem geben könnte.

»Mach dir keine Sorgen, Matt«, versuchte Brian, mich am nächsten Tag zu beruhigen. »Nur ein kleiner Schwächeanfall. So was hatte ich schon mal. Es ist immer das gleiche auf dem ersten Ausflug zum vorgeschobenen Basislager. Beim zweiten geht es besser.«

Es war typisch für Brians großmütige Art, daß er versuchte, mich nach diesem Zwischenfall zu beruhigen. Er hatte einen schweren Tag gehabt, zeigte aber nicht das geringste Selbstmitleid. Und tatsächlich war er nach ein paar Tagen Ruhe wieder in Hochform. Seine Kondition sollte ihn auch nicht wieder auf so drastische Art und Weise verlassen.

Für Richard endete die Episode nicht so glücklich. Als er im Basislager eintraf, erwarteten ihn schlechte Neuigkeiten: Der Seesack, der während unserer Abwesenheit aus dem Zelt gestohlen worden war, gehörte ihm. Darin hatte sich sein Laptop und eine gewisse Summe Geld befunden. Daß das Geld weg war, war ärgerlich genug, doch der Computer gab ihm den Rest. Er hätte seine Beiträge für die *Financial Times* darauf schreiben sollen.

Verständlicherweise bedrückte ihn die Geschichte. Außerdem saß ihm der Schreck über seinen Zusammenbruch am Gletscher noch in den Knochen. Am nächsten Tag beschloß Richard spontan, die Expedition zu verlassen, als er hörte, daß ein Jeep mit Ned Johnston in Richtung Katmandu aufbrach.

Also packte er seine Sachen, verabschiedete sich vom betroffenen Team und stieg ins Auto ein. Er wollte noch ein paar Tage in Katmandu verbringen und dann nach Europa zurückfliegen.

Als Abschiedsgeschenk ließ Richard uns sein luxuriöses Zelt zurück. Brian und Barney fackelten nicht lange und zogen ein. Ansprüche, die eventuell andere Mitglieder auf das Zelt hätten anmelden wollen, erstickten sie im Keim, indem sie ihre Ausrüstung etwa dreißig Sekunden, nachdem der Toyota mit Richard außer Sicht war, in das Zelt warfen.

»Ich lese jetzt die Liste vor.« Simon stand mit seinem Notizbuch in der Hand vor uns. Es war der Morgen des 27. Aprils, vier Wochen, nachdem unsere Expedition gestartet war. Wir befanden uns wieder in Lager Drei (dem vorgeschobenen Basislager), zum zweiten Mal nun, und als Teil unseres Akklimatisierungsprogramms erhielt das ganze Team für den ersten Abstecher zu Lager Vier, das sich auf dem Nordsattel befand, die letzten Instruktionen.

»Becher, Löffel, Jumar, Klettergurt, Schlafsack, Trinkflasche, Pinkeltopf ...«

Die Sicht war absolut klar. Jedes Detail des Nord- und Nordostgrats stach im hellen Licht scharf gegen den Hintergrund ab. Die Gipfelpyramide des Everest, über der sich, vom Eis aufsteigend, ein flimmernder Hitzedunst ausgebreitet hatte, wirkte verführerisch und täuschend nah.

Von all unseren Akklimatisierungsetappen stellte der Aufstieg zu Lager Vier auf dem Nordsattel den wichtigsten und schwierigsten Test dar. Zum ersten Mal würden wir uns auf Steileis bewegen, mit Steigeisen an den Stiefeln und den Fixseilen folgend, die vor einigen Wochen von den Norwegern gelegt worden waren. Uns war bewußt, daß die Tour körperlich sehr anstrengend sein würde.

Darüber hinaus war der psychologische Druck extrem hoch. Die Route ist lawinengefährdet, und die Höhe macht sich hier so stark bemerkbar, daß man nur noch in Kriechgeschwindigkeit vorwärtskommt.

Auf dem Sattel hat sich eine der größten Tragödien abgespielt, die es je auf den Hängen des Everest gab. Im Jahre 1922 kamen sieben Sherpas von der britischen Expedition des Hon. C. G. Bruce hier in einer Lawine um. Mallory beschreibt das grauenvolle Ereignis und die anschließende Rettungsaktion, bei der zwei Sherpas wie durch ein Wunder lebend aus einer Gletscherspalte gezogen werden konnten.

In jüngeren Jahren hat der Nordsattel seinen Ruf als Todesfalle bekräftigt. Im Jahre 1990 verloren aus einem spanischen Team unter der Leitung von C. P. de Tudela drei Bergsteiger ihr Leben auf dem Eishang.

Das Wissen um diese Tragödien und die einschüchternde Präsenz des Eishanges ließen unsere Nerven nicht unberührt. Es gibt wenig, was die Konzentration eines Bergsteigers so wirkungsvoll steigert wie der Gedanke, daß jeden Augenblick eine Lawine mit mehreren Tonnen Eis über ihm niedergehen könnte.

Al Hinkes bereitete seinen ersten Einsatz mit der digitalen Videokamera vor. Das Besteigen des Nordsattels stellte eine Schlüsselsequenz des Filmes dar, und hier waren nun zum ersten Mal Alans Fähigkeiten als kletternder Kameramann gefragt. Wir hatten Al mehrere Stunden lang in die Funktionen der Sony eingewiesen, und ich hatte hochtrabende Hoffnun-

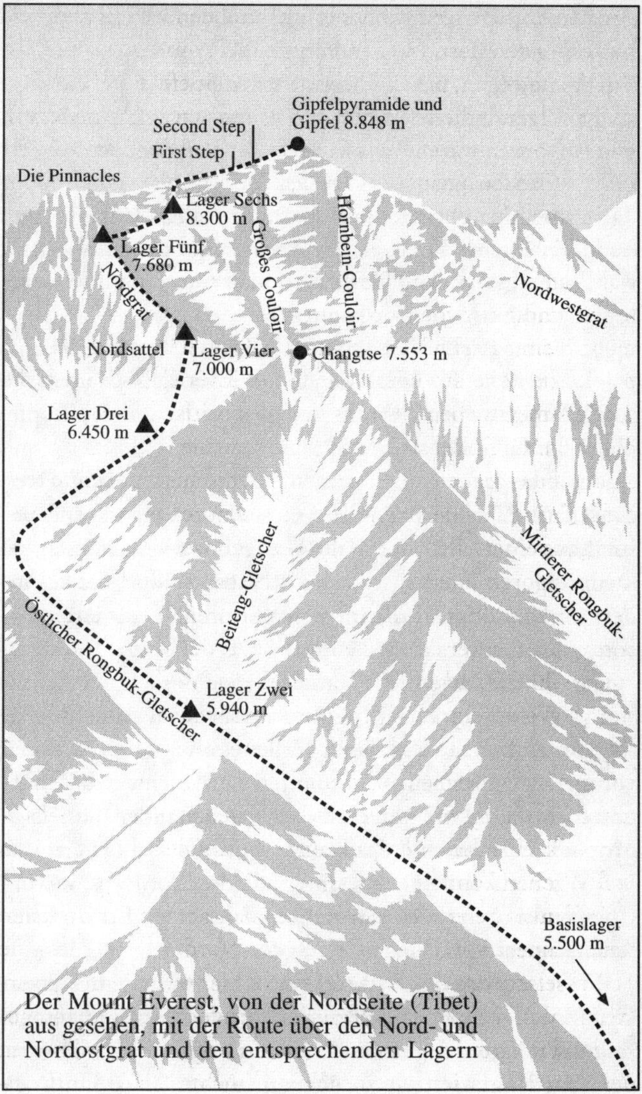

Der Mount Everest, von der Nordseite (Tibet) aus gesehen, mit der Route über den Nord- und Nordostgrat und den entsprechenden Lagern

gen, daß die leichten Kameras nun endlich ihre Leistungsfähigkeit unter Beweis stellen könnten.

Kees und ich wären genügend damit beschäftigt, die physischen Herausforderungen der Kletterpartie zu meistern, und ich vermutete, daß wir kaum in der Lage sein würden, Al groß zu helfen. Mir war deutlich bewußt, daß mich dieser Tag höher hinaufbringen würde – um genau zu sein, mehrere hundert Meter höher –, als ich jemals zuvor gewesen war. Es war absolutes Neuland für mich, und vor Aufregung krampfte sich mir der Magen zusammen. Ich hatte Angst, daß ich es nicht bis zu Lager Vier schaffen würde. Das wäre überaus peinlich und hieße zudem für Al und Kees, daß sie allein die ganze Verantwortung für die Aufnahmen bis auf den Gipfel übernehmen müßten.

Ich tunkte einen Finger in meine Gletschercreme und trug die fettige Paste großzügig auf Gesicht und Hände auf. Besonders achtete ich darauf, die Unterseite meiner Nase und meiner Ohren nicht auszulassen – beides Stellen, die besonders empfindlich auf die intensive Strahlung reagieren, die vom Eis reflektiert wird.

Wir filmten, wie die Teammitglieder die letzten Ausrüstungsteile zusammensuchten und einer nach dem anderen das vorgeschobene Basislager verließen. Die Sherpas waren vor uns aufgebrochen. Wir konnten sie als schwarze Punkte unten am Sattel erkennen, als wir nacheinander die felsige Moräne verließen und das Dauereis des Gletschers erreichten. Wir hielten uns rechts, unterhalb des Nordostgrats vom Changtse, auf der gleichen Route, die von den frühen britischen Expeditionen begangen worden war.

Wie sonst auch brach Al nicht zusammen mit dem Rest der Gruppe auf, sondern blieb zurück und hantierte vor seinem Zelt mit einigen Gegenständen herum. Als ich nach über einer Stunde Marschzeit zurück zum Lager blickte, sah ich ihn, eine einsame Gestalt, die mit forschem Schritt losmarschierte.

Kees und ich hatten des öfteren Diskussionen darüber geführt, warum Al wohl diese seltsame Angewohnheit haben mochte. Er war zweifellos schneller als wir anderen, im Normalfall sogar wesentlich schneller. Allerdings müßte es ihm doch wohl möglich sein, seinen Schritt dem der anderen anzupassen. Wir wußten alle, daß Al ein Einzelgänger war, manchmal konnte man sein Verhalten jedoch nur als unsozial bezeichnen. Meiner Meinung nach hatte er irgendein psychologisches Problem – vielleicht trieb ihn sein Unterbewußtsein dazu, uns seinen Spitzenruf als Bergsteiger ständig beweisen zu müssen. Wenn einige Expeditionsmitglieder mit ihrer Annahme, Al wolle einfach nur angeben, recht hatten, dann war seine Mühe im Grunde umsonst: Wir alle wußten ohnehin, daß er in einer höheren Liga spielte als der Rest der Truppe.

Vor dem Sattel geht das Gelände in ein sanft abfallendes Eisplateau über, welches das abgerundete obere Ende des Tals bedeckt und die südlichste Ausdehnung des östlichen Rongbuk-Gletschers darstellt. Wie in einem natürlichen Amphitheater werden Töne von den Wänden zurückgeworfen, und selbst einen Kilometer vom Sattel entfernt konnte ich die Rufe der Sherpas während ihres Aufstiegs hören. Das laute Krachen der Steine, die den Changtse hinabstürzten, begleitete uns auf unserem Weg nach oben. Jeder Aufprall wurde von einem gewaltigen Knall begleitet, dessen Echo lange über das Eis hallte.

Da sich an jenem Tag keine Wolken am Himmel sehen ließen, war die Hitze, die vom Eis reflektiert wurde, mörderisch. Um die Mittagszeit, als die Wirkung der Gletschercreme nachließ, spürte ich bereits einen Sonnenbrand. Ich trug eine weitere Schicht auf und riet Kees, das gleiche zu tun. Da er ein hellerer Hauttyp ist als ich, hatte sich der Sonnenbrand bei ihm bereits durch mehrere Hautschichten gefressen; seine Nase heilte während unserer Expedition überhaupt nicht mehr ab, sondern blieb ständig feuerrot.

Drei Stunden nachdem wir das vorgeschobene Basislager verlassen hatten, erreichten wir den Fuß des Sattels. Meine Nerven waren wegen der bevorstehenden Klettertour bis zum Zerreißen gespannt, und der Anblick, der sich uns über unseren Köpfen bot, beruhigte mich überhaupt nicht. Bereits aus einer gewissen Distanz sieht die Eiswand gewaltig aus. Wenn man allerdings genau darunter steht, gerät man leicht in Panik. Die Wand ist durchsetzt mit einer Reihe von Séracs, die allen Gesetzen der Schwerkraft zu trotzen scheinen, und Hängegletschern – eine Masse geballter Energie, die durch nichts anderes als durch die gegenseitige Anziehung winziger Eiskristalle zusammengehalten wird.

Die eine Hälfte der Eiswand ist glatt und wie mit einer Puderzuckermasse überzogen – hier waren die tibetischen Winde und erodierenden Wirkungen von Sonnenlicht und Frost am Werk. Die andere Hälfte besteht aus zerklüfteten Spitzen und klaffenden Spalten, wo Lawinen ungleiche Teile aus der Wand gerissen und die Überreste davon auf dem Talboden unterhalb der Wand verstreut haben. Schutt von einer kürzlich niedergegangenen Lawine lag nicht weit von dem Punkt entfernt, an dem ich mit Roger stand.

»Bammel?« fragte ich ihn.

»Das kannst du laut sagen. Je eher wir oben auf diesem Ding stehen, desto besser.«

Wir verbrachten eine halbe Stunde damit, unsere Steigeisen und Klettergurte anzulegen (jetzt wurde der Ernstfall geprobt), und ich war überrascht, wie ermüdend diese einfachen Tätigkeiten waren. Als ich dann endlich fertig dastand, verhedderte ich mich mit dem Zacken des einen Steigeisens in den Nylon-Schneegamaschen des anderen und stürzte. Mein Knie bekam die volle Wucht des Aufpralls ab. Ich löste den Zacken aus der zerrissenen Gamasche und blieb einen Augenblick auf dem Eis liegen, bis der Schmerz endlich nachließ. Verstohlen blickte ich mich um und sah, daß Simon und Barney mit ihrer eigenen Ausrüstung beschäftigt waren und meinen Ausrutscher nicht bemerkt hatten. Der Schmerz währte nur wenige Minuten, doch mein Ärger über meine Ungeschicklichkeit begleitete mich noch länger.

Al war kurz vorher zu uns gestoßen, und gemeinsam mit ihm überholte ich die Gruppe, um Brian und die anderen zu filmen, wie sie mit dem Aufstieg begannen. Die erste Etappe war eine der steilsten, eine körperlich extrem anstrengende Strecke über einen verwitterten Eisabschnitt, in den tiefe Stufen hineingegraben waren. Es war das erste Mal, daß ich an Fixseilen kletterte, und anfangs machte ich den Fehler, mich mit der Muskelkraft meiner Arme hochzuziehen. Innerhalb kürzester Zeit war ich total erschöpft und vollkommen außer Atem.

Doch allmählich hatte ich den Dreh heraus: Ich mußte mich bei Aufwärtsbewegungen mehr auf meine Beine stützen und meine Arme weniger einsetzen.

Im Vergleich zu meinen mühsamen und holprigen Vorwärtsbewegungen waren die von Al elegant und flüssig. Er schien auf dem Eis so richtig zu Hause zu sein. Al war das einzige Teammitglied, das die Fixseile links liegen ließ und frei neben ihnen kletterte. Er hatte absolutes Vertrauen in seine Bergsteigerfähigkeiten auf Eis und Schnee. Doch ich war froh um das bißchen Sicherheit, das die Fixseile bieten. Wir kamen zügig voran. Bald schon waren wir der Hauptgruppe des Teams um etwa hundert Höhenmeter voraus.

»Wie stellst du dir das Ganze vor?« rief Al zu mir hinunter. Er bereitete die Kamera bereits vor.

»Kannst du dich etwas seitlich plazieren und versuchen, die ganze Truppe, sobald sie ins Blickfeld kommt, ins Bild zu nehmen?« Für diese paar Worte mußte ich mehrmals innehalten, um nach Luft zu schnappen.

»In Ordnung.« Al band seinen Rucksack an einer der Verankerungen im Schnee fest, durch die die Fixseile liefen, und bewegte sich behende über den steilen Abhang von mir weg. Seine Steigeisen hinterließen keine Spuren im hartpolierten Eis. Er fand eine gute Position etwa fünfzig Meter quer die Flanke hinüber und hackte mit sicheren Schlägen seines Eispickels eine Plattform frei.

Al filmte die Teammitglieder, die sich mühsam den steilen Teil heraufkämpften, bis sie den etwas sanfteren Abschnitt über das weniger steile Eis erreichten. Alle paar Minuten rief er mir etwas zu, um Anweisungen zu den Aufnahmen zu erfragen oder um mir zu berichten, was er gerade filmte. Brian kam nur sehr langsam voran. Er mußte häufig anhalten und nach Luft schnappen. Irgendwann fiel er erschöpft auf die Knie. Hinter ihm warteten die anderen geduldig – vielleicht waren sie aber auch froh über die unerwartete Verschnaufpause.

»Mach eine Nahaufnahme von Brian«, rief ich Al zu.

»Ich muß das Objektiv ganz ausfahren. Wahrscheinlich wird es ein bißchen verwackelt.« Al hielt die Kamera in der Hand. Ihm fehlte ein Stativ, um die Kamera so ruhig zu halten, daß er das Zoom voll ausfahren konnte, ohne das Bild zu verwackeln.

»Versuch es trotzdem.«

»Okay.«

Zwanzig Minuten später erreichten Brian und der Rest der Gruppe meine Schneeverankerung.

Brian entschuldigte sich für sein langsames Vorankommen. »Tut mir leid, meine Lieben«, japste er. »Ich bin nur ein bißchen kaputt, das ist alles. Aber ich werde oben auf dem Mistkerl ankommen.«

Er sah fürchterlich aus. Ein kleines Rinnsal Spucke war in seinem Bart festgefroren, und sein Gesicht war von der Gletschercreme gespensterhaft weiß. Ich machte Platz für Barney, der Brian in die Verankerung einklinkte, damit er sich ausruhen konnte. Es war offensichtlich, daß ihm das Ganze mehr zusetzte als uns anderen. Allein sein Alter war ein Nachteil, außerdem schleppte er, obwohl er seit Expeditionsbeginn bereits stark abgenommen hatte, wesentlich mehr Gewicht mit sich herum als wir.

Al und ich schnallten uns die Rucksäcke um und übernahmen wieder die Führung, um einen weiteren Aussichtspunkt zum Filmen zu finden. Bald stellte sich wieder ein Kletterrhythmus ein: Schritt nach oben, Jumar fest am Seil nach oben ziehen, Pause, Atmen, Schritt nach oben ... und so weiter. Wenn ich mich anstrengte, konnte ich zehn bis fünfzehn Schritte gehen, bevor ich eine längere Verschnaufpause einlegen mußte. Mehr lag im Bereich des Unmöglichen. Ich stellte mit Schrecken fest, wie langsam ich vorwärtskam, doch keine noch so große Willensanstrengung brachte mich auch nur um einen Schritt schneller voran. Jede Bewegung in dieser Höhe – knapp unterhalb der 7.000-Meter-Grenze – war, als ob man versuchte, mit gezogener Handbremse anzufahren.

Al, das Kraftpaket, flitzte so schnell den Berg rauf wie eh und je und hielt nur an, um auf mich zu warten.

Die Fixseile verloren sich irgendwo in der Ferne. Sie schlängelten sich zwischen zwei hervorstehenden Eiswänden durch und verschwanden dann links unter einer Steilwand, die sich etwa dreihundert Meter über uns erhob. Vom vorgeschobenen Basislager aus hatten wir oft mit unseren Ferngläsern beobachtet, wie andere Teams diesen Teil der Route hochkletterten, und uns sogar gefragt, warum sie so langsam vorankamen. Eine Gruppe brauchte beinahe eine ganze Stunde, um sich ein fünfzig Meter langes Seilstück hochzukämpfen. Jetzt, wo ich die Auswirkungen der Höhe am eigenen Leib erfuhr, merkte ich, daß auch ich mich im Schnekkentempo voranbewegte. Mein Ziel, möglichst viele Schritte ohne Pause zurückzulegen, korrigierte ich von fünfzehn auf zehn runter, dann auf fünf.

Nach drei Stunden an der Eiswand machte ich nur noch einen Schritt und ruhte mich dann zwei oder drei Minuten lang aus. Immer stärker mußte ich mich auf den Eispickel stützen, immer verzweifelter sehnte ich mich nach Ruhepausen. Ich knabberte häufig an meinen Schokoladenvorräten, um meinen Blutzucker oben zu halten, doch in der Hitze hatte ich meinen Trinkvorrat von zwei Litern Orangensaft so gut wie aufgebraucht.

Etwa auf halber Höhe der Wand verlief die Route über eine zugeschneite Gletscherspalte und ging dann in eine ebenere Fläche über, die für zehn bis fünfzehn Leute Platz zum Ausruhen bot. Ich sackte auf dieser Plattform zusammen und trank gierig die letzten paar Schlucke Saft. Von diesem Punkt aus konnte man die ganze Schönheit des östlichen Rongbuk bewundern. Das Eis schien so elegant zu strömen wie ein Fluß, aus der Umarmung des Everest heraus und abwärts in Richtung Norden. Links unterhalb des Nordostgrats des Changtse konnte ich die bunten Punkte der Zelte im Basislager erkennen.

Als Brian es endlich bis zur Plattform geschafft hatte, war sein Zustand besorgniserregend. Er fiel auf eine Seite und hustete und würgte krampfartig und langanhaltend. Barney half ihm, seinen Rucksack abzulegen, und reichte ihm eine Trinkflasche.

»Jemand muß meinen Rucksack nehmen.« Brians Stimme war kaum mehr als ein jämmerliches Krächzen.

Barney und Simon gingen die verschiedenen Möglichkeiten durch und kamen überein, daß Brian nur Chancen hätte, den Sattel zu erreichen, wenn jemand seinen Rucksack trug. Wer aber sollte das übernehmen? Sie beschlossen, einen der Sherpas von Lager Vier zurückzurufen, um Brian zu helfen. Kippa Sherpa mußte umkehren und war kurze Zeit später bei uns. Da er bereits einmal an diesem Tag den Sattel hinaufgeklettert war, verblüffte mich die Gelassenheit, mit der er die Entscheidung akzeptierte, die ja für ihn bedeutete, daß er viele Stunden mehr arbeiten mußte als vorgesehen. Er schulterte Brians Rucksack und kletterte in einem Affenzahn an den Fixseilen nach oben.

Brian ruhte sich eine Weile aus, um wieder zu Atem zu kommen, und stieg dann weiter bergauf, sichtbar schneller und glücklicher ohne seine Last.

Bevor wir Lager Vier erreichten, wollten wir noch eine weitere Sequenz drehen: einen fünfzehn Meter hohen Eishang, der zweifellos zu den schwierigsten Abschnitten dieses Tages gehörte. Ich wußte, daß wir erstklassiges Material bekommen würden, wenn wir uns oben auf dem Eishang postieren könnten, um dann von dort das Team und das Tal, das steil darunter sichtbar wurde, zu filmen. Ich war mir ziemlich sicher, daß einige Teammitglieder den Abschnitt, rein körperlich gesehen, sehr anstrengend finden würden. Abgelenkt von den Strapazen des Anstiegs würden sie vergessen – so hoffte ich zumindest –, daß wir die Kamera auf sie hielten, und uns so ein paar eindrucksvolle Filmminuten bescheren.

Nach vier Stunden kräftezehrenden Anstiegs erreichten wir den Steilhang. Es war mittlerweile später Nachmittag geworden, und die Hitze des Tages war nicht ohne Spuren an dem dichtgepackten Eis vorübergegangen. Die ganze Route war von einem weichen, körnigen Schneematsch bedeckt, der das Vorankommen besonders schwierig machte. Wir querten die Flanke unterhalb eines einsturzgefährdeten Sérac. Ich ging, so schnell ich konnte, weil ich den Schneebedingungen nicht traute, die – soweit ich das beurteilen konnte – lawinenträchtig waren. Jedesmal, wenn ich meinen Fuß in den Schnee rammte, löste ich damit einen Mini-Schneerutsch aus, der bisweilen zehn bis fünfzehn Meter den Hang hinabrutschte, bevor er zum Stehen kam.

Der Schnee fühlte sich wie warm gewordene Eiscreme an, und die hilfreichen »Stufen«, auf die wir uns weiter unten verlassen hatten, waren hier ausgehöhlt und teilweise weggeschmolzen. Bei zwei oder drei Gelegenheiten drückte ich mit meinem Fuß die oberen Schichten weg und stieß auf hartes Eis, nur um dann Sekunden später im Schneematsch den Halt zu verlieren und die Flanke hinabzurutschen. Ich rammte den Eispickel tief in den Schnee und arbeitete mich, so schnell ich konnte, weiter, um diesen Teil rasch hinter mir zu lassen.

Am Fuß des steilen Abschnitts mußte ich mich fünf Minuten ausruhen, um wieder zu Atem zu kommen. Die Muskeln um meinen Brustkorb schmerzten bereits von der Dauerbelastung, genügend Sauerstoff in die Lungen zu pumpen.

Al hatte die Hälfte des Weges über den Steilhang bereits hinter sich. Ich folgte ihm, wobei ich meine Jumar-Steigklemmen an den Fixseilen einhängte. Bei diesem Stück hatten wir keine andere Möglichkeit, als uns hauptsächlich auf die Muskelkraft unserer Arme und Schultern zu verlassen. Das machte es zum anstrengendsten Abschnitt dieses Tages. Auch hier waren die »Stufen« von der Hitze des Tages zerstört, und wir waren gezwungen, unsere Füße mit aller Gewalt in den noch gefrorenen Untergrund unter dem Matsch zu rammen.

»Wir sind schon etwas spät dran. Eigentlich hätten wir viel früher aufbrechen müssen«, rief Al über seine Schulter zurück. Ich hatte nicht genügend Atem, um ihm zu antworten.

Mir war leicht schwindelig, als ich das obere Ende des Steilhangs erreichte, und ich klinkte mich in die Schneeverankerung ein, um sicher zu stehen. Al hackte sich bereits eine kleine Plattform frei, von der aus er filmen wollte. Seine Leistungsfähigkeit in dieser extremen Höhe war beeindruckend. Als der Rest des Teams sich auf den Fuß des Steilhangs zu arbeitete, war Al mit seinen Vorbereitungen fertig und wartete, daß er mit dem Drehen beginnen konnte.

Interessanterweise schlug sich Brian während dieser so schwierigen Etappe bestens – besser als Roger, Sundeep und Tore, die ebenso wie ich um jeden Meter kämpften. Brian hatte den Körperbau für diese Schwerstarbeit, bei der hauptsächlich die Muskeln des oberen Rumpfes gefragt waren. Er hangelte sich mit kraftvollen Zügen nach oben, die Zähne zusammengebissen, schnaufend und prustend wie eine Dampfmaschine.

»Spaziergänger! Ihr seht aus wie eine Gruppe bescheuerter Spaziergänger!« schrie Al nach unten.

Es stimmte. Aus unserer Perspektive sah das Team wirklich jämmerlich aus: eine dicht gepackte Reihe grunzender, keuchender Gestalten, mit hängenden Schultern und Gesichtern, die sie wegen des grellen Sonnenlichtes zusammenkniffen.

»Wir sind auf dem Weg zur Khumbu Lodge«, rief Simon zurück. »Sind wir hier auf dem richtigen Weg?«

Roger kam am oberen Ende des steilen Eishangs an. Er keuchte laut und stützte sich schwer auf seinen Eispickel.

»Das Traurigste an der ganzen Geschichte ist«, sagte er, sobald er ein wenig zu Atem gekommen war, »daß ich für diesen Mist hier zahle!« Er rang sich ein Lächeln ab und arbeitete sich dann weiter den Hang hinauf, das letzte Stück, bevor es auf den weniger steilen Quergang ging, der uns zum Sattel und schließlich zur ersehnten Ruhestätte von Lager Vier bringen würde.

Sundeep und Tore erreichten das obere Ende, ohne ein Wort zu verlieren, jedes Quentchen Atem der schweren Arbeit gewidmet.

Ich war mit dem bisherigen Ergebnis dieses Tages sehr zufrieden, doch um einen guten Abschluß für die Sequenz zu haben, mußten wir noch die Ankunft des Teams in Lager Vier dokumentieren. Ich kämpfte mich die letzte Seillänge hoch, denn ich wollte das Lager erreichen und eine gute Position für die Kamera finden.

Als ich am Sattel ankam, war ich erstaunt, wie wenig Platz hier im Vergleich zur Südseite war. Auf Bildern des Südsattels sieht man eine hektargroße, ebene Fläche. Auf dem Nordsattel gibt es nur wenige Plätze, die sich zum Zelten eignen. Die Teams müssen sich auf der Leeseite des Kammes auf einem engen Streifen zusammendrängen, wodurch sie aber zumindest etwas Schutz vor den hier vorherrschenden westlichen Winden finden.

Das Gefühl der Enge im Lager wird dadurch verstärkt, daß sich eine große Gletscherspalte direkt unterhalb des Kammes befindet. Die Spalte verbreitert sich Monat für Monat und erinnert unangenehm daran, daß das gesamte Lager auf dem Nordsattel auf dem oberen Ende eines riesigen Stückes Eis steht, das eines Tages in sich zusammenfallen wird. Ich versuchte, mich mit dem Gedanken zu beruhigen, daß das Gewicht sämtlicher Expeditionen zusammengenommen diesen Prozeß um kein Jota beschleunigen konnte, wenn man einmal bedenkt, wie viele Tonnen Eis beteiligt sind.

Ich kämpfte mich durch die Zeltreihen anderer Expeditionen nach oben. Hier und da stieß ich auf bekannte Gesichter, die wir im vorgeschobenen Basislager bereits gesehen hatten. Es war schon später Nachmittag, und in den Zelten kauerten erschöpfte Bergsteiger und Sherpas, die von Lager Fünf abgestiegen waren, wohin sie weitere Vorräte und Ausrüstungsteile gebracht hatten.

Die Frühankömmlinge hatten natürlich die besten Plätze auf dem Sattel in Beschlag genommen. Wir mußten uns mit dem abgelegensten und am wenigsten geschützten Ende des Grates zufriedengeben. Als ich dort ankam, wehten wirbelnde Schnee- und Eispartikel vom Grat hinunter auf unsere Zelte.

Von unserem Standplatz aus konnte ich zum ersten Mal die Route über den Nordgrat und die Nordflanke hoch bis zur Gipfelpyramide sehen. Die letzten paar Sonnenstrahlen fielen auf den Grat, und während ich so dastand, verglühten auch diese, und das Eis wirkte plötzlich stahlgrau und bedrohlich. Die Route sah gigantisch aus, und unser heutiger Kampf den Sattel hinauf wirkte dagegen lächerlich und unbedeutend. Lager Fünf und Sechs befanden sich in viel zu großer Entfernung, als daß ich sie mit dem bloßen Auge hätte ausmachen können.

Offenbar ist es verbreitet, den Anstieg zum Sattel überzubewerten, und die unerfahrenen Mitglieder unserer Expedition (einschließlich meiner Wenigkeit) waren voll darauf reingefallen. Kletter erst mal den Sattel hoch, so die gängige Meinung, und du bist so gut wie am Gipfel.

Blödsinn.

Während ich die unermeßliche Weite der Nordflanke in mich aufnahm, erkannte ich den Irrtum dieser Annahme. Das Erreichen des Sattels qualifiziert einen Bergsteiger nicht automatisch für einen Gipfelversuch. Weit gefehlt! Der Sattel ist lediglich eine Aufwärmübung, eine Auswahlprüfung, die dem Bergsteiger die Tür zu einer Arena öffnet, hinter der die wirklichen Herausforderungen liegen.

Bei dem Anblick, der sich mir bot, rutschte mir das Herz in die Hose, denn ich erkannte, daß mein Kampf über den Sattel nur ein winziger Vorgeschmack auf das war, was noch kommen würde. Es war schwer, die Augen vom Gipfel loszureißen, und ich beobachtete ihn, bis mir dicke Wolken die Sicht versperrten.

Al kam zu mir rüber, und zusammen stellten wir – für diesen Tag zum letzten Mal – die Kamera auf und filmten die Ankunft der müden Bergsteiger im Lager. Der Sattel lag im Schatten, und mit dem aufkommenden Wind sank die Temperatur rapide.

Ich holte Brian kurz vor die Kamera, der zwar sehr müde war, aber dennoch die Energie aufbrachte, ein paar Worte von sich zu geben.

»Ich hasse den Sattel!« hustete er. »Aber wir haben es geschafft!« Dann ließ er sich völlig erschöpft in den Schnee sinken. Ich bewunderte Brians Stärke. Uns allen war bewußt, daß er einen schweren Tag hinter sich hatte, und doch war er weder gereizt noch niedergeschlagen – was die normalen Anzeichen bei einem überforderten Bergsteiger gewesen wären. Die Schmerzen schienen ihn nicht zu interessieren und auch auf emotionaler Ebene keine Spuren zu hinterlassen. Langsam wurde mir klar, warum Brian große Höhen nichts anhaben konnten.

Die Sherpas hatten bereits die meisten unserer Zelte aufgestellt, und die einzige Arbeit, die uns noch blieb, war das Hacken von Eisblöcken zur Verankerung der Zelte. Es war eine große Entlastung, daß die Sherpas diese Arbeiten für uns übernahmen. Genau das war auch die Strategie von kommerziellen Expeditionen wie denen von Himalayan Kingdoms, die, wo es nur geht, versuchen, dem Kunden alle schweren Arbeiten abzunehmen, damit er seine Energiereserven schonen kann. Unsere Ankunft auf dem Sattel wäre ein gutes Stückchen frostiger und ungemütlicher gewesen, wenn wir unsere Zelte selbst hätten aufstellen müssen. Als mir Nga Temba über den Weg lief, bedankte ich mich bei ihm für die großartige Leistung. Er sah mich leicht schokkiert an, als ob ihn allein der Gedanke, er könnte für seine Arbeit gelobt werden, erschreckte.

Kees und ich fixierten unser Zelt mit ein paar letzten Eisblöcken und schlugen dann noch ein paar mehr, um sie als Trinkwasser zu verwenden. Welches Eis wir dafür verwenden sollten, war keine leichte Entscheidung, denn das Eis, das leichter zu hacken gewesen wäre, war in der Regel von Urin oder anderem Abfall verunreinigt. Als wir endlich alle Arbeiten erledigt hatten, brach auch schon die Dämmerung herein.

In unserem Zelt, das von unseren Stirnlampen erhellt war, bot sich uns ein Bild des totalen Chaos. Selbst unter besseren Bedingungen kann man ein Quasar-Zelt nicht gerade als geräumig bezeichnen, und in unserem Fall bogen sich die Seitenwände des Zeltes unter der Schneelast, die wir kurz zuvor draufgeschaufelt hatten, bedenklich nach innen.

An diesem Tag benutzten wir zum ersten Mal unsere Hochgebirgsschlafsäcke – die wirklich dicken –, die sich wie riesige Nacktschnecken aufblähten, sobald wir sie aus ihren Hüllen zerrten. Dazu kamen die anderen Teile, die aufblasbaren Isomatten und die Daunenjacken, die wir zweifellos bei der Kälte brauchen würden. Man kann sich leicht vorstellen, wie eng es bei Kees und mir im Zelt war.

Kees, mit seinem scharfen Sinn für Logik, hatte in seine Hälfte des Zeltes schnell so etwas wie Ordnung gebracht. Sein Rucksack lag im hinteren Teil, und den Kochbereich am vorderen Ende hatte er so weit freigeräumt, daß wir den Gaskocher in Betrieb nehmen konnten. Planlos räumte ich ein wenig hin und her, fluchte über den unzureichenden Platz, bis auch ich schließlich meine verstreute Habe zu einem mehr oder weniger überschaubaren Haufen zusammengestapelt hatte.

Eine Stimme erhob sich draußen in der Dunkelheit und versuchte, den heulenden Wind zu übertönen. Es war Simon, der sich davon überzeugen wollte, daß alles in Ordnung war.

»Matt und Kees? Habt ihr schon Eis aufgesetzt?«

»Ja!«

Er tat gut daran, sich noch mal zu vergewissern. Nach der Schufterei des Tages war es überlebenswichtig, viel zu trinken, und doch war das letzte, wozu wir Lust hatten, uns das Trinkwasser zuzubereiten. Als ich mich auf meinen weichen Schlafsack fallen ließ, wußte ich, daß ich innerhalb weniger Sekunden einschliefe, sobald ich meine Augen schließen würde. Jede müde Faser, jeder überlastete Muskelstrang schrie nach Schlaf, doch dem Bedürfnis nachzugeben hieße, alle Voraussetzungen für einen Anfall der akuten Höhenkrankheit zu schaffen, die im schlimmsten Fall zum Koma führen kann. Wie viele Bergsteiger sind eines unnötigen und schnellen Todes gestorben, weil sie eingeschlafen waren, ohne zuerst den Flüssigkeitsverlust ihres Körpers auszugleichen.

Das zischende Geräusch des Gaskochers wirkte einschläfernd, und das Eis schien eine Ewigkeit zu brauchen, um zu schmelzen. Wir plauderten ein wenig über die Höhepunkte des Tages, während wir beobachteten, wie langsam Dampf aus dem Topf emporstieg.

Den Abend verbrachten wir damit, Wasser zu kochen und so viel zu essen und zu trinken, wie uns eben möglich war – ein mühsamer Vorgang, wenn man bedenkt, wie lange es dauerte, einen Topf mit Eis zum Sieden zu bringen. Tee, Kaffee, Bournvita und Suppe bekamen wir relativ mühelos runter – eine abgemessene Menge, mit der wir uns knapp zwei Liter Flüssigkeit zuführten. Alles, was wir taten, war genau richtig, und doch konnte ich die leise Übelkeit nicht loswerden, die mich bereits seit dem späten Nachmittag begleitete. Ich versuchte, vollständig ruhig dazuliegen und mich auf andere Dinge zu konzentrieren – keinen Trick ließ ich aus, um mich von diesem unangenehmen Gefühl zu befreien. Um 21 Uhr mußte ich jedoch die Waffen strecken. Ich schaffte es gerade noch, den Reißverschluß des Zeltes aufzuziehen, bevor ich die gesamte, den Abend über zu mir genommene Flüssigkeitsmenge in einem hohen Schwall erbrach. Ich schnappte keuchend nach Luft. Mehrere Minuten lag ich halb im Zelt, halb draußen, bis der Anfall schließlich nachließ.

»Mist!« Ich fiel zurück ins Zelt. Ein dumpfer Schmerz begann in meinem Kopf zu pulsieren.

Die Übelkeit war erträglich, doch die eigentliche Bedeutung meines Anfalls war niederschmetternd. Da ich die Flüssigkeit, die wir so mühsam geschmolzen und zu uns genommen hatten, erbrochen hatte, wurde ich nun mit einer schweren Entscheidung konfrontiert: Sollte ich schlafen gehen, in der Hoffnung, genügend Flüssigkeit aufgenommen zu haben, um die Nacht sicher zu überstehen, oder sollte ich nach draußen gehen, erneut Eis hacken und wieder mit dem Schmelzen beginnen?

Die Versuchung, schlafen zu gehen, war überwältigend. Doch ich wußte, daß ich das nicht tun durfte. Es dauerte fünfzehn Minuten, bis ich meine Stiefel und meine Jacke angezogen hatte. Dann ging ich in die eisige Nacht hinaus, um Eis zu holen. Laut verfluchte ich mein Pech, wütender, als ich es je zuvor in meinem Leben gewesen war. Zurück im Zelt, baute ich den Gaskocher wieder auf, zündete ihn an und sah zu, wie das Eis langsam – sehr, sehr langsam – zu sieden begann. Es überraschte mich kein bißchen, Kees schon bald glücklich vor sich hinschnarchen zu hören.

Um weniger Gewicht schleppen zu müssen, hatte ich mir kein Buch mitgenommen. Jetzt, wo ich in die Dunkelheit des Zeltes stierte und gegen den Drang ankämpfte einzuschlafen, bedauerte ich diese Entscheidung.

Nach zwei endlosen Stunden erreichte ich die vorgegebene Flüssigkeitsmenge von zwei Litern, packte die Kochutensilien weg und säuberte den vorderen Teil des Zeltes, so gut es ging. Ich schlief binnen Sekunden ein. Mir wurde nicht einmal bewußt, daß ich mich auf meinem Schlafsack ausgestreckt hatte.

Den nächsten Morgen ließen wir gemütlich angehen. Simons ursprünglicher Plan war, noch ein kurzes Stück auf dem Nordgrat weiter nach oben steigen, um unsere Akklimatisierung voranzutreiben. Dieser Vorsatz fiel jedoch irgendwann stillschweigend unter den Tisch. Wir bereiteten uns also darauf vor, den Sattel wieder hinabzusteigen und die ganze Strecke bis zum Basislager zurückzugehen.

Der Abstieg verlief schnell und relativ ereignislos. Es ging hauptsächlich darum, sich während der leichteren Abschnitte mit den Fixseilen abzusichern und sich an den steileren Stellen abzuseilen.

Auf halber Höhe unterlief mir ein dummer Fehler. Ich stand auf einer Schneestufe und klinkte meinen Abseilachter (die Metallklemme, mit der man sich abseilt) aus dem Seil aus, um ihn im nächsten Abschnitt wieder einzuklinken. Einen Moment Unachtsamkeit, und der Abseilachter entglitt meinen eiskalten Fingern. Im gleichen Augenblick gab die Schneestufe, auf der ich stand, unter mir nach. Ein Ruck durchzuckte mich. Mit meiner freien Hand griff ich nach dem Seil, um den Sturz zu bremsen, und verfluchte gleichzeitig meine Tolpatschigkeit.

Ich hatte Glück im Unglück, denn der Abseilachter war neben meinen Stiefel gefallen, und so hatte ich ihn nicht wirklich verloren. Sonst wäre er direkt auf die Kletterer unter mir gefallen, was im besten Falle ziemlich peinlich, im schlimmsten sehr gefährlich hätte werden können, wenn er jemanden am Kopf erwischt hätte. Ich warf einen kurzen Blick nach oben, um zu sehen, ob Simon, der hinter mir den Hang abstieg, meinen dämlichen Fehler beobachtet hatte, doch er war damit beschäftigt, seinen Klettergurt zu entwirren, und hatte den Vorfall nicht bemerkt.

Mir fiel ein Stein vom Herzen. Vor der Nase des Expeditionsleiters Mist zu bauen, war etwas, das ich unbedingt vermeiden wollte. Wie sollte er mir am First Step oder am Second Step – den schwierigen Felsstufen, die über 8.000 Meter hoch liegen und die höchsten Kletterhänge der Welt darstellen –, Vertrauen entgegenbringen, wenn ich ein wichtiges Ausrüstungsteil bereits hier, im relativ anspruchslosen Terrain des Nordsattels, verlor? Ich riß mich zusammen und hängte meinen Abseilachter wieder ins Seil ein.

Ich war noch einmal davongekommen, doch der Vorfall hatte ein Fenster geöffnet, durch das die Flut meiner ganzen Selbstzweifel, mit denen ich seit Jahren kämpfte, und der Ärger über mich selbst frei hereinströmte. Mein Talent dafür, dumme Fehler zu begehen, würde vermutlich mit zunehmender Höhe ins Unermeßliche ansteigen, da dort der Sauerstoffmangel das Gehirn zusätzlich verwirrte und blockierte. Niedergeschlagen setzte ich meinen Abstieg fort. Ich konzentrierte mich besonders auf das Ein- und Ausklinken an den Fixseilen und achtete darauf, daß ich mir die Finger aufwärmte, bevor ich den Abseilachter in die Hand nahm.

Zwei Tage später stiegen wir zum zweiten Mal über den Rongbuk-Gletscher zum Basislager ab. Wir genossen die höheren Temperaturen und die sauerstoffreichere Luft. So etwas wie Appetit kehrte zurück. Für einen unbeteiligten Betrachter mußten wir ein fröhliches Trüppchen abgeben, wie wir uns in den seltenen Momenten, wenn der Wind einmal abflaute, vor unseren Zelten in der Sonne aalten. Doch innerlich machten uns die Strapazen zu schaffen. Dieser Aufenthalt im Basislager würde der letzte sein. Das nächste Mal, wenn wir unsere Rucksäcke schulterten und den Rongbuk-Gletscher hinaufkletterten, würden wir uns auf dem Weg zum Gipfel befinden.

6. Kapitel

Ich rasierte mich gerade mit eiskaltem Wasser im Speisezelt des Basislagers, als Kees mit stolzgeschwellter Brust von einem Ausflug zum indischen Zelt zurückkam. Die Inder hatten ein Problem mit ihrem Satellitentelefon gehabt, und Professor Kees mit seinem magischen Lötkolben war gerufen worden, um es zu lösen. Wie durch ein Wunder war es ihm tatsächlich gelungen, das defekte Gerät wieder zum Funktionieren zu bringen, und die Inder hatten ihn zum Dank gratis telefonieren lassen.

»Ich bin nach Kanada zu Katie durchgekommen.«

»Großartig.«

»Ich habe Neuigkeiten.«

»Was denn?«

»Ich werde Vater.«

»Allmächtiger! Das ist ja wirklich großartig!«

An diesem Abend feierten wir die frohe Botschaft mit einem unübertroffen schlechten tibetischen Brandy, und Kees mußte natürlich die üblichen blöden Kommentare über sich ergehen lassen. Selbstgefällig grinsend zog der werdende Vater eine kleine Dose mit kubanischen Stumpen heraus und bot sie uns an. Doch als er keinen Abnehmer dafür fand und noch einmal darüber nachgedacht hatte, ob es wirklich weise war, in solch luftigen Höhen eine Zigarre anzustecken, begnügte er sich damit, sich die Stumpen alle paar Minuten unter die Nase zu halten und daran zu schnuppern.

»Der Geruch allein genügt schon«, verkündete er großspurig.

Am nächsten Morgen lag ich mit einem leichten Kater in meinem Zelt und las, als ich das Gerumpel eines Dieselwagens vernahm, der den Rongbuk-Gletscher hinaufgerollt kam. Kurz darauf hörte ich Simon rufen: »Monty!«

Ich steckte meinen Kopf aus dem Zelteingang und sah, wie Simon jemanden beim Speisezelt begrüßte.

Sundeep rief zu mir herüber: »Sieht so aus, als ob die ›Kätzchenkutsche‹ eingetrudelt wäre!«

»Kätzchenkutsche« war der zweifelhafte Name, den jemand dem einfahrenden Trekking-Bus verpaßt hatte, den wir seit Tagen mit Spannung erwarteten. An Bord war ein Wanderteam, das sich auf einer Trekking-Tour durch Tibet befand. Die Reiseagentur, die diese Tour organisierte, war die Trekking-Abteilung von Himalayan Kingdoms.

Im Laufe der letzten Wochen war die Phantasie unseres (ausschließlich aus Männern bestehenden) Expeditionsteams mit uns durchgegangen. Zweifellos spielte auch unsere erzwungene sexuelle Enthaltsamkeit dabei eine wesentliche Rolle. Gemeinsam hatten wir eine Vision von atemberaubenden Schönheiten heraufbeschworen, die diesem Bus entsteigen würden. Um ehrlich zu sein, hatten wir während der letzten paar Mahlzeiten über praktisch nichts anderes geredet, was einmal mehr beweist, daß Männer, unabhängig in welcher Höhe sie sich befinden, kein Benehmen haben.

»Nehmen wir mal an, es ist eine Gruppe von zwanzig Leuten. Dann müssen mindestens fünf oder sechs Frauen darunter sein«, spekulierte einer.

»Eher zehn bis fünfzehn, würde ich sagen.«

»Die werden nach Männern nur so lechzen ...«

»Absolut.«

»Auch ein paar Skandinavierinnen werden dabei sein.«

»Mehrere wahrscheinlich.«

»Tibet hat schon immer Nymphomaninnen angezogen ...«

Doch als die »Kätzchenkutsche« dann endlich ihre Fracht ausspie, zeigte sich, daß wir ziemlich daneben gelegen hatten. Neben Monty, dem Tourleiter, gab es nur vier zahlende Kunden: ein ängstlich dreinblickendes, bestimmt schon sechzigjähriges Paar und zwei schwächlich wirkende bärtige Männer.

In einer Hinsicht hatten wir allerdings recht gehabt: Die Leute lechzten wirklich nach etwas, wenn auch nicht nach dem, an das wir gedacht hatten, sondern eher nach Sauerstoff. Es war ein ziemlicher Flop.

Eine gute Seite hatte die Ankunft des Busses allerdings – er brachte uns ein Bündel Briefe von Freunden und Verwandten aus England. Wir schnappten uns unsere Post und zogen uns in die Zelte zurück, um die kostbaren Stücke zu lesen.

Fiona berichtete in ihrem Brief hauptsächlich von einem Kurzurlaub mit der Familie in einem Freizeitpark und schilderte den Zustand unseres Gartens. In der kargen, steinigen Umgebung des Rongbuk-Gletschers, wo es so gut wie keine Pflanzen gibt, hörte sich das alles sehr saftig an. Der Brief klang nach außen hin zwar recht fröhlich, doch es war nicht schwer, den besorgten Unterton herauszuhören. Fiona wußte nur zu gut, wie gefährlich diese Expedition werden konnte, und die Sorgen, die sie sich machte, ließen die zehn Wochen wohl eher wie zehn Jahre erscheinen.

Diese Situation – ich auf der einen Hälfte der Erdkugel, sie auf der anderen – war nichts Ungewöhnliches für uns. Diesmal gab es jedoch einen wesentlichen Unterschied, und das war nicht nur die Tatsache, daß das Drehen des Filmes gefährlich war. Fiona wußte, daß der Everest für mich in vielerlei Hinsicht einen Wendepunkt darstellte: daß ich mir wünschte, dies wäre mein letzter Abenteuerfilm, daß ich versuchte, einen Weg aus dem zerstörerischen Muster zu finden, in das wir unsere Beziehung reingeritten hatten.

Es war nicht so, daß wir eine schlechte Beziehung gehabt hätten – ganz im Gegenteil: Viele der positiven Aspekte unserer Beziehung hatten die langen Ehejahre überraschend unbeschadet überstanden. Im Grunde genommen waren wir glücklich zusammen – wenn wir mal zusammen waren. Wir hatten uns über die ganzen Jahre hinweg nie im Zorn oder Ärger angebrüllt, und irgendwie war es uns immer noch möglich, miteinander zu lachen.

Das alles änderte leider nichts an meinem grundlegenden Problem: Nach zwei oder drei Tagen zu Hause bei meiner Familie begann ich mich unweigerlich wie ein Tiger im Käfig zu fühlen. Verzweifelt suchte ich dann nach einer Möglichkeit, wie ich Fiona am schonendsten beibringen konnte, wohin mich mein neuester Anfall von Reisefieber führen würde. Nicht, daß ich mich zu Hause langweilte; es war eher eine chronische Unzufriedenheit mit mir selbst – ein Gefühl, daß ich bessere Filme machen, bessere Drehbücher schreiben, kurzum, daß ich in allem besser sein könnte. Vielleicht lag darin der Grund für meine Rastlosigkeit?

Was immer es auch war, Fiona hatte die Nase voll davon.

Aber wie sollte es nun weitergehen? Zwischen Fiona und mir bestand immer noch ein Band der Zuneigung und Liebe, und ich wollte das nicht einfach zerschneiden. Und auf keinen Fall wollte ich unsere Familie, die letztendlich sehr glücklich war, auseinanderreißen. Doch ich hatte Fiona an den Punkt getrieben, an dem es leichter für sie war, ohne mich zu leben als mit mir. Die Unsicherheit, nie zu wissen, wann ich mir wieder meinen Rucksack umschnallen und zur

Tür hinauseilen würde, hatte aus ihr ein Nervenbündel gemacht.

Ich lag den ganzen Nachmittag im Zelt, den Blick ins Nichts gerichtet.

An diesem Abend war ich während des Abendessens sehr ruhig.

»Du siehst niedergeschlagen aus«, sagte Roger. »Ist was?«

»Ich muß an zu Hause denken.«

»Ah.«

Keine weitere Erklärung war nötig. Jeder von uns litt ab und zu an Heimweh, und wir alle wußten, daß wir nichts dagegen unternehmen konnten.

»Besser, man kriegt keine Post von zu Hause«, sagte Brian. »Es ist kaum zum Aushalten!«

In gewisser Hinsicht hatte er recht.

Wir hatten viel Zeit, und so war es nicht verwunderlich, daß das Thema, wie und wann das Team aufgeteilt würde, immer wieder heftig diskutiert wurde. In unserer Expedition befanden sich neun Teilnehmer, die einen Gipfelversuch unternehmen wollten, was es aus logistischen Gründen erforderlich machte, zwei kleinere Teams zu bilden: Zum einen gab es ganz einfach nicht genügend Zelte in den Hochlagern, um uns alle auf einen Schlag aufzunehmen, und zum anderen wäre eine Gipfelmannschaft von neun Leuten zu schwerfällig gewesen. Wir würden also in zwei Teams aufbrechen, in einem zeitlichen Abstand von drei oder vier Tagen.

Die Aufteilung fiel Simon nicht schwer. Da Kees, Al und ich Brian filmen mußten, würden wir in Brians Gipfelmannschaft sein, zusammen mit Barney als Bergführer. Unsere Fünfergruppe ergab sich wie von selbst.

Die Vierergruppe würde sich dementsprechend aus Simon, Tore, Sundeep und Roger zusammensetzen.

Welches Team aber würde zuerst gehen? Diese Frage beschäftigte uns während unserer langen Wartezeit im Basislager ununterbrochen. Wir diskutierten endlos über das Für und Wider und warteten auf Simons Entscheidung. Das erste Team zu sein war aus psychologischer Sicht ein Vorteil, hauptsächlich deswegen, weil es bedeutete, daß man weniger Zeit im Basislager totschlagen mußte. Unsere körperliche Kondition und unsere Akklimatisierung hatten ihren Beststand erreicht, Körper und Geist waren startklar für den Aufbruch zum Gipfel.

Im Basislager verbrachte Tage waren verlorene Tage, deprimierende Tage, Tage, die – sollten wir uns einen Virus von einem der vorbeiziehenden Trekking-Teams einfangen – unsere Erfolgsaussichten zunichte machen könnten. Hinzu kam der Psychostreß, der durch die lange Wartezeit hervorgerufen wurde: Zweifel vermehrten sich in uns wie Bakterien, zerstörerische Ängste drohten uns zu überwältigen, während jeder sich in seiner Art und Weise mit den bevorstehenden bekannten und unbekannten Gefahren auseinandersetzte.

Wir wollten endlich auf den Berg.

Es gab noch andere Faktoren, die dem ersten Team einen deutlichen Vorteil geben würden. Die Sauerstoff- und Lebensmittelvorräte befanden sich in Lager Fünf und Sechs. Sie waren sorgfältig nach Anzahl der Tage und Mitglieder der Gipfelmannschaften berechnet worden. Was, wenn es zu einer Verzögerung wegen schlechter Wetterverhältnisse kommen würde und die erste Mannschaft gezwungen wäre, die Vorräte aufzubrauchen, die eigentlich für die zweite Mannschaft bereitlagen? Simon hatte uns versichert, daß er in diesem Fall ganz einfach wieder neue Vorräte in die Lager bringen lassen würde, doch wenn man bedenkt, was für eine Arbeit es ist, die schweren Sauerstoffzylinder in die Hochlager zu transportieren, konnte man nicht umhin, sich zu fragen, ob der kostbare Sauerstoff zur rechten Zeit am rechten Ort sein würde.

Al wies uns auf einen weiteren Nachteil für das zweite Team hin, sollte das erste aufgehalten werden. In Lager Fünf und Sechs waren die zur Verfügung stehenden Zeltplätze Mangelware: Es gab nur zwei Quasar-Zelte, gerade mal Platz für vier, zur Not fünf Leute. Die zweite Gruppe könnte sich bereits im Aufstieg befinden, um dann zu entdecken, daß die absteigenden Kletterer unerwarteterweise immer noch Lager Fünf besetzten. Dadurch würde dann ein Engpaß entstehen, und das aufsteigende Team wäre gezwungen, seinen Gipfelversuch abzubrechen. Al hatte genau das bei seiner zweiten Everest-Expedition erlebt. So war sein Gipfelversuch gescheitert.

Ein medizinischer Notfall oder ein Unfall könnten ebenfalls die Chancen des zweiten Teams zunichte machen, wenn es nämlich gezwungen wäre, eine Rettungsaktion für die Mitglieder des ersten Teams zu starten. Alle Vorteile schienen auf der Seite des ersten Teams zu liegen, doch ein Faktor, der mehr Gewicht als alle anderen hatte, konnte jeden einzelnen dieser Vorteile mit einem Schlage auslöschen: das Wetter.

»Es ist so ziemlich scheißegal, welches Team zuerst geht«, sprach Al, ganz die Stimme der Weisheit. »Wenn das Wetter nicht mitspielt, kommt niemand rauf. Das zweite Team hat genauso gute Chancen, das richtige Wetterfenster vorzufinden, wie das erste. Man muß nur Glück haben.«

Das Wetterfenster. Dieser kostbare, zerbrechliche, flüchtige Augenblick, der zwischen Gelingen und Nichtgelingen einer Expedition entscheidet. Mehr noch als Sauerstoff, Nahrung und Zeltplatz würde das Wetterfenster darüber entscheiden, wer – wenn überhaupt einer – von uns es zum Dach der Welt schaffen würde.

Wir brauchten dieses Fenster, doch wir hatten auch Angst

davor. Ein Wetterfenster konnte sich leicht als Wetterfalle herausstellen. Wir hatten alle voller Ehrfurcht gesehen, wie unglaublich schnell die Wetterlage am Everest umschlagen kann. An einem klaren Tag mit strahlend blauem Himmel passiert es nur allzu häufig, daß sich in weniger als einer Stunde ein heftiger Schneesturm zusammenbraut. Das Wetterfenster kann sich so schnell schließen, wie es sich geöffnet hat, und wenn es sich schließt, wird der Schlüssel im Schloß nicht einmal, sondern fünfmal gedreht.

Diese Trumpfkarte, die der Berg jederzeit aus seinem Ärmel schütteln kann, läßt einen demütig werden. Sie ist auch der Grund, warum niemand, selbst der beste Bergsteiger nicht, sich seines Erfolges sicher sein kann. Man kann versuchen, die Bedingungen für den Gipfelvorstoß nach bestem Wissen und Gewissen abzuschätzen, doch letztendlich entscheidet das Schicksal über Erfolg oder Mißerfolg.

Ein zweiter Gipfelversuch stand so gut wie außer Diskussion. Uns allen war bewußt, daß die Erholungspause, die man nach einem erfolglosen Aufstieg auf 8.000 Meter Höhe einlegen muß, unseren Zeitrahmen von zehn Wochen hoffnungslos sprengen würde. Wir gingen davon aus, daß wir nur eine einzige Chance bekämen. Wenn wir die verspielten, dann war es das gewesen.

Endlich teilte uns Simon seine Entscheidung mit. Er ging durchs ganze Lager, um sie jedem einzelnen in dessen Zelt mitzuteilen (etwas zynisch deutete ich sein Vorgehen als einen taktischen Zug, mit dem er eventuelle Proteste im Keim ersticken wollte, die sicher laut geworden wären, hätte er uns alle zusammengetrommelt).

Brian, Barney, Al, Kees und ich würden das erste Team sein und in zwei Tagen aufbrechen. Simon, Sundeep, Tore und Roger würden drei Tage später aufbrechen. Um die Teams zu unterscheiden, nannten wir sie »A-Team« und »B-Team«.

Niemand protestierte, doch besonders Tore war frustriert, daß er noch mehr Zeit im Basislager verbringen mußte. Er litt wahrscheinlich mehr als wir anderen unter diesen nutzlosen Tagen, in denen wir nur herumhingen. Sundeep und Roger nahmen die Entscheidung recht gut auf, doch es fiel auch ihnen schwer, sich damit abzufinden, daß sie im Basislager herumsitzen würden, während das A-Team bereits auf dem Berg war.

Zwar wurde die Vermutung, daß Simons Entscheidung teilweise aus politischen Gründen gefällt worden war, nicht laut geäußert, doch sie lag in der Luft. Wenn es Brian gelingen würde, den Gipfel zu erreichen, wäre das besser als die beste Werbekampagne für Himalayan Kingdoms. Abgesehen von unserem Film würde Brian, der als Schauspieler recht bekannt war, dafür sorgen, daß die Expedition in Zeitschriften und im Fernsehen Erwähnung fände.

War das der Grund, warum Brian und unsere Filmcrew das Rennen gemacht hatten? Um uns die beste Chance mit allen zur Verfügung stehenden Mitteln zu geben? Die Frage wurde nie offen ausgesprochen, doch die meisten, und besonders das B-Team, glaubten, daß es zumindest möglich wäre.

Brian war so optimistisch und gelassen wie immer. Genau wie Al hatte auch er sich auf die langen Tage des Wartens im Basislager eingestellt. Im Gegensatz zu uns anderen ließ er sich nicht durch die Warterei frustrieren. Er akzeptierte die Ruhephase als das, was sie war – ein unvermeidlicher Teil der Expedition.

»Wir besteigen den Berg«, sagte er zu mir, »selbst wenn wir hier herumsitzen. Wir sammeln unsere Kräfte, bereiten uns vor. Einen guten Tag hier unten zu verbringen ist so wichtig, wie einen guten Tag da oben zu haben – alles hilft. Es ist sinnlos aufzubrechen, wenn wir uns nicht sicher sind, daß alles paßt.«

Sprach's und verschwand – ein Muster an Ruhe und Gelassenheit – in das Himalaya-Hotel-Kuppelzelt, um sich bei klassischer Musik und einem Buch zu entspannen. Und das Ganze war nicht nur Show. Brian war wirklich in der Lage, sich in dieser Situation zu entspannen. Ich bewunderte die Willensstärke und Reife, die daraus sprachen. Er verstand voll und ganz, wie wichtig dieses »Wartespiel« war. Es gelang ihm, den Druck einfach abzuschütteln, während wir anderen uns darunter krümmten. Vielleicht hatte er das in den langen Jahren seiner Schauspielerlaufbahn gelernt, wo es überlebenswichtig ist, sein Lampenfieber unter Kontrolle zu bringen.

Die Wartezeit im Basislager war gerade zur Hälfte um, als das Gerücht umging, Richard, der Journalist der *Financial Times*, sei wieder da und werde zur Expedition stoßen. Es ging vom indischen Team aus, das in täglichem Funkkontakt zu Katmandu stand und die Neuigkeit von Richards Rückkehr über die dortige indische Botschaft empfangen hatte.

Simon funkte eine sehr deutliche Nachricht zurück, in der er Richard unumwunden erklärte, daß er in keinem Fall wieder in die Expedition aufgenommen werde und deswegen dem Basislager fernbleiben solle. Nachdem Richard das Team verlassen hatte, hatte Simon seinen Versorgungsplan auf ein Mitglied weniger eingestellt, was bedeutete, daß in den Hochlagern weder Nahrung noch Sauerstoff für Richard bereitstand. Es war zu spät, um daran etwas zu ändern. Simons Nachricht blieb unbeantwortet.

»Hallo, Jungs!« Drei Tage später schlenderte Richard ins Lager, nachdem er von Katmandu über das Tibetische Plateau getrampt war.

»Ich habe extra eine Funknachricht nach Katmandu durchgegeben, in der ich dir mitgeteilt habe, daß du wegbleiben sollst!« erklärte ihm Simon mit eisigem Gesichtsausdruck.

»Dein verdammtes Zelt kriegst du nicht zurück!« warf Brian dazwischen.

Der Empfang hätte kaum herzlicher sein können!

Dieses Verhaltensmuster, wo ein Mitglied aus einer Gruppe ausgeschlossen wurde, hatte ich bereits auf anderen Expeditionen beobachten können, und Richard mußte es jetzt in seiner häßlichsten Form erleben. Wenn ein Mitglied seine Expedition verläßt, kommt es zu einer Umgewichtung innerhalb der Gruppe. Wenn derjenige dann versucht, sich unerwartet wieder in die Gruppe einzufügen, wird er ausgestoßen und geschnitten, egal, wie beliebt er vorher war.

Richard wurde nur gestattet, bis zum vorgeschobenen Basislager mitzukommen, doch er beschloß, trotzdem beim Team zu bleiben, um seine beruflichen Verpflichtungen gegenüber seiner Zeitung zu erfüllen. Aufgrund seiner beeindruckenden Professionalität war er einer der wenigen Reporter, die sich vor Ort befanden, als der verheerende Schneesturm ein paar Tage später das Gebiet heimsuchte, so daß er darüber berichten konnte.

Da ich wußte, daß wir in Kürze aufbrechen würden, ließ ich ein paar Briefe in Sundeeps Obhut. In den letzten Wochen war mir klargeworden, daß bei unserem Gipfelvorstoß nichts selbstverständlich sein würde. Etwas so »Alltägliches« wie eine Lawine könnte unserem Leben ein Ende setzen. Ich hatte ein paar Abschiedsbriefe geschrieben, die ich Sundeep nun überreichte.

»Könntest du die für mich einwerfen, falls ich nicht zurückkomme?« fragte ich ihn.

Er blickte verwundert auf den Stapel. »Natürlich.«

Andere empfanden das wohl als seltsam, doch mir war wohler, mit dem Wissen zum Gipfel aufzubrechen, daß die

Menschen, die ich liebte, meine Briefe erhalten würden, sollte etwas Unvorhergesehenes geschehen. Für mich wäre es das Schlimmste, sterben zu müssen, ohne mich verabschiedet zu haben.

»He, Matt«, rief Sundeep hinter mir her, als ich auf mein Zelt zuging, um weiterzupacken, »ich hoffe, daß ich die nie losschicken muß.«

»Ich auch.«

Mit nachdenklicher Miene kehrte er in sein Zelt zurück, um die Briefe an einem sicheren Platz zu verstauen.

Am 8. Mai, nach einem ungemütlichen Fototermin, bei dem das A- und das B-Team einzeln und gemeinsam posierten, auf den Lippen der Teilnehmer ein gezwungenes Lächeln, winkte das B-Team uns aus dem Basislager hinterher, als wir zum Gipfel aufbrachen. Ich verabscheue Gruppenfotos. Besonders bei diesem reagierte ich abergläubisch, ohne so recht zu wissen, warum. Ich spürte, daß auch der Rest des Teams nur sehr widerwillig mitmachte. Vielleicht, weil eine Gruppenaufnahme einer dieser Momente ist – genauso wie der Augenblick, als ich mit Schmetterlingen im Bauch zum ersten Mal unsere Namen auf der Besteigungsgenehmigung las –, in denen einem die eigene Verletzlichkeit bewußt wird.

Die Namen auf der Liste, die vertrauensvollen Reihen lächelnder Gesichter, die auf einem im Basislager aufgenommenen Foto eingefangen werden – wie leicht kann der Berg sie auslöschen. Und wie häufig passiert das auch! Gruppenfotos verwandeln sich nur zu oft zu Nachrufbildern, die in der Chronik des Himalaja-Bergsteigens auftauchen, und in nicht einem dieser lächelnden Gesichter gibt es das leiseste Anzeichen dafür, daß den Betreffenden bewußt war, welches Schicksal sie ereilen würde.

Barney haßte diese Fotos am meisten. Er wollte sein Gesicht nicht zeigen, sondern schob seine Sonnenbrille auf die

Krempe des Sonnenhutes und zog diesen so tief ins Gesicht, daß seine Augen verdeckt waren. Damals fand ich sein Verhalten kindisch, doch später erkannte ich, daß er wahrscheinlich das gleiche fühlte wie ich, nur eben stärker.

Auch Al waren die Gruppenfotos nicht geheuer. Er hat eine Sammlung ähnlicher Expeditionsfotos, aus denen ihn die Gesichter der Toten anlächeln. Doch er stand in Habacht-Stellung mit uns anderen in Reih und Glied, während zwei Mitglieder des norwegischen Teams die Fotos schossen.

Unser dritter Aufstieg über den östlichen Rongbuk-Gletscher war ein komplett anderes Erlebnis als die ersten beiden, denn diesmal floß in dem Bewußtsein, daß es sich jetzt nicht mehr um eine bloße Übung handelte, reichlich Adrenalin durch unsere Adern. Die Freude, endlich von den Einschränkungen des Basislagers befreit zu sein, wirkte wie ein Schleudersitz: Ich hatte fast das Gefühl, auf Meeresniveau zu wandern; mein Geist war klar und ungetrübt.

Nach unserem Erkundungsausflug zum Nordsattel in eine Höhe von 7.000 Metern wurde unser Körper mit diesen relativ niedrigen Höhen spielend fertig. Im Vergleich zur dünnen Luft oben am Sattel schien die Luft des östlichen Rongbuk mit seinen 6.000 bis 6.500 Metern Höhe dick und sauerstoffreich. Vor einem Monat hatten wir unseren ersten, sechzehn Kilometer langen Ausflug japsend und keuchend zurückgelegt, bei dem wir drei Tage gebraucht hatten, um das vorgeschobene Basislager zu erreichen. Diesmal waren wir wesentlich schneller und schafften es in nur zwei Tagen.

Zwar gab es keinen Yak-Verkehr auf dem Gletscher, doch es fanden sich andere Ablenkungen. Auf dem unteren Rongbuk erhaschten wir Blicke auf die scheuen tibetischen Hirsche, die an den spärlichen Grünstellen herumzupften. Durch unsere Anwesenheit gestört, brachten sie sich auf höherem Gebiet in Sicherheit. Unter ihren Hufen bewegte sich kein einziger Stein, während sie über das unsichere Gelände des Geröllfelds sprangen. Auf dem östlichen Rongbuk sahen wir keine Säugetiere, lediglich ein paar widerstandsfähige Vögel, die mit dem wärmeren Wetter gekommen waren und in den Überresten des Yak-Dungs nach Samen und Spreu pickten.

Wir sahen auch das tibetische Schneehuhn, einen entengroßen Vogel, der ähnlich aussieht wie ein Fasan. Sein Ruf ist ein merkwürdig gackernder Ton. Barney erzählte uns die Geschichte von einem deutschen Bergsteiger, der ein paar Jahre zuvor einen dieser Vögel geschossen und verzehrt hatte. Nur kurze Zeit später starb er in einem reißenden Schmelzwasserfluß, den er gerade zu überqueren versuchte. Wir machten einen weiten Bogen um die Vögel.

Rund um uns konnten wir auf dem Gletscher die Auswirkungen der Frühlingsschmelze sehen. Schlammige Wasserströme flossen mit rasender Geschwindigkeit über die Moräne. Sie gruben sich ihr kurviges Bett durch den Schotter und legten das milchig weiße Eis darunter frei. Wir mußten uns ziemlich anstrengen, daß unsere Schuhe nicht naß wurden. Streckenweise konnten wir das reißende Wasser nur über ein paar strategisch plazierte Felsbrocken überqueren.

An einigen Stellen verschwanden die Ströme in Löchern und flossen unterirdisch weiter, irgendwo in den Tiefen des Gletschers. Diese unterirdischen Flüsse hörten wir bisweilen als Gerumpel unter unseren Füßen, ähnlich dem Geräusch einer U-Bahn, die unter einer Straße durchfährt. Ich blickte in eines dieser Löcher, wo das Wasser in ein vollkommen rundes Loch blankpolierten blauen Eises strömte, in dem ein kleineres Auto mühelos Platz gefunden hätte. Mich überkam die selbstmörderische Versuchung hineinzuspringen. Ich fragte mich, wie es wohl wäre, dort hineinzufallen und sich unter dem Eis auf eine kleine Spritztour im reißenden Wasser zu begeben. Wahrscheinlich würde man ähnlich wie eine Spinne enden, die das Klo runtergespült wird – nur wäre es ein wenig kälter.

Die wärmeren Frühlingstage hatten noch eine weitere Veränderung bewirkt: Die steilen Talhänge längs des Gletschers waren rutschiger geworden. Felsbrocken, die während des Winters fest am Boden angefroren waren, lösten sich jetzt mit der Schmelze, und es war nur eine Frage der Zeit, bis sie auf den Gletscher hinunterfielen. Das geräuschvolle Poltern fallender Steine hallte durch die Täler, besonders auf den unteren Abschnitten des östlichen Rongbuk, wo die Talhänge steiler waren und das Gestein lockerer saß.

Bei zwei oder drei Gelegenheiten wurden wir um Haaresbreite von fallenden Felsbrocken getroffen. Brian, der am ungünstigsten stand, konnte sich nur mit Müh und Not aus der Schußlinie retten, als zwei Trümmer direkt vor ihm einschlugen.

»Das war knapp«, bemerkte ich.

»Als ob man durch ein verfluchtes Sperrfeuer läuft!«

Zwei Abschnitte der Route waren nicht wiederzuerkennen, so hatten sie sich verändert. Das zeigte uns erneut, wie instabil das rutschige Gelände hier war. Ein gefrorener See von der Größe eines Tennisplatzes war komplett verschwunden und der Boden ringsum eingestürzt. Zurückgeblieben war ein zwanzig Meter tiefes Loch, das wir jetzt zum ersten Mal sahen. Wir schlossen daraus, daß eine größere unterirdische Höhle eingestürzt und so den See und viele Tausend Tonnen Moräne geschluckt haben mußte. Der ausgetretene Pfad verlief beim letzten Mal noch geradewegs über den jetzt eingestürzten Bereich und war nun verschwunden. Wir mußten einen anderen Weg über steileres Terrain nehmen, um auf der anderen Seite wieder festen Boden zu erreichen.

Die zweite Veränderung, die es seit unserem letzten Besuch im vorgeschobenen Basislager an der Oberfläche des Gletschers gegeben hatte, war ein riesiger Steinschlag, der von der Talwand auf das Eis niedergegangen war. Das war ebenso beeindruckend wie der eingestürzte See. Tausende neue Felsbrocken türmten sich in einem chaotischen Haufen, viele von ihnen zerborsten und eingekerbt von der Wucht, mit der sie aufgeschlagen waren. Vorsichtig überquerten wir den Abschnitt, sprangen von einem schaukelnden Felsbrocken zum nächsten, wobei wir jeden einzelnen überprüften, bevor wir unser Gewicht darauf verlagerten. Es wäre unmöglich, einem solch massiven Steinschlag auszuweichen.

Nach einer Nacht neben dem indischen Lager – auf halber Höhe des Rongbuk – erreichten wir inmitten eines leichten Schneegestöbers am Nachmittag des 9. Mai das vorgeschobene Basislager. Den ganzen Tag über hatte der Wind an Stärke zugenommen, und nun blies er mit vier bis fünf Windstärken – heftig genug, um mich daran zweifeln zu lassen, daß wir am nächsten Morgen weitergehen konnten.

»Wie stehen deiner Meinung nach die Chancen, daß das Wetter bis morgen aufklart?« fragte ich Al.

»Nicht gut. So wie es aussieht, können wir uns auf ein paar Tage schlechten Wetters einstellen«, antwortete er.

»Wir müssen bis morgen nach dem Aufwachen warten und dann sehen, wie die Lage ist«, sagte Barney, »aber ich muß sagen, allzu gut sieht es nicht aus.«

Obwohl keiner von uns ernsthaft daran glaubte, daß wir am nächsten Tag aufbrechen konnten, gingen wir doch die ganze Route durch, als ob wir uns auf den Gipfelvorstoß vorbereiteten. Kees und ich checkten unsere Ausrüstungsfässer, hakten jeden Gegenstand auf unserer Liste ab und packten die Rucksäcke für den Aufbruch im Morgengrauen.

Bei Einbruch der Dunkelheit verkündete ein Funkruf von der Südseite des Berges den ersten Todesfall der Saison: Chen Yu-Nan, ein Mitglied des taiwanesischen Teams, hatte sein Zelt in Lager Drei auf der Lhotse-Flanke verlassen, um seine Notdurft zu verrichten, dazu aber seine Plastiküberstiefel und Steigeisen nicht angezogen. Mit seinen rutschigen Innenstiefeln war er auf dem Steileis ausgerutscht und siebzig Meter tief in eine Gletscherspalte gestürzt. Er wurde von Sherpas herausgezogen, erlag allerdings kurze Zeit darauf seinen Verletzungen.

Der taiwanesische Expeditionsleiter, ›Makalu‹ Gau, befand sich auf dem Südsattel, als der Funkspruch von IMAX-Teamleiter David Breashears, der sich in Lager Zwei befand, durchkam und ihm mitteilte, daß Chen tot war.

»Okay. Danke für die Information«, lautete die kurz angebundene Antwort des taiwanesischen Leiters, an der Breashears schwer zu schlucken hatte. Er war gerade erst zum Fuß der Lhotse-Flanke hochgerast, um zu versuchen, Chens Leben zu retten, und hatte dann die entsetzliche Aufgabe übernommen, dessen Leiche nach unten zu transportieren. Gau unterrichtete Breashears und die Mitglieder von Adventure Consultants und Mountain Madness (die sich ebenfalls auf dem Sattel befanden und in ein paar Stunden zum Gipfel aufbrechen wollten), daß die Nachricht ihn nicht von seinem Plan abhalten würde, einen Gipfelvorstoß zu wagen.

Die versammelten Bergsteiger – über dreißig – verkrochen sich in ihre Schlafsäcke, um sich ein paar Stunden unruhig darin hin- und herzuwälzen, bevor sie um Mitternacht aufbrechen würden.

Das Geräusch von Kees, der den Reißverschluß des Zelteingangs öffnete, weckte mich am Morgen des 10. Mai um halb sieben. Es war ein kristallklarer Morgen, und der Berg erstrahlte bereits in so grellem Licht, daß ich meine Gletscherbrille aufsetzen mußte.

»Sieht perfekt aus«, sagte Kees.

Ich schnürte meine Stiefel und ging über den Gletscher zu Al und Barney, die sich unterhielten.

»Wie lautet das Urteil?« fragte ich sie.

»Wir sind nicht sehr glücklich mit der Situation«, erwiderte Al.

»Was?« Ich wollte meinen Ohren nicht trauen. »Das ist einer der schönsten Morgen, die wir bislang erlebt haben. Worauf warten wir?«

»Siehst du die Wolken da oben?« Barney zeigte Richtung Norden, wo ein milchiger Dunst die obere Atmosphäre verdeckte. »Das ganze System ist instabil.«

»Wir bleiben heute hier und warten ab, wie es sich entwickelt,« sagte Al. »Es ist sinnlos, weiter aufzusteigen, wenn das Wetter morgen oder übermorgen umschlägt. Wir würden uns nur für nichts und wieder nichts abschinden.«

Ich blickte zum Sattel hinüber, wo sich mehrere Kletterer bereits über das Eis nach oben kämpften.

»Und was ist mit denen? Die scheinen keine Bedenken zu haben.«

Al und Barney zuckten mit den Schultern, und das war das Ende der Unterhaltung. Resigniert, weil wir einen weiteren Tag im vorgeschobenen Basislager verbringen mußten, trotteten wir hinüber zum Speisezelt, um einen Teller mit Tschapati und Marmelade hinunterzuwürgen.

Im Laufe des Tages nahm meine Frustration zu. Die Sonne brannte heiß auf uns herunter, so daß die Zelte innen unerträglich schwül wurden. Zum ersten Mal während dieser Expedition mußten wir die Schlafsäcke auf das Dach der Zelte legen, damit das Innere abkühlen konnte. Ich haßte das vorgeschobene Basislager schon seit unseren ersten beiden mühsamen Abstechern hierher, und jetzt stand zu befürchten, daß wir hier weit mehr Zeit verbringen würden als ursprünglich geplant. Da ich mich nicht aufs Lesen konzentrieren konnte, setzte ich mich vor das Zelt und warf Steine in den gähnenden Spalt einer engen Gletscherspalte.

»Geduld, Matt.« Brian konnte meine wachsende Ungeduld spüren. »Es gibt immer ein Wetterfenster. Wir werden vier oder fünf perfekte Tage bekommen. Wenn nicht jetzt, dann später. Vielleicht müssen wir bis Ende Mai warten. Aber wenn Barney und Al der Meinung sind, daß wir es besser nicht wagen, dann bleiben wir hier. So lauten die Spielregeln.«

Im Gegensatz zu mir war das indische Team in den Zelten neben unseren vor lauter Aufregung ganz aus dem Häuschen. Ihre Spitzenkletterer wollten an diesem Tag den Gipfel erklimmen – der erste Versuch von der Nordseite, seit die Saison vor sechs Wochen begonnen hatte. Den ganzen Morgen standen sie vor ihrem grünen Armeezelt versammelt, die Funkgeräte in der Hand, und verfolgten das Vorankommen ihrer Mannschaft mit Ferngläsern. Mohindor Singh, ihr Führer, stach am meisten heraus: Mit seiner verspiegelten Sonnenbrille und seinem tiefroten Turban überragte er die anderen Mitglieder um einen ganzen Kopf.

Vor dem Mittagessen ging ich zu den Indern hinüber. »Wie steht's?« fragte ich einen von Singhs Stellvertretern.

»Sechs Bergsteiger nähern sich gerade dem Grat. Wir warten mit angehaltenem Atem!« erwiderte er. »Drück uns die Daumen!«

Es war aufregend zu wissen, daß die Inder so hoch oben waren. Wir hatten mit vielen Mitgliedern ihres Teams Freundschaft geschlossen, hauptsächlich durch Sundeeps Bemühungen, der ihnen schon allein deswegen nähergekommen war, weil er fließend Hindi und Pandschab sprach.

Die Inder hatten mich mit ihrer Aufregung angesteckt, und eine der beiden Frauen des Teams brachte mir eine Tasse Tee, an der ich nippte, während wir durch die winzigen Ferngläser blinzelten und versuchten, die Bergsteiger auszumachen, was uns allerdings nicht mehr gelang.

Die Inder hatten das Lager erst um 8 Uhr verlassen – für einen Aufstieg, wie selbst ich wußte, beunruhigend spät. Doch nach außen hin gab es keine Anzeichen von Sorge im indischen Team, nur eine überwältigende Erwartungshaltung, daß der Tag vielleicht einen großen Triumph bringen würde.

Am späten Nachmittag verschlechterte sich das Wetter und mit ihm die Erfolgsaussichten für die Inder. Vom Nordgrat wehten große Mengen feiner Schneepartikelchen herunter, und die Gipfelfahne war nur noch undeutlich als Kondensstreifen wahrzunehmen, der bedrohlich hinter dem Gipfel im Wind wehte. Um 16 Uhr hatten drei Mitglieder der indischen Gipfelmannschaft beschlossen, zu Lager Sechs zurückzukehren. Drei weitere kämpften sich im zunehmend schlechter werdenden Wetter weiter nach oben.

Brian steckte seinen Kopf aus dem Zelt heraus. »Um nichts in der Welt wollte ich jetzt da oben sein«, sagte er. Ich konnte ihm nur zustimmen. Auch ich war heilfroh, daß wir im Lager geblieben waren.

Plötzlich, praktisch ohne Vorwarnung, nahm der Wind an Geschwindigkeit zu. Gleichzeitig verschwand der Gipfel hinter einer brodelnden Wolkenmasse, und über dem Nordgrat brach ein heftiger Schneesturm los. Weniger als dreißig Sekunden später rannten wir im Eilschritt in den Schutz unserer Zelte, als die ersten heftigen Orkanböen vom Sattel den Gletscher runterpeitschten, die *puja*-Fahnen aus den Steinpyramiden rissen und lose Schachteln und Müll hoch durch die Luft wirbelten.

Ich erreichte das Zelt nur Sekunden nach Kees, und wir verbrachten die nächste Viertelstunde damit, die gefrorenen Schneeflocken, die mit uns ins Zelt geweht waren, wieder rauszuschaufeln.

Die Temperatur war um fast zwanzig Grad gefallen, und das in etwa ebenso vielen Minuten.

Als der Wind an Heftigkeit zunahm, wurde uns klar, daß dieser Sturm keinem von denen glich, die wir in den letzten Wochen unserer Expedition erlebt hatten. Der blinde Zorn des Everest wütete über uns, mit einem Schneesturm, der heftig genug war, um einen Bergsteiger aus seinen Schuhen zu heben und ihn wie ein Stück Papier vom Berg zu pusten.

An den meisten Nachmittagen, die wir oberhalb von Lager Zwei verbracht hatten, war es zu einer Verschlechterung der Wetterverhältnisse gekommen, mit starken, böigen Windstößen und massivem Schneefall, doch das hier war etwas anderes, etwas viel Tödlicheres. Windgeschwindigkeiten von über 160 Stundenkilometern sind bei solchen Stürmen keine Seltenheit auf dem Everest, und gegen 17 Uhr wurde der Schnee mit einer solchen Geschwindigkeit horizontal durch die Luft getrieben, daß er die Haut blutig peitschte, wo sie nicht durch Kleidung geschützt war.

So schnell sich der Schnee um die Zelte türmte, so schnell wurde er vom Wind wieder fortgetragen. Es war, als ob er den ganzen Berg blitzblank schrubben wollte. Die frische Schneedecke, die sich auf dem Everest während der letzten paar Tage angesammelt hatte – Millionen Tonnen Schnee –, wurde nun durch die Luft gewirbelt, und zwar von Naturgewalten, die wesentlich stärker waren als die, welche den Schnee auf den Berg getragen hatten. Der Schnee wurde in der Luft zu Eiskörnern, die unablässig mit dumpfem Trommeln gegen die gespannten Nylonwände der Zelte schlugen – ein lähmendes weißes Rauschen wie ein elektrisches Knistern.

Wir wußten, daß wir versuchen sollten, das Ganze zu filmen, um die dramatischen Wetterbedingungen am Everest zu veranschaulichen, doch wie sollten wir das anstellen, ohne dabei die Kameras zu beschädigen? Das digitale System ist, wie jedes Videosystem, sehr anfällig gegenüber extremer Kälte und Nässe. Uns blieben also nur die beiden Kameras, die wir bei unserem Gipfelversuch einsetzen wollten.

Kameramann Kees, der auf jedes technische Problem eine Antwort parat hatte, kam auf eine sehr einfache Lösung: Er zerriß eine Plastikmülltüte und wickelte die Kamera fest darin ein. Das Ganze verschloß er hermetisch mit einem breiten Klebeband.

»Glaubst du, das funktioniert?« fragte ich ihn.

»Entweder so oder gar nicht.« Er zuckte mit den Schultern.

Wir zogen uns mehrere Schichten mit GoreTex-Kleidung über und gingen dann in den Sturm hinaus, um zu filmen. Mit den Skibrillen, die uns vor den Schneegeschossen schützen sollten, ließ das erste Problem nicht lange auf sich warten: Die kondensierte, wärmere Luft des Zeltes fror innen an den Brillengläsern an, wodurch wir alles nur noch durch einen eisigen Dunstschleier wahrnahmen. Wenn wir aber die Brillen abgesetzt hätten, wären wir Gefahr gelaufen, unsere Augen im Schneegestöber zu verletzen.

Es gab nicht viel zu sehen oder zu filmen. Überall heftigstes Schneegestöber, selbst unser Speisezelt, das sich in etwa zehn Metern Entfernung befand, war fast nicht zu sehen. Ich versuchte, ein paar Fotos mit meiner Nikon zu schießen, doch nach einem einzigen Bild fiel der automatische LED-Verschlußzeiteinsteller aus. Die Batterien waren von den eisigen Temperaturen außer Gefecht gesetzt worden.

Brian kam aus seinem Zelt und rief zu uns herüber: »Habt ihr was von den Indern gehört?«

»Nichts.«

Im indischen Lager hatte eine fürchterliche Stille eingesetzt, als der Sturm losgebrochen war. Sie saßen im Zelt ihres Bergführers, um das Funkgerät versammelt, und hofften allen Anzeichen zum Trotz, daß ihre Teammitglieder so viel Verstand gehabt hatten, sich rechtzeitig auf den Rückmarsch zu Lager Sechs zu machen.

Brian stolperte in Richtung des indischen Lagers. Das leuchtende Blau und Rot seiner wetterfesten Kleidung verschwand rasch im weißen Schneegestöber. Ich war versucht, ihm zu folgen, doch mir war klar, daß die Inder unsere Kamera in diesem schweren Augenblick nicht willkommen heißen würden, wo drei ihrer Bergsteiger in einem Kampf auf Leben und Tod hoch oben in der Todeszone feststeckten.

Meine Finger, die ich in drei Paar wärmedämmende Handschuhe gepackt hatte, begannen einzufrieren. Meinen Zehen erging es nicht besser. Kees, der nur ein einziges Paar Handschuhe hatte überziehen können, um die Kamera zu bedienen, hatte kaum noch Gefühl in seinen Händen. Halb blind wegen der vereisten Skibrillen, nahmen wir ein paar Bilder von den windgebeutelten Zelten und dem wüsten Schneetreiben auf, bevor das Objektiv ebenfalls zueiste. Wir krochen zurück in unser Zelt, um uns aufzuwärmen. Uns blieb nichts anderes übrig, als auf Neuigkeiten zu warten und zu hoffen, daß nicht nur die Inder es zu Lager Sechs schaffen würden, sondern auch die Bergsteiger auf der anderen Seite des Berges unverletzt zurück zum Südsattel gelangten.

Am Morgen hatten wir unseren Aufbruch um einen Tag verschoben, weil Al und Barney ein ungutes Gefühl im Bauch hatten. Wenn wir uns, wie ursprünglich geplant, an den Aufstieg gemacht hätten, säßen wir nun in Lager Vier in diesem Schneesturm fest – eine weitaus gefährlichere Situation.

Da wir Zeuge des brutalen Schneegestöbers hier unten waren, stand es für uns außer Frage, daß jedes Team, das sich oberhalb von Lager Fünf befand, in tödlicher Gefahr schwebte. Selbst wenn sie es zu ihren Zelten zurück geschafft hatten, waren sie noch lange nicht in Sicherheit. Kein noch so gutes Zelt konnte Windstärken wie diesen lange widerstehen.

Dann, um 18 Uhr – der Wind wütete heftiger als je zuvor–, drangen gedämpft Rufe und Schreie durch den pfeifenden Wind, dazu ein metallisches Trommeln. Ich steckte meinen Kopf aus dem Zelteingang und sah mehrere Mitglieder des indischen Teams, die draußen vor ihren Zelten herumliefen. Zuerst dachte ich, sie riefen eine Warnung – vielleicht hatten sie von einer Lawine oder irgendeinem anderen Unglück gehört, oder sie wollten Lärm machen, damit jemand das Lager orten konnte.

Dann erkannte ich, daß sie vor Freude schrien.

»Sie sind auf dem Gipfel!« rief ein Teammitglied herüber. »Sie haben es geschafft! Drei Bergsteiger!«

»Spitze!« schrie ich zurück, bevor ich zurück ins Zelt kroch. Sowohl Kees als auch ich waren total verblüfft über diese Neuigkeiten.

»Großer Gott! Die sind weitergegangen! Warum, zum Teufel, sind sie nicht umgekehrt?«

Kees blickte auf seine Uhr. »Ich schätze, ihnen bleiben nur noch fünfundvierzig Minuten Tageslicht.«

Die Kühnheit der Inder überraschte uns wirklich. Sich in diesem Sturm bis zum Gipfel hochzukämpfen sprach von einem unglaublichen Wagemut, den man entweder als große Zuversicht in die eigenen Fähigkeiten oder aber als Blindheit auslegen konnte. Da wir die Fähigkeiten der betreffenden

Bergsteiger nicht kannten, konnten wir uns kein Urteil darüber erlauben, welche der beiden Hypothesen die wahrscheinlichere war.

Doch die wahre Bedeutung des Ganzen blieb selbst uns Neulingen nicht verborgen: Die drei Inder hatten einen sechs- bis zehnstündigen Abstieg entlang eines technisch anspruchsvollen Grates in einem fürchterlichen Sturm und in absoluter Dunkelheit vor sich.

Ein paar Stunden später kam jemand vom norwegischen Team rüber, um uns die letzten Neuigkeiten aus dem indischen Lager zu überbringen.

»Es sieht böse aus. Sie können keinen Funkkontakt zu den drei Bergsteigern herstellen. In Lager Sechs sind sie nicht angekommen.«

Wir wußten, was das bedeutete. Ohne Sauerstoff, erschöpft von ihrem Aufstieg, hatten die Inder nur wenig Aussichten, bei einer Sichtweite gleich Null den Weg die steile Nordflanke hinunter zu finden. Selbst mit Hilfe aus Lager Sechs war es unrealistisch, an eine Rettungsaktion auf dem Nordostgrat zu denken.

Sie hatten kaum Überlebenschancen in einer Nacht wie dieser, schutzlos dem Wüten des Sturmes ausgesetzt, vor allem auch deshalb, weil es an der Nordseite nur sehr wenige Stellen gibt, an denen man ein Schneeloch zum Biwakieren graben kann.

Die Bergsteiger, die sich in Lager Sechs befanden, konnten nicht mehr tun, als mit Taschenlampen in den Sturm hinaus zu leuchten in der schwachen Hoffnung, daß das den absteigenden Indern den Weg weisen würde.

In der Zwischenzeit gab es immer noch keine Neuigkeiten von der Südseite, wo das dortige Basislager – genau wie unseres auf der Nordseite – verzweifelt in Erfahrung zu bringen versuchte, wo sich die einzelnen Teams befanden. Der Funkverkehr auf dem Everest ist selbst bei optimalen Bedingungen höchst schwierig und unzuverlässig. Während der schweren atmosphärischen Störungen, die der Sturm verursachte, kam er fast vollständig zum Erliegen. Funkruf um Funkruf wurde ausgesandt, doch nur wenige Rückmeldungen kamen an.

Die ganze Nacht wütete der Sturm weiter. Erst in den frühen Morgenstunden ließ er ein wenig nach.

Wir wachten zu den denkbar schlechtesten Neuigkeiten auf: Die indischen Bergsteiger waren immer noch nicht zu Lager Sechs zurückgekehrt. Und noch schlimmere Nachrichten folgten: Auf der Südseite des Everest wurden über zehn Bergsteiger – Mitglieder von Rob Halls und Scott Fischers Team sowie der taiwanesische Solo-Kletterer ›Makalu‹ Gau –, irgendwo zwischen dem Südsattel und dem Gipfel vermißt. Am unglaublichsten waren die Neuigkeiten, daß Rob Hall und Scott Fischer in Schwierigkeiten steckten und nicht in ihre Hochlager zurückgekehrt waren. Nach einer ganzen Nacht in dem Sturm konnten sie sich nur in einer verzweifelten Lage befinden, mit schlimmen Erfrierungen – wenn sie überhaupt noch am Leben waren.

Die Nachricht, daß Rob Hall sich in Gefahr befand, wurde mit Ungläubigkeit und Betroffenheit aufgenommen. Hall war der beste, der ultimative Spieler dieses tödlichen Spiels! Welche Umstände hatten sein Leben in Gefahr gebracht? Viele der Bergsteiger, die sich in Lager Drei befanden, glaubten einfach nicht, daß an den Berichten etwas dran war.

Im Laufe des Tages hörte man hier und da einige Fetzen von Funkrufen, und das Ausmaß der Katastrophe kristallisierte sich erst nach und nach heraus. Sowohl die Lager auf der Südseite als auch die auf der Nordseite versuchten jetzt verzweifelt herauszufinden, wer noch am Leben war und wo sich die Überlebenden befanden. Rettungsversuche waren im Gespräch, doch Soforthilfe konnte nur von den oberen Hochlagern kommen, wo die überlebenden Bergsteiger selbst von ihrem Kampf gegen die Elemente vollkommen erschöpft in den Zelten lagen.

Wie hatte das alles passieren können?

7. Kapitel

Rob Halls Team war am 9. Mai um 23 Uhr 30 vom Südsattel zum Gipfel aufgebrochen. Es lag voll im Zeitplan, und die Wetterbedingungen waren gut, nachdem ein paar Stunden zuvor ein starker Wind endlich abgeflaut war. Um Mitternacht machte sich Scott Fischers Team auf den Weg und folgte den Steigeisenspuren von Robs Team über die Schulter der Südwestflanke auf den Südostgrat zu.

Beide Expeditionsleiter legten normalerweise eine Uhrzeit fest, zu der sie sich spätestens auf den Rückweg machen würden, egal, ob sie den Gipfel erreicht hatten oder nicht. Diese »goldene Regel« wurde normalerweise sowohl von Hall als auch von Fischer als heilig angesehen, doch diesmal, abweichend von ihrer üblichen Vorgehensweise, waren sie vom Sattel aufgebrochen, ohne daß sie ihren Kunden eine feste Umkehrzeit genannt hatten. Es war die Rede von 13 oder 14 Uhr, doch aus den späteren Berichten der Gipfelstürmer geht hervor, daß niemand sicher war, welche der beiden Umkehrzeiten eingehalten werden sollte.

Einer von Rob Halls amerikanischen Kunden, Doug Hansen, ein Postangestellter, wußte aus eigener Erfahrung, wie hart es war, sich an diese feste Umkehrzeit zu halten: Im Jahre 1995 hatte Rob Hall ihn nur hundert Meter vom Gipfel entfernt zur Umkehr gezwungen. Jetzt war Hansen wieder dabei, um sein Glück ein zweites Mal zu versuchen.

Um 4 Uhr morgens bildeten die Bergsteiger der beiden Teams, von denen jeder unterschiedlich schnell aufstieg, eine einzige, wirr gemischte Reihe. Dieses »Zusammenrotten« hatte einen unvermeidlichen Bremseffekt. Und viele der schnelleren Bergsteiger, die angewiesen worden waren, sich nicht von ihren Teams zu entfernen, befanden sich in der frustrierenden Situation, in den eisigen Temperaturen warten zu müssen, bis die übrigen Teammitglieder zu ihnen aufgeschlossen hatten.

Die erste ernsthafte Verzögerung fand in ungefähr 8.500 Metern Höhe statt, auf einem der Abschnitte, auf denen das Gelände so steil ist, daß man sich mit Fixseilen absichern muß. Der ursprüngliche Plan war laut dem Journalisten und Bergsteiger Jon Krakauer – wie er in seinem Buch *In eisige Höhen* erzählt –, daß zwei Sherpas, einer von Mountain Madness und einer von Adventure Consultants, gemeinsam die Strecken mit Fixseilen sichern sollten, bevor die beiden Teams aufstiegen. Dazu hätten sie Lager Vier mindestens eine Stunde vor den Teams verlassen müssen. Aus welchen Gründen auch immer war der Plan allerdings fehlgeschlagen. Die Fixseile waren nicht angebracht worden.

Am späten Morgen begannen sich Mitglieder beider Teams Sorgen wegen ihres langsamen Vorankommens zu machen. Von dem ständigen Warten in der Schlange durchgefroren und nach elf Stunden Aufstieg total erschöpft, beschlossen drei von Rob Halls Kunden – Stuart Hutchinson, Lou Kasischke und John Taske –, ihren Gipfelversuch abzubrechen. Sie stiegen ab, um zu Frank Fishbeck, der bereits einige Stunden zuvor zu Lager Vier umgekehrt war, und zu Beck Weathers aufzuschließen, der anhalten mußte, weil er Probleme mit seinen Augen hatte. Im Gegensatz zu Fishbeck war Weathers allerdings zu hoch oben gewesen, um aus eigener Kraft bis zum Lager zurückzukehren, und wartete nun etwas weiter unten am Hang, daß das Team ihn beim Abstieg nach unten begleitete. Hall ließ seine enttäuschten Kunden von zwei Sherpas, Kami und Lhakpa Chhiri, nach unten begleiten.

Zwar waren es jetzt sieben Bergsteiger weniger, doch immer noch fast dreißig Leute, einschließlich des taiwanesischen Teams, die sich nach oben kämpften. Mit einer so großen Gruppe waren weitere Verzögerungen vorprogrammiert, besonders, da die beiden anspruchsvollen Kletterabschnitte des Südostgrats (Südgipfel und Hillary Step) noch vor den Bergsteigern lagen.

Um 12 Uhr mittags waren die Bergführer Neal Beidleman, Anatoli Boukreev und Andy Harris immer noch damit beschäftigt, die Strecke zum Südgipfel mit Fixseilen zu sichern. Eine Stunde später kletterte Boukreev das steile Eisstück des Hillary Step hinauf und sicherte es. Die ersten Kletterer arbeiteten sich nun mühsam die Felsstufe hoch, um dann das letzte Stück über den Gipfelgrat zum Gipfel aufzusteigen.

Boukreev, der ausdauernde und zähe Bergführer aus Kasachstan, der im Gegensatz zu den anderen Bergführern keinen zusätzlichen Sauerstoff verwendete, erreichte um 13 Uhr 07 als erster den Gipfel. Jon Krakauer, der stärkste, schnellste und motivierteste aller zahlenden Kunden, kam zehn Minuten nach ihm an, um 13 Uhr 17. In den folgenden dreißig Minuten schafften es auch die Bergführer Andy Harris und Neal Beidleman, nach ihnen kamen Martin Adams und Klev Schoening – zwei von Scott Fischers Kunden.

Vom Gipfel aus sahen sie keinerlei Anzeichen für einen bevorstehenden Wetterumschwung. Ein paar Wolken waren in den tiefer gelegenen Tälern zu erkennen, aber nicht mehr, als es für einen Nachmittag im Himalaja üblich gewesen wäre.

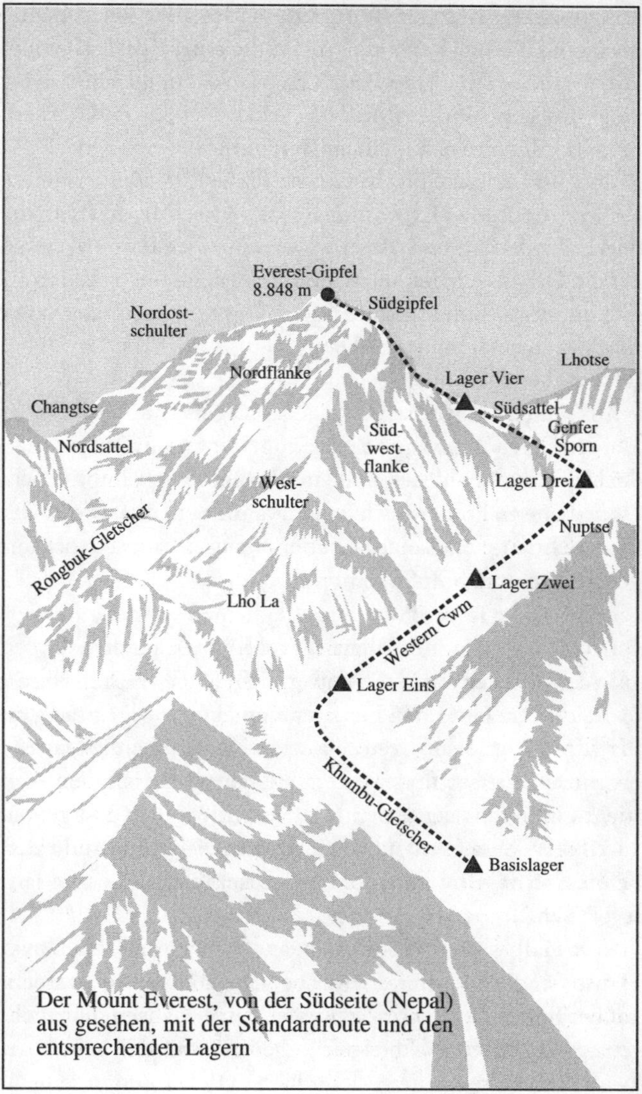

Der Mount Everest, von der Südseite (Nepal) aus gesehen, mit der Standardroute und den entsprechenden Lagern

Staus am Hillary Step führten zu weiteren Verzögerungen, doch um 14 Uhr 15 erreichten auch Lopsang Jangbu, Sandy Hill Pittman, Charlotte Fox, Tim Madsen und Lene Gammelgaard den Gipfel. Rob Hall, Mike Groom und Yasuko Namba folgten ihnen dicht auf den Fersen.

Rob funkte eine Nachricht an die Lagerleiterin Helen Wilton und die Expeditionsärztin Caroline Mackenzie durch, die dreitausend Meter weiter unten am Berg ängstlich auf ein Lebenszeichen warteten. »Rob teilte uns mit, daß er sich auf dem Gipfel befinde und daß es dort recht kalt sei«, erinnert sich Mackenzie. »Dann sagte er noch, daß er Doug [Hansen] hochkommen sehe.«

Aus seinen Worten schloß das Basislager-Team, daß Doug Hansen sich nur wenige Schritte vom Gipfel entfernt befand, doch das war nicht der Fall. In Wirklichkeit kämpfte sich Doug Hansen immer noch in der Nähe vom Hillary Step ab. Praktisch am Ende seiner Kräfte, zwang er sich Schritt für Schritt Richtung Gipfel weiter.

Um 13 Uhr 15 beschloß Neal Beidleman – der Bergführer von Mountain Madness, der mit drei Kunden auf dem Gipfel auf Scott Fischer wartete –, daß er nicht länger warten konnte. Beidleman hatte kein Funkgerät und konnte den Standort Fischers nicht lokalisieren. Da seine Kunden bereits Anzeichen von Sauerstoffmangel zeigten, begann er mit dem Abstieg. Fischer erreichte den Gipfel auch wirklich erst gegen 15 Uhr 40. Sein Zustand war besorgniserregend – und der Schneesturm stand kurz vor dem Ausbruch. Er machte fast sofort kehrt.

Rob Hall wartete bis 16 Uhr auf dem Gipfel, als Doug Hansen endlich eintraf. Er war beinahe anderthalb Stunden auf der Spitze des Everest gewesen, bevor Hansen mühevoll seinen Weg bis zum Gipfel zurückgelegt hatte, den er im Jahr zuvor um Haaresbreite verfehlt hatte. Ob Hansen in seinem verwirrten Zustand überhaupt noch in der Lage war zu erkennen, wo er sich befand, oder ob sich so etwas wie Euphorie bei ihm einstellte, wird man nie erfahren, denn in dem Moment, in dem er den Gipfel erreichte, drehte Hall ihn schon auf dem Absatz um und drängte ihn zum Abstieg.

Hall brauchte nicht lange, um zu erkennen, daß er ein ernsthaftes Problem hatte.

In zwei Funkrufen – um 16 Uhr 30 und um 16 Uhr 41 – teilte Hall seinem Team mit, daß Hansen keinen Sauerstoff mehr habe und total erschöpft sei. Unten im Basislager hörten Teammitglieder, wie er nach »Harold« (seinem Bergführer Andy Harris) rief, er solle wieder hochsteigen und Sauerstoff mitbringen.

Als sie das hörte, lief die Expeditionsärztin von Adventure Consultants, Caroline Mackenzie – die sich nicht sicher war, ob Harris Rob Halls Bitte verstanden hatte –, in Scott Fischers Basislager und bat die dort Anwesenden, nach oben zu funken und nachzufragen, ob jemand vom Mountain-Madness-Team helfen könne. Aus den dann folgenden Funkgesprächen ging bald hervor, daß sich Scott und sein Team in ernsten Schwierigkeiten befanden und nicht in der Lage waren, Hall zu Hilfe zu kommen.

»Das war der Punkt, an dem wir das Ausmaß der Katastrophe erkannten«, sagte Mackenzie.

Die Geschichte wiederholte sich. Auch das Jahr zuvor hatten Hansen seine Kräfte während des Abstiegs verlassen, doch damals hatte er sich nicht so hoch oben befunden. Jetzt lag ein tödliches Hindernis vor Hall und Hansen, der Hillary Step, die steile Felsstufe, die ein halbkomatöser Kletterer unmöglich überwinden konnte.

Doug Hansen befand sich in einem fortgeschrittenen Zustand der Erschöpfung, während der Sturm an Gewalt zunahm. Im zunehmenden Schneegestöber hatte Rob Hall jetzt zwei Möglichkeiten: Er überließ Hansen sich selbst und versuchte, sein Leben durch einen schnellen Abstieg zu retten, oder er biwakierte mit Hansen über Nacht in der Hoffnung, daß der Sturm abflauen würde und sie am nächsten Tag absteigen könnten. Hall muß klar gewesen sein, daß er sich in einer lebensbedrohlichen Situation befand – schließlich war er ein Profi –, und er wußte ganz sicher, daß sein Kunde Doug Hansen sich in tödlicher Gefahr befand. Denn dieser stand kurz vor dem Zusammenbruch und hatte kaum Erfahrungen, was das Überleben unter extremen Bedingungen anbelangte. Beide waren erschöpft, wahrscheinlich auch dehydriert, und ihre Sauerstoffreserven schwanden.

In zwei Funkrufen zwischen 17 Uhr 30 und 18 Uhr beschworen Teammitglieder Rob Halls ihn, sich selbst zu retten. Sie hegten keinerlei Zweifel daran, daß Hansen ohne Sauerstoff sterben würde, und es war zu dem Zeitpunkt bereits völlig klar, daß auch Hall in ernsthafter Gefahr schwebte. Caroline Mackenzie gehörte zu denen, die mit ihm während dieser Funkrufe sprachen.

»Ich fragte Rob, ob Doug immer noch bei Bewußtsein sei, und er sagte, ja. Ich glaube, das war der Grund dafür, warum Rob ihn nicht verlassen wollte. Doug litt an Sauerstoffmangel, aber er war immer noch bei Bewußtsein. Unter keinen Umständen hätte Rob ihn einfach so da liegen lassen.«

Andy Harris, der Bergführer von Adventure Consultants, kam vom Südgipfel mit zwei vollen Sauerstoffzylindern hoch. Wegen des Einbruchs der Nacht und des Sturms, der seinen Höhepunkt erreicht hatte, war es Hall erst wieder am nächsten Morgen möglich, sich zu melden.

In der Dunkelheit konnten Hall und Hansen nicht weitergehen. Müde, wie sie waren, stieg die Gefahr eines Ausrutschers. Die Sichtweite beschränkte sich auf ein paar Meter, und links und rechts der Route ging es steil abwärts. Das beste, was Hall in dieser Situation tun konnte, war, nach einer geschützten Stelle Ausschau zu halten, vielleicht ein Loch in den Schnee zu graben, und darauf zu warten, daß der Schneesturm abflaute.

Das Grauen einer solchen Nacht ist unvorstellbar. Andere haben ihre Erfahrungen unter ähnlichen Bedingungen geschildert, und vielleicht können wir aus ihren Schilderungen einen Eindruck davon bekommen, welch ein Horror eine Sturmnacht auf dem Everest sein muß.

Peter Habeler, Reinhold Messners Partner bei der ersten Gipfelbesteigung des Everest ohne zusätzlichen Sauerstoff im Jahre 1978, beschreibt, wie er einen ähnlichen Sturm überlebte:

> Was es heißt, eine stürmische Nacht in solch einer Höhe zu überleben, kann sich nur jemand vorstellen, der es selbst erlebt hat. Selbst bei den besten Bedingungen bedeutet jeder Schritt in dieser Höhe eine ungeheure Willensanstrengung. Man muß sich zu jeder Bewegung zwingen, zu jedem Griff. Ständig droht einen diese bleierne, tödliche Müdigkeit zu überkommen. Wenn man in einer derartigen Situation einem Sturm ausgesetzt ist, mit Böen bis zu 130 Stundenkilometern, und wenn auch noch ein heftiges Schneewehen einsetzt, so dicht, daß man nicht einmal mehr seine eigene Hand vor den Augen sehen kann, dann ist die Lage so gut wie hoffnungslos. Man muß sich fest ans Eis klammern, um nicht vom Berg geweht zu werden. Jeder ist sich selbst überlassen. Wenn einem etwas zustößt, wartet man vergebens auf Hilfe. Jeder ist hinreichend damit beschäftigt, das eigene Leben zu retten.

Doch Rob Hall konnte nicht einfach nur an sich denken. Er hatte eine berufliche und moralische Verpflichtung gegenüber Hansen, die es ihm unmöglich machten, ihn sich selbst zu überlassen. Abgesehen von der persönlichen Beziehung, die sich zwischen den beiden Männern entwickelt hatte, reichte dieser »Verhaltenskodex« aus, um Hall zum Bleiben zu bewegen – sofern das Wetter ihm überhaupt eine Wahl ließ.

Auch anderswo war es, inmitten der großen Verwirrung und dem allgemeinen Zusammenbruch der Kommunikation, die durch verbrauchte Batterien in Funkgeräten und Stirnlampen ausgelöst wurden, anderen Bergsteigern in dem heftigen Schneegestöber nicht möglich, den Weg zurück zum Lager auf dem Südsattel zu finden.

Die meisten Bergsteiger – im ganzen elf an der Zahl – irrten auf dem Sattel herum, im dichten Schneegestöber praktisch blind und nicht in der Lage, zu den Zelten zurückzufinden. Zusätzlich verschlimmert wurde die Lage dadurch, daß sie in der Dunkelheit ihre Ski- oder Gletscherbrillen nicht tragen konnten (die beide stark getönt sind), so daß ihre Augen direkt den stechenden, umherwirbelnden Eispartikeln ausgesetzt waren.

Zwei davon – Neal Beidleman vom Mountain-Madness-Team und Mike Groom von Adventure Consultants – waren Bergführer. Ihnen standen zwei Sherpas zur Seite, die ihnen mit den Kunden halfen. Da sie ihre Orientierung verloren hatten, irrten sie zwei Stunden auf dem Sattel herum, was zunehmend an ihren Kräften zehrte. Irgendwann sahen die beiden Bergführer ein, daß es keinen Sinn hatte weiterzusuchen, bevor sich die Sicht nicht besserte. Sie fanden einen kleinen Felsen, hinter dem sie sich dicht zu einem Haufen zusammendrängten, um möglichst wenig Körperwärme zu verlieren.

Nur ein paar hundert Meter weiter, in den Zelten von Lager Vier, lagen die Gipfelstürmer dieses verhängnisvollen

Tages, die mehr Glück gehabt hatten, halbkomatös in ihren Schlafsäcken. Der einzige Bergsteiger, der noch die Kraft fand, in den Schneesturm hinauszugehen und zu versuchen, die verirrten Schäfchen einzusammeln, war Scott Fischers Bergführer Anatoli Boukreev.

Boukreev war von Fischer für 25.000 Dollar angeheuert worden, das Mountain-Madness-Team zu unterstützen, doch sein Führungsstil an jenem unglücklichen Tag war höchst unkonventionell, um es einmal so auszudrücken. Mit Fischers Einverständnis hatte Boukreev keinen zusätzlichen Sauerstoff verwendet. Deswegen konnte er nicht auf dem Gipfel warten, um den langsameren Bergsteigern bei ihrem Abstieg zu helfen. Ohne zusätzlichen Sauerstoff war Boukreevs Widerstandskraft gegenüber der Kälte und den Unbilden der Höhe stark herabgesetzt. Ein schneller Abstieg war deswegen wünschenswert. Um 17 Uhr war er wieder in Lager Vier am Südsattel, stellte Sauerstoffflaschen und Getränke für die absteigenden Bergsteiger bereit, die sich inzwischen durch den Schneesturm abwärtskämpften.

Mitglieder aus Fischers Team sollten zwar später Anatoli Boukreevs Vorgehensweise – seinen schnellen Abstieg, ohne auf Kunden zu warten, die eventuell seine Hilfe benötigt hätten – in Frage stellen, dennoch wurde er zum Held des Tages, als ihm die wahren Ausmaße der sich zusammenbrauenden Katastrophe bewußt wurden.

Obwohl die Sicht wegen des Schneegestöbers auf ein paar Meter beschränkt war und er selbst von seiner Gipfelbesteigung nur wenige Stunden zuvor noch erschöpft war, fand Boukreev die Kraft, zweimal das Lager zu verlassen und nach verirrten Bergsteigern zu suchen. Er ging allein, weil niemand sonst im Lager genügend Energie aufbrachte mitzukommen. Boukreev sagte später über diesen Moment:

Die Sichtweite betrug vielleicht einen Meter. Und dann war sie praktisch gleich Null. Ich hatte eine Stirnlampe und ich fing an, Flaschensauerstoff zu benutzen, um schneller voranzukommen. Ich hatte drei Flaschen dabei. Ich versuchte, schneller zu gehen, konnte aber nichts mehr richtig erkennen. Es war, als wären einem die Augen genommen worden, man konnte nichts sehen, man war blind.

Wie zu erwarten fand Boukreev im tobenden Schneesturm keinen der Vermißten. Darüber hinaus hatte er auch kein Funkgerät, das ihn zu den Leuten draußen hätte führen können. Er kehrte zu Lager Vier zurück und wartete.

Kurz vor 1 Uhr morgens taumelte Scott Fischers Bergführer Neal Beidleman mit drei seiner Kunden ins Lager. Sie hatten während einer kurzen Flaute im Sturm die Zelte von Lager Vier erblickt und waren losmarschiert. Er erklärte Boukreev, wo sich die anderen befanden, die sich erschöpft und halb erfroren am anderen Ende des Sattels zusammendrängten. Daraufhin fiel Beidleman wie tot in seinen Schlafsack.

Boukreev ging erneut hinaus in den Sturm und fand schließlich den verzweifelten Haufen, nachdem er das schwache Leuchten einer Stirnlampe gesehen hatte. Es gelang ihm, drei weitere Bergsteiger, darunter auch Sandy Hill Pittman, zum Lager zurückzubegleiten, und er rettete damit ihr Leben.

Doch in dieser Nacht wurden noch sieben Bergsteiger auf der Südseite des Everest vermißt. Rob Hall und Doug Hansen befanden sich irgendwo in der Nähe des Südgipfels. Andy Harris war entweder bei ihnen oder nicht weit weg. Scott Fischer saß auf einem Felsabsatz 300 Meter über dem Sattel mit dem taiwanesischen Bergsteiger ›Makalu‹ Gau fest. Beck Weathers und die japanische Bergsteigerin Yasuko

Namba waren zuletzt irgendwo auf dem Südsattel gesehen und liegen lassen worden, weil man sie für tot hielt.

Auf der Nordseite waren die drei indischen Bergsteiger der indisch-tibetischen Grenzpolizei ohne Schutz, ohne Sauerstoff und ohne Aussichten auf Rettung der vollen Wucht des Sturmes ausgesetzt.

Die indischen Bergsteiger waren Tsewang Smanla, Tsewang Paljor und Dorje Morup, drei des vierzig Mann starken Teams, mit denen wir über die letzten Wochen hinweg bei mehreren Gelegenheiten zusammen geklettert waren.

Wenn es unmöglich ist weiterzuklettern, versuchen die meisten verzweifelten Bergsteiger, ihr Leben zu retten, indem sie eine Nacht draußen biwakieren. Dabei ist jede Art von Schutz vor Wind und Kälte besser als keiner, doch der Schutz, den der jeweilige Unterschlupf bieten kann, hängt entscheidend vom Gelände ab, in dem man sich befindet. Im besten Fall gelingt es, mit dem Eispickel ein mehr oder weniger großes Loch in eine hartgefrorene Schneeverwehung oder ins Eis zu hacken. Im schlimmsten Fall wird ein Bergsteiger versuchen müssen, sich unter einem überstehenden Fels zusammenzukauern oder ein flaches »Grab« in den Boden zu kratzen, in das er sich hineinlegen kann.

Der Everest ist allerdings kein Berg, der gute Möglichkeiten zum Biwakieren bietet, und je höher man ist, desto schlechter stehen die Chancen. Selbst bei »gutem« Wetter fegt ständig ein heftiger Wind über die Flanken des Everest, so daß tiefe Schneewehen sehr selten sind. Auf den festen Eisflächen ist das Eis meist steinhart, und man müßte eine ungeheure Kraft aufwenden, um ein ausreichend tiefes Loch hineinzuschlagen. Ein Eispickel ist bei solchen Gelegenheiten sicher ein nützliches Werkzeug, doch dessen Spitze ist nur ein paar Zentimeter breit, was die Sache nicht gerade erleichtert.

Wenn man bedenkt, wie schwierig es ist, einen geeigneten Platz zum Biwakieren zu finden, ist es überraschend, wie viele Bergsteiger Biwaks in Höhen über 8.000 Metern überlebt haben. Bei den frühen Everest-Expeditionen wäre das unvorstellbar gewesen.

Während der amerikanischen Expedition von 1963 bestiegen Willi Unsoeld und Tom Hornbein den Everest als erste über den Westgrat und erreichten den Gipfel erst um 18 Uhr 15. Sie überlebten ein Notbiwak auf 8.500 Metern Höhe, doch Unsoeld verlor durch Erfrierungen neun Zehen.

Im September 1975, während des ersten erfolgreichen Aufstiegs über die Südwestflanke des Everest, suchten die bekannten britischen Bergsteiger Dougal Haston und Doug Scott in der Nähe des Südgipfels Zuflucht in einem Schneeloch, weil es für den Abstieg zu dunkel war. Sie hatten zwar weder Nahrung noch Schlafsäcke dabei, dafür aber einen kleinen Gaskocher und eine Biwakdecke. Sie verbrachten die Nacht damit, ihren Blutkreislauf vor allem in Händen und Füßen in Bewegung zu halten, um Erfrierungen zu vermeiden. Dougal Haston beschrieb diese Nacht – es muß die schlimmste ihres Lebens gewesen sein – in Chris Boningtons Buch *Everest the Hard Way*:

> Es gab kein Entrinnen vor der Kälte. Wir probierten jede mögliche Stellung aus. Wir drängten uns zusammen, hielten die Füße unter die Achseln des anderen, wir rieben uns Hände und Füße, veränderten unsere Position im Schneeloch ohne Unterlaß, bewegten unsere Arme. Alles sinnlos – kein Hauch von Wärme wollte sich einstellen. Doch unterdessen vergingen die Stunden. Ich glaube nicht, daß irgend etwas von dem, was wir in jener Nacht taten oder sagten, in irgendeiner Weise rational oder durchdacht war. Wir litten

an Sauerstoffmangel, an der Kälte, an Müdigkeit, doch wir hatten einen unbezwingbaren Willen, diese Nacht zu überstehen – all unsere Überlebensinstinkte waren erwacht. Das und unser eiserner Wille ließen uns diese Nacht überstehen.

Scott und Haston überlebten, und was noch bemerkenswerter war, sie überlebten ohne Erfrierungen – ein Beweis für ihr ungeheures Durchhaltevermögen und ihren Überlebenswillen.

Die beiden ehemaligen Special-Air-Service-Soldaten Brummie Stokes und Bronco Lane hatten nicht soviel Glück, als sie ein Jahr später in eine ähnliche Situation gerieten. Sie hackten ein Loch in eine Eisfläche unterhalb des Südgipfels. Später mußte man Stokes alle Zehen amputieren, und Lane verlor auch Finger.

Zu zweit ist das Überleben durchaus möglich – man hat die Nähe und die Körperwärme eines anderen Menschen, die einem durch die Nacht helfen. Doch um als Solo-Kletterer in einem Biwak über 8.000 Metern Höhe auf dem Everest zu überleben, braucht man eine schier übermenschliche Willenskraft.

Einer der wenigen Menschen, die solch eine Auszeichnung für sich beanspruchen können, ist Stephen Venables. Im Jahre 1988 erreichte er als Mitglied einer amerikanischen Expedition den Gipfel im Alleingang nach einer Gewalttour über die Kanshung-Wand (Ostwand). Er war der erste britische Bergsteiger, der den Gipfel ohne zusätzlichen Sauerstoff erreichte. Wie Scott und Haston wurde auch er von der Nacht überrascht, als er sich an den Abstieg machen wollte. Er mußte die Nacht im Freien verbringen. Von seiner Tortur erzählt er in seinem fesselnden Bericht *Everest: Kanshung Face*:

> Ich hatte nicht die Absicht, in dieser Nacht zu sterben. Ich war allein, etwas über 8.500 Meter, doch der Wind, der mich am Hillary Step so erschreckt hatte, war nun abgeflaut, und die Lufttemperatur betrug wahrscheinlich nicht viel weniger als –20 °C. Der Wettergott war mir gnädig gesonnen, und ich wußte, daß ich in meinem High-Tech-Anzug überleben konnte, wenn ich mich auch damit abfinden mußte, daß ich wohl Zehen einbüßen würde.

Entgegen aller Wahrscheinlichkeit überlebte Venables die Nacht tatsächlich. Als er wieder zu Hause war, mußten ihm dreieinhalb Zehen amputiert werden, die erfroren und gangränös waren.

Alle erwähnten Bergsteiger biwakierten oberhalb von 8.000 Metern Höhe und überlebten. Mit seiner umfangreichen Bergsteigererfahrung und dem Wissen, wie viele andere Bergsteiger bereits Biwaks in diesen extremen Höhen überlebt hatten, dachte Rob Hall wohl, daß er eine reelle Chance hatte, wenn er es nur bis zum Tagesanbruch schaffte. Ob er glaubte, daß Hansen die Nacht überstehen würde, werden wir nie erfahren.

Wie dem auch sei, Hall hielt sich an den international gültigen, ungeschriebenen Bergsteigerkodex und ließ seinen Kunden nicht im Stich, solange dieser noch Lebenszeichen von sich gab.

Doch sosehr die Situation, in der sich Hall und Hansen befanden, auch der ähnelte, die Scott, Unsoeld, Lane und Venables überlebt hatten, gab es da einen entscheidenden Unterschied: Keiner von ihnen mußte die ganze Nacht gegen einen Sturm wie den ankämpfen, der in der Nacht des 10. Mai auf den Flanken des Everest tobte.

Venables sprach von Temperaturen um die –20 °C. Rob Hall und die anderen, die auf dem Berg festsaßen, kämpften gegen Temperaturen von –40 °C und weniger und gegen einen Wind, der ihnen mit seinen 100 Knoten auch das letzte bißchen Wärme aus dem Körper trieb.

Der nächste Funkruf von Hall kam um 4 Uhr 43 am Morgen des 11. Mai. Seine Stimme klang verzerrt und schleppend, was nach dieser Nacht, die die schlimmste seines Lebens gewesen sein mußte, nicht verwunderlich war.

Er teilte dem Basislager mit, er sei »zu schwerfällig, sich zu bewegen«, und erzählte, daß Andy Harris einen Teil der Nacht bei ihm verbracht habe. Er wußte nicht, was aus Harris geworden war, und als man ihn nach Doug Hansen fragte, sagte er nur: »Doug ist weg.«

Eine halbe Stunde später stellte das Basislager-Team von Adventure Consultants einen Anruf per Satellitentelefon zu Jan Arnold durch, Halls Frau in Neuseeland. Jan Arnold war im siebten Monat mit ihrem ersten Kind schwanger. Sie war mit Hall 1993 auf dem Gipfel des Everest gewesen und wußte genausogut wie jeder andere Everest-Gipfelstürmer, wie verzweifelt Halls Lage war. »Ich habe fast allen Mut verloren, als ich seine Stimme gehört habe«, erinnert sie sich. »Er hat kaum noch die Worte rausbekommen. Er klang wie Major Tom, so, als würde er einfach davonschweben. Ich bin auch schon da oben gewesen. Ich habe gewußt, wie es einem bei schlechtem Wetter ergehen kann. Rob und ich hatten darüber gesprochen, wie unmöglich es ist, jemanden vom Gipfelgrat zu bergen. Er selbst hat mal gesagt: ›Da kannst du genausogut auf dem Mond sein‹.«

Gegen Morgen ließ der Sturm endlich nach. Als die Sonne aufging, versuchte Hall, seine Sauerstoffmaske zu enteisen. Er hatte zwei volle Sauerstoffzylinder, doch konnte er sie erst benutzen, wenn es ihm gelang, seinen Regler und die Maske vom Eis zu befreien. Sein ganzer Körper schlotterte heftig, und mit seinen bereits teilweise erfrorenen Händen muß die

Aufgabe unerträglich frustrierend und schmerzvoll gewesen sein.

Um 9 Uhr hatte Hall es jedoch endlich geschafft, seine Maske und den Regler zu enteisen, und zum ersten Mal seit dem Nachmittag des Vortages atmete er wieder zusätzlichen Sauerstoff. Diese Neuigkeiten ließen das Team weiter unten etwas aufatmen.

Die Funkrufe wurden fortgesetzt. Mitglieder aus Halls Team und seine Freunde weiter unten versuchten, ihn dazu zu bewegen, endlich vom Berg zu Lager Vier abzusteigen. Helen Wilton, die Leiterin des Adventure-Consultants-Basislagers, sagte: »Du denkst jetzt an dein kleines Baby. In ein paar Monaten siehst du es, also geh jetzt weiter.«

Ed Viesturs, ein Mitglied des IMAX-Teams und ein enger Freund Halls, sprach während des Tages mehrere Male mit ihm. »Rob, sieh zu, daß du runterkommst. Schnapp dir deinen Rucksack, dreh den Sauerstoff auf, und komm den Berg runter!«

Viesturs versuchte mit Humor, eine Reaktion bei Hall zu provozieren. »Wir zwei steigen dann ab und gehen nach Thailand, und ich werde deine zwei dürren Stecken-Beine aus der Badehose rausgucken sehen.« Und: »Du hast vielleicht ein Glück, Mensch, dein Baby wird besser aussehen als du.«

Viesturs weiß noch, wie Hall auf die Sticheleien reagierte: »Er lachte und sagte: ›He, danke für die Blumen.‹«

Gegen 10 Uhr morgens waren insgesamt fünf Sherpas mit mehreren Sauerstoffflaschen und Thermosflaschen mit heißem Tee von Lager Vier aufgebrochen, um einen letzten, verzweifelten Versuch zu starten, Hall, Fischer und ›Makalu‹ Gau zu retten. Ihr Versuch war heldenhaft, besonders, wenn man bedenkt, daß sie von den Strapazen des Vortages noch völlig erschöpft waren.

Drei der Sherpas fanden Scott Fischer und ›Makalu‹ Gau auf einem Felsabsatz, etwa vierhundert Höhenmeter oberhalb des Südsattels. Fischer gab noch schwache Lebenszeichen von sich, doch er zeigte sonst keine Reaktion mehr, und die Sherpas folgerten daraus, daß für ihn keine Rettung mehr bestand. Der Taiwanese befand sich in einem etwas besseren Zustand, und es gelang den Sherpas, ihn durch heißen Tee und Sauerstoff halbwegs wiederzubeleben. Zwar mußten die Sherpas ihn stark stützen, doch Gau schaffte es zurück zu Lager Vier.

In der Zwischenzeit drangen Ang Dorje und Lhakpa Chhiri mit verbissener Entschlossenheit weiter zu Hall durch. Unter Einsatz ihres Lebens kämpften sie sich voran, bis starke Winde sie etwa dreihundert Meter unterhalb der Stelle, an der sich Rob Hall befand, zur Umkehr zwangen. Die Sherpas konnten nichts mehr für ihn tun … niemand konnte das. Es war 15 Uhr. Der Neuseeländer hatte nur noch wenige Stunden zu leben.

Kurz vor Einbruch der Dunkelheit, um 18 Uhr 20, kam die letzte Funkverbindung mit Hall zustande. Er richtete die letzten Worte, die er sprach, an seine Frau: »Hi, mein Schatz. Ich hoffe, du liegst warm eingepackt im Bett. Wie geht's dir?«

»Ich kann dir gar nicht sagen, wie sehr ich an dich denke!« antwortete Jan Arnold. »Du klingst ja viel besser, als ich erwartet habe … Ist dir auch nicht zu kalt, Liebling?«

»Wenn man die Höhe und die Umgebung bedenkt, geht's mir eigentlich verhältnismäßig gut«, antwortete Hall, der sie nicht allzu sehr beunruhigen wollte.

»Wie geht's deinen Füßen?«

»Ich hab die Schuhe noch nicht ausgezogen und noch nicht nachgesehen, aber ich schätze, ein paar Erfrierungen werde ich mir schon geholt haben …«

»Ich kann's kaum erwarten, dich ganz gesund zu pflegen, wenn du wieder zu Hause bist«, sagte Jan. »Ich weiß einfach, daß du gerettet wirst. Denk nicht, daß du allein und verlassen bist. Ich schicke all meine positiven Energien in deine Richtung los!«

Bevor er Schluß machte, sagte Hall zu seiner Frau: »Ich liebe dich. Schlaf gut, mein Schatz. Mach dir bitte nicht zu viele Sorgen.«

Dies waren Halls letzte Worte über Funk. Wenige Stunden später war er tot.

In Lager Vier sah es am Nachmittag des 11. Mai wie auf einem Schlachtfeld aus. Die Überlebenden standen unter Schock. Ihre Zelte hingen zerfetzt und halb zerstört an den Stangen. Alle waren damit beschäftigt, die Katastrophe, die aus heiterem Himmel über sie hereingebrochen war, zu verarbeiten. Im Normalfall wären die Teams am Tag nach dem Gipfelvorstoß abgestiegen. Doch dazu fehlte den Mitgliedern die Kraft. In dem stärker werdenden Wind hingen sie in einem Zustand geistiger und körperlicher Erstarrung, an Sauerstoffflaschen, die ihnen das IMAX-Team zur Verfügung gestellt hatte (IMAX-Leiter David Breashears hatte sie selbstlos und ohne Zögern angeboten, obwohl er damit den Erfolg seiner eigenen, mehrere Millionen Dollar teuren Expedition gefährdete).

Doch dann, gegen 16 Uhr 30 – es kamen nur noch schlechte Nachrichten von oben –, wurde die Katastrophenstimmung durch einen unerwarteten Hoffnungsschimmer durchbrochen.

Beck Weathers war von den Toten auferstanden.

Der Pathologe aus Texas hatte schutzlos über fünfzehn Stunden im Koma gelegen, nachdem er im Sturm der Vornacht bewußtlos zusammengebrochen war. Wie Yasuko

Namba, die nur wenige Schritte von ihm entfernt lag, hatte man ihm keine Überlebenschancen gegeben und ihn liegen lassen. Später erinnert sich Weathers: »Ich hatte meinen rechten Handschuh verloren. Mein Gesicht und meine Hände waren eiskalt. Ich habe gemerkt, wie aus meinen Gliedern nach und nach alles Gefühl gewichen ist, und dann ist es mir immer schwerer gefallen, klar zu denken. Plötzlich war dann alles weg, und ich muß so nach und nach das Bewußtsein verloren haben.«

Nachdem er in diesen Zustand der Bewußtlosigkeit gesunken war, bekam Weathers nicht mehr mit, was in den langen Stunden geschah, in denen sein Körper, der kurz vor dem Erfrieren stand, von den eiskalten, hurrikanartigen Stürmen geschüttelt wurde.

Doch dann muß im tiefgefrorenen innersten Kern von Becks Hirn irgendein primitiver Überlebensinstinkt ein Lichtlein gezündet haben, denn er kam langsam zu sich. Es gelang ihm, die Eiskruste abzuschaben, die sein Gesicht überzog, und endlich konnte er seine Augen wieder öffnen. Was er sah, rüttelte ihn vollends aus seiner Lethargie. »Zuerst habe ich gedacht, ich bin in irgendeinem Traum«, erzählte Weathers seinem Teammitglied Jon Krakauer. »Ganz am Anfang, als ich zu mir gekommen bin, dachte ich, ich liege im Bett. Mir war weder kalt, noch war es unbequem. Ich wälze mich auf die Seite, öffne die Augen, und dann war da meine rechte Hand, die mich anstarrt. So merke ich, wie schlimm die Erfrierungen sind, und das hat mich dann mit einem Schlag zurück in die Wirklichkeit geholt. Schließlich war ich wach genug, um zu erkennen, daß ich bis zum Hals in der Scheiße stecke und daß die Kavallerie wohl nicht kommt und daß ich besser selbst sehe, wie ich da rauskomme.«

Was Weathers nicht wußte, war, daß die »Kavallerie« bereits dagewesen war und ihn für so gut wie tot erklärt hatte.

Bei zwei Rettungsversuchen war Weathers lebloser Körper gefunden worden, doch beide Male wurde beschlossen, ihn liegen zu lassen, weil man der Meinung war, nur das Unvermeidliche hinauszuzögern, wenn man ihn ins Lager schleppte.

Weathers stand also halb blind da und blinzelte in den Wind. Er entschied sich für eine Richtung, in der er die Zelte von Lager Vier vermutete, und hielt stolpernd Kurs darauf zu. Mit seinem rechten, erfrorenen Arm, den er ausgestreckt vor sich hielt, und seinem Gesicht, das noch größtenteils mit Eis bedeckt war, bot er einen grauenvollen Anblick, als er die ersten Zelte erreichte. Weathers erinnerte die ungläubigen Bergsteiger im Lager an eine »Mumie in einem drittklassigen Horrorfilm«.

Doch hier ging es nicht um eine billige Gruselstory. Die Kälte und der Sturm hatten Weathers stark zugesetzt, und der Arzt Stuart Hutchinson, der ihn untersuchte, hatte nicht viel Hoffnung, daß er überleben würde. »Zu dem Zeitpunkt hat keiner von uns daran geglaubt, daß Beck die Nacht übersteht. Ich konnte seinen Puls an der Halsschlagader nur noch ganz schwach fühlen, und das ist der letzte Puls, den man verliert, bevor man stirbt. Sein Zustand war äußerst kritisch. Und selbst wenn er morgen früh noch leben würde, konnte ich mir beim besten Willen nicht vorstellen, wie wir ihn nach unten kriegen sollten.«

Zur allgemeinen Verblüffung überlebte Beck Weathers die Nacht. Und nicht nur das: Wie ›Makalu‹ Gau erholte er sich so weit, daß er am nächsten Morgen auf seinen eigenen Beinen stehen konnte. Er mußte – es war seine einzige Hoffnung auf Rettung.

Am Sonntag, dem 12. Mai, begannen sie den Abstieg. Meter um Meter wurden ›Makalu‹ Gau und Beck Weathers den Südsattel hinuntergeführt, den Genfer Sporn und die Lhotse-Flanke zu Lager Zwei. Es war eine Rettung epischen Ausmaßes, wenn man die Gegebenheiten des Terrains und den katastrophalen Gesundheitszustand der beiden verletzten Bergsteiger bedenkt. Doch auch hier hatten Weathers und Gau wieder enormes Glück: Zwei Teams sehr erfahrener und starker Kletterer, die sich schon in Lager Zwei bereitgemacht hatten, um sofort zu Hilfe zu eilen – das IMAX-Team David Breashears' und das Alpine-Ascents-Team Todd Burlestons – kamen ihnen entgegen und entlasteten die ausgelaugten Sherpas.

In der Zwischenzeit wurde die letzte Rettungsaktion im Basislager organisiert. Guy Cotter, ein Bergführer von Adventure Consultants, der von der nahe gelegenen Ama Dablam herbeigeeilt war, um bei der Koordination der Krisenbekämpfung zu helfen, hatte es geschafft, die nepalesische Armee dazu zu überreden, einen Hubschrauber aus Katmandu loszuschicken, um Weathers und Gau ins Krankenhaus zu transportieren.

Hubschrauberrettungen vom Basislager aus sind nichts Ungewöhnliches. Doch Weathers und Gau waren in einem zu schlechten Zustand, um über die Gletscherspalten vom Khumbu-Eisfall ins Basislager gebracht werden zu können. Wenn es eine Rettungsaktion geben sollte, dann müßte sie im Western Cwm stattfinden, und zwar in einer Höhe, die Pilot und Maschine in ernste Gefahr bringen würde.

Der Pilot, Lieutenant Colonel Madan Khatri Chhetri, flog mit seinem in Frankreich hergestellten B2-Squirrel-Hubschrauber den Eisfall hoch und kreiste über den wartenden Bergsteigern in einer Höhe von knapp 6.500 Metern. Zu behaupten, er hätte seinen Hubschrauber an die Grenzen seiner Reichweite getrieben, wäre eine glatte Untertreibung. Der letzte Hubschrauber, der in das Cwm geflogen war, war über dem Gletscher abgestürzt.

Die Bergungsmannschaft hatte den Schnee mit einem riesigen roten Kreuz markiert. Der nepalesische Pilot kreiste knapp darüber und nahm ›Makalu‹ Gau an Bord. Eine halbe Stunde später war der mutige Pilot wieder da, um Beck Weathers abzuholen.

Die Hilfsaktion Lieutenant Colonel Madans war die letzte in einer langen Reihe heldenhafter Taten, denen der Amerikaner und der Taiwanese ihr Leben zu verdanken haben. Einige Stunden später befanden sich die beiden Männer in einem Krankenhaus in Katmandu in Behandlung. Anschließend wurden sie in ihr jeweiliges Heimatland ausgeflogen.

Auch auf der Nordseite des Everest hatte der Sturm Todesopfer gefordert, allerdings hörte sich die Geschichte dort ganz anders an als auf der Südseite, wo mutige und selbstlose Aktionen das Leben mehrerer Menschen gerettet hatten, die ansonsten keine Überlebenschancen gehabt hätten.

Auf der Nordseite wurde eine Gipfelmannschaft, die verzweifelt Hilfe benötigte, nachdem es ihr nicht mehr gelungen war, in ihr Hochlager zurückzukehren, von einem anderen Team im Gipfelsturm überholt und liegen lassen.

Bei den Bergsteigern, die in Gefahr schwebten, handelte es sich um die drei Inder des indisch-tibetischen Grenzpolizei-Teams, die nach ihrer vermeintlichen Gipfelbesteigung am Nachmittag des 10. Mai nicht zu Lager Sechs in 8.300 Metern Höhe zurückgekehrt waren.

Wie die meisten Gipfelstürmer auf der Südseite waren die drei Inder auf dem Nordostgrat noch am Leben, als der Morgen des 11. Mai graute. Sie hatten schlimme Erfrierungen und litten an Sauerstoffmangel. Vor allem benötigten sie Wasser und Sauerstoff, um überhaupt eine Überlebenschance zu haben. Unten in Lager Drei hielt ihr verzweifelter Expeditionsleiter Mohindor Singh Wache am Funkgerät im

Zelt neben unserem und hoffte wider besseres Wissen auf ein Wunder. Der indische Leiter wußte genausogut wie wir, daß die Überlebenschancen der drei Bergsteiger minimal waren, wenn sie eine zweite Nacht draußen verbringen mußten, doch wenn es ihnen irgendwie gelingen sollte, zu Lager Sechs zurückzukehren, bestünde wenigstens die Chance, ein oder vielleicht mehrere Leben zu retten.

Die Witterungsverhältnisse waren zu schlecht, als daß eine Rettungsmannschaft des indischen Teams hätte aufsteigen können. Darüber hinaus hätten sie auch auf keinen Fall rechtzeitig bei ihnen sein können: Die Entfernungen auf der Nordseite sind größer als die auf der Südseite. Eine Rettungsmannschaft von unserem Standort in Lager Drei bis zu Lager Sechs zu bekommen würde zwei, bei gleich stark bleibendem Sturm sogar drei Tage dauern.

Wie das Schicksal es wollte, sollte ein Team mit fünf kräftigen Kletterern – zwei Japanern und drei Sherpas – über die Inder stolpern. Sie hatten Sauerstoff, Wasser und Essen dabei – alles, was für eine Hilfsaktion erforderlich gewesen wäre. Bei den Japanern handelte es sich um den einundzwanzigjährigen Eisuke Shigekawa und den sechsunddreißigjährigen Hiroshi Hanada von der japanisch-fukuokischen Everest-Expedition.

Das japanische Team hatte kein Geheimnis daraus gemacht, daß es am 11. Mai den Gipfel stürmen wollte. Die komplizierte Logistikpyramide, die für jeden Gipfelversuch am Everest erforderlich ist, macht es sinnvoll, vom geplanten Gipfeltag an *rückwärts* zu organisieren, wenn es um Sauerstoff-, Gas- und Nahrungsvorräte geht. Diese müssen in einem sehr engen Zeitrahmen zu den Hochlagern transportiert werden. So ist die normale Vorgehensweise bei den meisten Everest-Expeditionen. Allerdings wird bei den meisten auch davon ausgegangen, daß zwar alles für den geplanten

Gipfeltag bereitstehen muß, man jedoch seine Rechnung nie ohne unvorhergesehene Faktoren machen sollte, die zu Zeitverzögerungen führen könnten.

Ironischerweise war auch unser ursprünglich geplanter Gipfeltag der 10. Mai gewesen, doch die schlechten Wetterverhältnisse in den Tagen davor hatten unseren Aufstieg verzögert. Die Japaner, die mehr als andere auf ihr »Solldatum« vom 11. Mai fixiert waren, schienen wie besessen davon, an diesem und keinem anderen Tag den Gipfel zu erklimmen, komme, was wolle.

Nachdem sie den Sturm auf der exponierten Nordseite in Lager Sechs miterlebt hatten (was an sich schon ein furchterregendes Erlebnis gewesen sein mußte), brach das japanische Team trotz der unbeständigen Wetterlage von dem in 8.300 Metern Höhe gelegenen Hochlager pünktlich nach Plan am 11. Mai kurz vor Mitternacht auf.

Um acht Uhr morgens hatten die fünf Bergsteiger die steilen Felshänge des Gelben Bandes erklommen und den First Step erreicht – einen zwanzig Meter hohen Felsvorsprung, der das erste größere Hindernis auf dem Weg über den Nordostgrat darstellt. Hier trafen die Japaner zu ihrer großen Verwunderung auf einen der indischen Kletterer, der halb erfroren war und unübersehbar an den Symptomen von Höhenkrankheit litt. Zwischen dem japanischen Team und dem unverständlich vor sich hin stöhnenden Inder wurde kein Wort gewechselt. Wie der leitende Sherpa gegenüber dem Journalisten Richard Cowper später den Vorfall schilderte, gab der Inder nur »laute Geräusche« von sich.

Das japanische Team ließ sich nicht aufhalten. Sie kehrten dem hilflos im Schnee liegenden Inder den Rücken und zogen Richtung Gipfel weiter. Etwas später stieß das fukuokische Team am oberen Ende des Second Step auf die beiden anderen Inder, halb erfroren und dem Tode nahe.

Auch hier zögerten die Japaner nicht lange. Wie der leitende Sherpa Kami später in einem Interview mit Richard Cowper bestätigte, unternahmen die Japaner auch diesmal keinen Versuch, den Indern zu helfen, sondern setzten ihren Aufstieg zum Gipfel im stärker werdenden Sturm fort. Die Tatsache, daß sie es an einem solchen Tag überhaupt auf den Gipfel geschafft haben, spricht für die ungeheure Zähigkeit der Japaner, was die Rettungsmannschaft auf der Südseite nur bezeugen kann, die versucht hatte, zu Rob Hall auf dem Südgipfel vorzudringen, den Rettungsversuch aber abbrechen mußte. Im heulenden Sturm erreichten die Japaner den Gipfel kurz vor Mittag und machten sich dann an den Abstieg, der sie wieder an den hilflosen Indern vorbeiführen sollte.

Unten im vorgeschobenen Basislager herrschte Chaos. Das indische Team war aus dem Häuschen: Sie hatten keine Nachricht mehr von den drei Gipfelstürmern erhalten und wußten nicht, ob sie eine Rettungsaktion starten sollten oder nicht. Um 16 Uhr am 11. Mai – kurz nachdem Sundeep, Roger, Tore und Simon im Lager eingetroffen waren – bat Mohindor Singh, der indische Teamleiter, Sundeep, ihn als Dolmetscher ins Zelt des japanischen Expeditionsleiters zu begleiten, von dem aus die Funkrufe getätigt wurden.

»Singh brauchte dringend Informationen, wie es den dreien ging«, erinnerte sich Sundeep, »und er wußte, daß mindestes einer seiner Leute von den Japanern bei deren Abstieg gerettet werden konnte.«

Der japanische Leiter gab einen Funkspruch an Lager Sechs durch, das die ersten der zurückkehrenden Gipfelstürmer zwischen 15 und 15 Uhr 30 Uhr erreichten. Aufgrund eines Mißverständnisses – vielleicht lag es daran, daß der Funkempfang sehr schlecht war, oder daran, daß die Unterhaltung in drei Sprachen geführt wurde (Japanisch, Englisch und Hindi) – glaubte Singh verstanden zu haben, daß ein Rettungsversuch im Gange war.

»Der Funkruf erweckte sowohl bei mir als auch bei Singh den Eindruck, daß man einem der Inder nach unten half, so daß er Lager Sechs im Laufe der nächsten Stunden erreichen würde«, sagte Sundeep. »In gewisser Hinsicht war das der große Fehler. Wenn sie Singh von Anfang an gesagt hätten, daß keine Rettung möglich sei, wäre die Situation anders gewesen. Doch so kam der erste Japaner zurück ins Lager, dann der zweite, und beide ließen durchblicken, daß irgendeine Art von Hilfsaktion lief.«

Als aber die letzten Teilnehmer des fünfköpfigen japanischen Teams in Lager Sechs eintrafen und man immer noch keine Spur von dem indischen Team erblickte, fiel der Groschen endlich.

»Gegen 20 Uhr 30, als es bereits dunkel war«, fuhr Sundeep fort, »mußten Singh und ich uns eingestehen, daß es keine Rettung mehr gab. Es hatte noch nicht einmal einen Rettungs*versuch* gegeben. In diesem Moment wurde uns klar, daß die drei verloren waren.«

Singh kehrte in sein Lager zurück, um seinem tief betroffenen Team die fürchterlichen Neuigkeiten zu überbringen. Sundeep kam zu uns ins Speisezelt und erstattete Bericht. »Das war's«, sagte er. »Es gibt keine Hoffnung mehr. Wir müssen davon ausgehen, daß die Inder tot sind.«

An jenem Abend saßen wir beim Abendessen im eisigen Speisezelt verstört zusammen. Die meisten von uns hockten in trübe Gedanken versunken über ihren schmutzigen Tellern und schoben fettige Nudeln hin und her, während sie an das Schicksal der drei Inder dachten.

Am nächsten Tag – es war der Morgen des 12. Mai – berief Singh, außer sich über die Art und Weise, wie sich die Japaner gegenüber den hilfebedürftigen Indern verhalten hatten, ein Treffen aller Expeditionsleiter (mit Ausnahme des japanischen Leiters Koji Yada) in seinem Zelt ein. Das Gespräch wurde vom indischen Team mitgeschnitten. Singh faßte die Ereignisse der beiden Vortage zusammen und teilte den versammelten Teilnehmern mit, daß er eine gemeinsame Erklärung abgeben wolle – die von allen Anwesenden zu verabschieden sei –, in der die Japaner wegen unterlassener Hilfeleistung verurteilt werden sollten.

Die anderen Leiter (unter ihnen einige sehr erfahrene Himalaja-Kenner) hörten sich Singhs Anliegen aufmerksam an, stimmten aber nicht mit ihm überein. Einige zweifelten daran, daß man den Indern überhaupt hätte helfen können, andere berichteten von ähnlichen Vorfällen aus ihrer eigenen Bergsteigerlaufbahn, bei denen auch sie andere Bergsteiger, die noch am Leben waren, zurücklassen mußten, weil es keine Möglichkeit gegeben hatte, sie in Sicherheit zu bringen.

Auch unser Expeditionsleiter, Simon Lowe, war bei dem Treffen dabei:

> Im Grunde wollte Singh, daß die Japaner für das bestraft werden sollten, was sie getan beziehungsweise nicht getan hatten. Wir verstanden zwar seinen Standpunkt und hatten tiefstes Mitgefühl, doch wir wußten nicht aus erster Hand, was genau sich da oben abgespielt hatte, und waren deswegen vorsichtig, jemanden vorschnell zu verurteilen. Auch konnten wir die Tatsache nicht einfach beiseite schieben, daß sich die Inder selbst in diese Situation hineingeritten hatten. Die indischen Kletterer hatten sich selbst in Gefahr gebracht.

Trotz dieser Enttäuschung ließ Singh es sich nicht nehmen, eine eigene Pressemitteilung zu verfassen, in der er die Japaner für ihr Verhalten verurteilte.

Als die Japaner ins vorgeschobene Basislager zurückkehrten, gingen die Neuigkeiten, daß sie den im Sterben liegenden Indern keine Hilfe geleistet hätten, bereits um die ganze Welt und lösten eine wahre Flutwelle an Empörung und Unverständnis aus.

Der britische Journalist Richard Cowper, der für die *Financial Times* arbeitete und sich in unserem Team befand, machte ein Interview mit den beiden Japanern und ihren Sherpas. Er verfaßte daraus einen vernichtenden Artikel, der am darauffolgenden Samstag in Großbritannien erschien und erheblich zu der hitzigen Debatte beitrug. Als Cowper fragte, warum sie den im Sterben liegenden Indern keine Hilfe angeboten hätten, antwortete Shigekawa: »Wir klettern allein, aus eigener Kraft, auf die hohen Berge. Wir waren einfach zu erschöpft, um ihnen zu helfen. Oberhalb von 8.000 Meter ist nicht der Ort, wo Leute sich so etwas wie Moral leisten können.« Hiroshi Hanada fügte hinzu: »Wir kannten sie nicht. Nein, wir haben ihnen kein Wasser gegeben. Wir haben auch kein Wort mit ihnen geredet. Sie waren schwer angeschlagen von der Höhenkrankheit, sie haben gefährlich ausgesehen.«

Später gab das japanische Team eine Erklärung ab, wonach Kami Sherpa einen der Inder – wahrscheinlich Tsewang Smanla – befreit habe, der sich nahe des Second Step hoffnungslos in Fixseilen verheddert hatte. Darüber hinaus verkündeten sie, daß sie auf dem Gipfel keine Anzeichen dafür vorgefunden hätten, daß die Inder dort gewesen waren – eine unerhörte Behauptung, die in dieser Zeit der überschäumenden Gefühle natürlich nur die Feindseligkeit ihnen gegenüber verstärkte.

(Wie sich zeigen sollte, hatten die Japaner damit recht, die Inder seien nicht auf dem Gipfel gewesen, als sie ihrem Leiter per Funk meldeten, oben angekommen zu sein. Wenn sie wirklich auf dem Gipfel gewesen wären, hätten sie Hall, Lopsang und Doug Hansen begegnen müssen, die allerdings mit keinem Wort die drei Inder erwähnten. Es wird angenommen, daß die Inder bei den schlechten Sichtverhältnissen eine Felsspitze weiter unten für den Gipfel hielten, der sich in Wirklichkeit noch etwa einhundert Meter von der Spitze entfernt befand.)

Die Teams in Lager Drei – nicht zuletzt auch unser eigenes – waren über die Haltung des japanischen Teams empört. Brian war außer sich und rief entrüstet: »Ich werde ihre Flagge runterreißen und draufpinkeln!«

Al war anderer Meinung. »Dieses ganze Gerede von wegen Rettung ist Quatsch. Es war unmöglich, die Inder von da, wo sie sich befanden, zu bergen, und wenn noch so viele bei der Rettung geholfen hätten. Die Japaner konnten nicht viel tun, um ihr Leben zu retten.«

Cowper schrieb in seinem Artikel:

> Niemand glaubt ernsthaft daran, daß die Japaner alle drei Inder hätten retten können. Die meisten Bergsteiger jedoch, mit denen ich geredet habe, sind der Meinung, daß der eine halberfrorene Inder am First Step sicher hätte gerettet werden können, wenn sich alle fünf Mitglieder des japanischen Teams darauf konzentriert hätten.

Damals gab ich ihm recht.

Am 13. Mai hing ich wie ein Geier um das Speisezelt der Inder herum und wartete, bis die überlebenden indischen Kletterer sich zurück ins Lager schleppten. Sie sahen aus wie Männer, die aus einem Krieg zurückkehrten: vom Gram über den Verlust ihrer Freunde gebeugte Gestalten. Der Expeditionsleiter Mohindor Singh kam aus dem Zelt und legte seinen Arm um die Schultern eines der zurückkehrenden Bergsteiger, der vor der Steinpyramide mit den Gebetsfahnen stehengeblieben war und von tiefem Schluchzen geschüttelt wurde. Kees lag zu dem Zeitpunkt im Zelt und schlief. Deswegen filmte ich das Ganze. Ich zoomte die Gesichter der weinenden Männer heran und zeigte sie in Nahaufnahme, wobei ich versuchte, die kleine Stimme in meinem Innern auszublenden, die mir zuraunte, daß das, was ich da tat, eigentlich nicht in Ordnung war.

Etwas später fragte ich Singh, ob er mir für den Film ein Interview geben würde, doch er war noch so von seiner Trauer überwältigt, daß er es auf einen der nächsten Tage verschieben wollte. Nachdem ich etwas Zeit gehabt hatte, darüber nachzudenken, wurde mir klar, daß dieses Interview mit Singh einen ziemlich gefühllosen Eingriff in seine Privatsphäre und seine Trauer darstellte. Deswegen sprach ich ihn nicht wieder darauf an. Statt dessen interviewte ich Mitglieder unseres Teams, weil ich einen Einblick davon gewinnen wollte, wie sich die Katastrophe auf ihr Gemüt ausgewirkt hatte. Kees und ich zwängten uns in Sundeeps und Rogers Zelt. So makaber es klingen mag, ich wollte ihre Reaktion auf die schlechten Nachrichten, die jetzt Schlag auf Schlag von oben kamen, aufzeichnen.

Roger sprach als erster:

> Wir hatten damit gerechnet, daß dieses Jahr Menschen auf dem Everest sterben könnten. Doch es sind zwei Paar Schuh, das rational akzeptiert zu haben oder hier in den Zelten zu sitzen und zu wissen, daß in diesem Augenblick Menschen da oben auf dem Berg sterben.

Sundeep hinterfragte auch langsam seinen Wunsch, den Everest zu besteigen:

Man fragt sich da schon, wie sehr man eigentlich wirklich auf den Gipfel will. Was man aufs Spiel setzen will, was man bereit ist zu verlieren.

Mir wurde langsam bewußt, daß uns die Ereignisse dieser vierundzwanzig Stunden aller Wahrscheinlichkeit nach noch lange verfolgen würden. Unser Aufstiegsplan war bereits durch das unbeständige Wetter der letzten paar Tage umgeworfen worden, doch die Todesfälle strapazierten die bereits angeschlagenen Nerven unseres Teams bis an die Grenzen ihrer Belastbarkeit.

8. Kapitel

Die konstant schlechten Wetterverhältnisse zwangen uns während der folgenden vier Tage, in Lager Drei auszuharren. Es sah auch nicht danach aus, als ob sich das Wetter so bald ändern würde. Unser ganzes Team saß nun seit sieben Tagen in einer Höhe von 6.450 Metern fest, viel länger als ursprünglich geplant. Unser körperliches Befinden verschlechterte sich von Tag zu Tag, und noch immer hatten wir keinen blassen Schimmer, wann unser Gipfelversuch stattfinden würde. Jeden Abend krochen wir mit der Hoffnung in unsere Schlafsäcke, daß sich am nächsten Morgen endlich unser »Wetterfenster« öffnen würde. Doch jeder Morgen begann mit starken Winden und heftigen Schneefällen, die uns dazu zwangen, im frostigen Lager zu bleiben.

Der ursprüngliche Plan war vom Sturm so gründlich umgeworfen worden, daß sich die wenigsten von uns noch daran erinnern konnten, welche Termine eigentlich für unseren Gipfeltag angesetzt worden waren. Die Expedition lief Gefahr zu scheitern. Team A war müde und angeschlagen, und besonders bei Brian hatten die Todesfälle am Berg sichtbar Spuren hinterlassen. Auch hatte er das Gefühl, das schlechte Wetter würde noch eine Weile anhalten, wie er mir in einem Interview erzählte, das wir in seinem Zelt filmten:

Wir alle haben Angst. Das Ganze hat uns umgehauen. Wir müssen diesem Berg mit viel Respekt begegnen.

Kees und ich waren ebenfalls nervös und saßen auf Kohlen: Für unseren Film brauchten wir unbedingt Filmmaterial von ganz oben, und mit jedem Tag schwand unsere Hoffnung, jemals einen Fuß dorthin zu setzen.

Das Lager schien unser Innenleben widerzuspiegeln – buchstäblich an allen Ecken und Enden traten Probleme auf. Das Speisezelt war beschädigt und bot noch weniger Schutz als zuvor. Die Gletscherspalte vor unserem Zelt vergrößerte sich im nun wärmeren Wetter deutlich, schluckte Steine und drohte auch Nga Tembas Zelt zu verschlingen. Das Klo war in der Zwischenzeit im wahrsten Sinne des Wortes zu einem Berg Scheiße angewachsen, und üble Gerüche stiegen aus den Spalten hoch, in die frühere Expeditionen scheinbar ganze Wagenladungen voll Exkremente gekippt hatten.

All die kleineren Wehwehchen, mit denen wir seit unserer Ankunft in Tibet gelebt hatten, wuchsen sich zu lästigen Infektionen aus. Halsschmerzen, eingerissene Finger, Aphthen im Mund, Blasen, Durchfall, Hämorrhoiden – wir alle hatten das eine oder andere Problem, und daß wir uns hier oben unseren Hintern wund sitzen mußten, machte die Sache nicht besser.

Team B, das nach uns im vorgeschobenen Basislager eingetroffen war, befand sich in besserer Verfassung als wir, sowohl psychisch als auch physisch. Es hatte weniger Tage über der 6.000-Meter-Grenze hinter sich und konnte sehen, wie angeschlagen Team A war. Das Wetter blieb weiterhin unbeständig. Nachmittags kamen meist heftige Höhenwinde und Schneestürme auf.

Trotzdem traf es uns vollkommen unvorbereitet, als Simon eine Lagebesprechung im Speisezelt einberief und vorschlug, das B-Team zuerst zum Gipfel aufbrechen zu lassen.

»Das kannst du nicht machen!« protestierte ich und sah schon unser ganzes Projekt den Bach hinunterlaufen.

»Und warum nicht?« gab Simon kühl zurück.

»Warum wollt ihr den ganzen Plan über den Haufen werfen?«

»Es sieht nicht so aus, als ob ihr euch zu einem Gipfelvorstoß entschließen könntet«, erklärte Roger. »Und während wir hier rumsitzen und warten, machen unsere Körper langsam, aber sicher schlapp. Wenn ihr euch bei den Witterungsbedingungen nicht hochtraut, dann gehen wir. Es ist sinnlos, noch länger zu warten.«

Seine Argumente leuchteten mir ein. Unser Team, und im besonderen Al, wollte auf keinen Fall aufbrechen, bevor sich nicht das richtige Wetterfenster öffnete. Es hatte sogar Diskussionen darüber gegeben, ob man zum Basislager absteigen und auf eine neue Gelegenheit warten sollte, doch das wollte ich unter allen Umständen vermeiden. Ich hatte meine Bedenken, ob Brian einem weiteren langen Aufstieg über den Gletscher gewachsen sein würde, ganz gleich, wie lange er sich unten ausruhen würde.

Und jetzt setzte uns das B-Team unter Druck, endlich unsern Hintern hochzukriegen – oder aber ihnen den Vortritt zu lassen.

»Simon hat recht«, meldete sich Sundeep. »Wir können hier bis zum Sanktnimmerleinstag auf den perfekten Tag warten. Den Berg kommen wir nicht hoch, indem wir hier im vorgeschobenen Basislager versauern.«

»Ich verstehe die plötzliche Eile nicht«, warf Al dazwischen. »Wir haben fast noch zwei Wochen, bevor wir hier draußen sein müssen. Es steht uns mehr Zeit zur Verfügung, als ihr denkt, und die besten Wetterbedingungen stellen sich oft erst am Ende des Monats ein. Durch Ungeduld können wir die ganze Expedition gefährden.«

»Ganz meine Meinung«, sagte Brian. »Im Augenblick ist es viel zu windig und zu kalt. Mit dem Gefilme müssen wir über längere Zeiträume hinweg stillstehen. Kees wird sich nur die Finger abfrieren, wenn wir jetzt gehen und er versucht zu filmen.«

Brian hatte recht, doch seine Worte gaben dem B-Team nur neuen Auftrieb.

»Das stimmt«, sagte Simon. »Für das Filmen braucht ihr mehr Zeit. Wenn die Witterungsbedingungen nicht optimal sind, macht es wenig Sinn, daß das Filmteam loszieht. Ihr braucht absolut perfekte Wetterverhältnisse.«

»He, haltet mal 'ne Minute die Luft an!« Ich mußte unbedingt unseren Standpunkt verteidigen. »Das ist nicht der Fall. Ihr habt alle gesehen, wie schnell wir arbeiten. Ich gebe zu, daß wir die Gruppe auf dem Gletscher ganz schön ausgebremst haben mit unserer Filmerei, doch beim Gipfelvorstoß wird es hauptsächlich so laufen, daß Al vorankletttert und filmt, wie Brian raufkommt. Wie auf dem Sattel. Kees und ich sind nur dabei, um am Abend in den Hochlagern Interviews und so was zu machen, und da geht es ja schließlich nicht mehr darum, möglichst schnell zu sein.«

»Nun beruhige dich mal, Matt! Niemand hat behauptet, das Filmteam sei langsamer«, sagte Simon, an mich gewandt. »Ihr habt aber mehr Gewicht zu schleppen und riskiert Erfrierungen, wenn ihr ausgerechnet im kältesten Wetter eure Handschuhe zum Filmen ausziehen müßt.«

»Okay. Mich stört nur, daß da so leise herausklingt, wir seien langsamer als die anderen. Das stimmt nämlich nicht.«

Simon beendete die Diskussion in seiner üblichen diplomatischen Art: »In Ordnung. Jedenfalls können wir vorläufig erst mal keine Entscheidung fällen, solange das Wetter nicht ein bißchen aufklart.«

»Welches Team geht dann zuerst hoch?« Tore, der Norweger, war genauso scharf darauf wie Roger und Sundeep, auf den Gipfel zu kommen.

Schweigen machte sich breit, als Simon zu Barney rüberblickte.

»Ich muß das mit Barney und Nga Temba besprechen«, sagte er. »Wir sagen euch Bescheid, sobald wir uns entschieden haben.«

Dieses unbefriedigende Ende der Diskussion machte uns alle durcheinander. Abends im Zelt hatte ich Schwierigkeiten einzuschlafen. Ich befürchtete, übervorteilt zu werden und dann langsam hier im Lager dahinvegetieren zu müssen, bis wir keine Kraft mehr hatten, unser Projekt zu Ende zu führen. Schließlich legte ich mir einen Plan zurecht, auf den wir ausweichen würden, falls das B-Team grünes Licht bekäme und vor uns aufbrechen würde – nämlich daß Kees mit dem B-Team aufsteigen sollte, so daß wenigstens ein Teil des Filmmaterials, das oben gedreht werden sollte, im Kasten wäre.

Außerdem beschloß ich, Sundeep – dem Mitglied des B-Teams, das meiner Einschätzung nach die besten Voraussetzungen hatte, bis zum Gipfel durchzuhalten – einem Blitzkurs im Bedienen der Videokamera zu unterziehen. Ein ziemlich gewagtes Unternehmen, doch wenn ich ihm die Sony-Ersatzkamera mitgab, wäre er vielleicht in der Lage, etwas zu filmen, sofern die Wetterverhältnisse entsprechend wären und sie wirklich den Gipfel erreichen sollten.

Am Abend des 14. Mai war immer noch keine Entscheidung gefallen. Das Thema wurde nicht wieder angesprochen, und ich hätte mir keine Sorgen zu machen brauchen, denn das Wetter sollte sich schon bald bessern.

Am Morgen des 15. Mai erwachte ich von dem unverwechselbaren Geräusch, wenn Ausrüstungsgegenstände geordnet und zusammengepackt werden. Es kam aus Brians und Barneys Zelt, das gleich neben meinem stand. Kees war schon auf und trank wahrscheinlich gerade seine erste Tasse Tee im Speisezelt. Es war zwar noch zu früh für die Sonne, doch ich merkte an der Leuchtkraft des vom Gletscher reflektierten Lichts, daß der Himmel wolkenlos sein mußte.

Ich streckte meinen Kopf zum vorderen Zelteingang hinaus. Barney stand draußen neben seinem blauen Ausrüstungsfaß.

»Was gibt's Neues?« fragte ich ihn.

»Es geht los.«

Eine Mischung aus Adrenalin und Angst schoß durch meinen Körper. Der Gedanke daran, daß wir endlich aufbrechen würden, rief widersprüchliche Gefühle in mir hervor: Auf der einen Seite war ich froh, daß endlich etwas passierte, nicht zuletzt deshalb, weil ich vor wenigen Tagen noch darum gekämpft hatte, daß unser Team zuerst aufsteigen durfte. Auf der anderen Seite hatten wir so viele Tage im vorgeschobenen Basislager verbracht, daß wir ans Nichtstun gewöhnt waren. Mein Körper fühlte sich steif an, schlecht in Form und widerwillig, sich der großen Herausforderung zu stellen. Auch seelisch war ich nicht auf einen Gipfelsturm eingestellt. Meine Zielstrebigkeit war durch die Ereignisse während des schlimmen Sturmes erschüttert worden. All die Zuversicht, die Ungeduld und der Optimismus, die mich beim Aufbruch vom Basislager begleitet hatten, wichen jetzt dem bleiernen Gefühl, daß wir nicht fit waren und außerdem den richtigen Zeitpunkt verpaßt hatten.

Ich fühlte deutlich, wie abgemagert ich war. Die Pfunde schienen mir in dieser letzten Woche, die wir auf einer Höhe von 6.550 Metern zugebracht hatten, nur so von den Rippen gefallen zu sein, was auf die unausgewogene Kost und meine Appetitlosigkeit zurückzuführen war. Meine Beine, die auch zu besseren Zeiten nie besonders massig sind, waren jetzt so dürr wie zwei Selleriestangen. Ähnlich war es um meine Taille bestellt: Unter der Haut war keine Spur von Speck mehr zu spüren.

Ich schätzte, daß ich um die zehn Kilo verloren hatte, was umgerechnet ein Kilo pro Woche ausmachte. Was ich nicht einschätzen konnte, war, wie sich das auf meine Leistungsfähigkeit auswirken würde. Ich hoffte, daß meine Muskeln nicht gelitten hatten und ich keinen Unterschied merken würde. Im ungünstigsten Fall könnte es aber auch passieren – und der Gedanke daran bereitete mir einige Sorgen –, daß mir hoch oben auf dem Berg plötzlich keine Energiereserven mehr zur Verfügung stünden. Mein einziger Trost war, daß sich keiner der anderen Teilnehmer in besserem Zustand befand. Alle hatten vergleichbar viel an Gewicht verloren, in Brians Fall dürften es so um die fünfzehn Kilo gewesen sein.

Das vorgeschobene Basislager war uns im Sturm wie ein schützender Hafen erschienen, und ähnlich wie bei einem Tier, das nach einem besonders kalten Winter aus einem langen Winterschlaf erwacht, war die Aussicht, diesen sicheren Ort zu verlassen, nicht reizvoll. Hier war es sicher, da oben war es gefährlich, wie uns der Sturm so eindrücklich ins Bewußtsein zurückgerufen hatte.

Ich verzog mich wieder in mein Zelt und legte mich einen Moment lang hin, um Herr über die Apathie zu werden, die sich meiner zu bemächtigen drohte. Das letzte, was ich wollte, war, mich wieder den Sattel hochzukämpfen, besonders jetzt, wo die schweren Schneefälle der letzten Tage oben nur darauf warteten, bei den ersten wärmenden Sonnenstrahlen als Lawine den Berg hinunterzurollen.

Simon rüttelte am Zelt. »Aufwachen, Matt! In einer halben Stunde geht's los!«

Mir dämmerte, daß die Wahrscheinlichkeit, auf dem Sattel von einer Lawine plattgemacht zu werden, stiegen, je später wir aufbrachen. In Windeseile schlüpfte ich darum in meine Kleidung und war Minuten später draußen bei den anderen, um meinen Rucksack schnell mit den nötigen Sachen zu packen.

Diesmal gab es kein fröhliches Geplänkel und Gefrotzel wie damals, als uns das B-Team aus dem Basislager verabschiedet hatte. Die Stimmung war gedrückt, zweifellos, weil die B-Team-Leute an die bevorstehenden, unangenehmen Tage dachten, die sie hier oben in untätigem Warten verbringen mußten. Ihr Versuch, mit uns zu tauschen und als erste den Berg zu stürmen, wäre fast erfolgreich gewesen, und alle vier sahen jetzt aus, als bereuten sie es, nicht noch ein wenig mehr darauf gedrängt zu haben.

Es kam keine Vorfreude oder Aufregung auf. Der Sturm und das Wissen um die Todesfälle, die er verursacht hatte, lasteten schwer auf uns, als wir unsere Rucksäcke schulterten und zum letzten Mal unsere Ausrüstungsliste durchgingen.

Hände wurden geschüttelt und ein paar ermutigende Worte gemurmelt. Sogar Brian, normalerweise der Lauteste von uns, war merkwürdig still, während wir langsam durch die Lager der anderen Expeditionen trotteten. Als wir an den Zelten der Inder vorbeikamen, sahen wir, daß sie bereits zusammenpackten, um das Lager zu räumen.

Wir kamen alle fünf nur sehr langsam voran und waren erleichtert, als wir eine Verschnaufpause an der Dauerfrostgrenze einlegen konnten, bevor wir unsere Steigeisen anschnallten und mit dem Aufstieg über das Plateau vor dem Sattel begannen. Während unseres ersten Ausflugs hierher hatte mir das Plateau kein bißchen zugesetzt, doch jetzt, unter den Sonnenstrahlen, die hart vom Eis reflektiert wurden, fühlte ich, wie mir Schweißtropfen den Rücken hinunterliefen und mir immer heißer wurde. Wir hielten oft an, um uns immer wieder Gletschercreme aufzutragen.

Ich hatte immer gedacht, das Plateau sei eben, doch jetzt erkannte ich, daß dem nicht so war. Es steigt sanft, aber stetig an, und diese Steigung setzte meinen geschwächten Beinen stark zu. Ich trank in regelmäßigen Abständen einige Schluck Saft aus meiner Flasche und würgte ein paar Schokoriegel hinunter, spürte aber keinen Energiestoß wie sonst.

Nach drei Stunden erreichten wir das untere Ende des Sattels. Dort schlug das Wetter plötzlich um. Ohne Vorwarnung verdunkelte eine schwarze Wolke den Himmel über dem Schneegrat, und ein starker Wind peitschte mit hoher Geschwindigkeit geradewegs die Flanke hinunter. Schnee setzte ein, dann Hagel, und mein Thermounterhemd kühlte auf meiner Haut langsam unangenehm ab.

Mir fehlten noch ein paar wichtige Bilder von unserem ersten Ausflug die Eiswand hoch, ganz besonders auch eine Aufnahme von Brian, wie er sich dem Sattel nähert, und dann noch etwas vom Fuß der Eiswand, um zu zeigen, wie einschüchternd der Hängegletscher auf jemanden wirkt, der direkt unter ihm steht und noch oben blickt. Wir packten die Kamera aus und filmten die Sequenzen in aller Eile. So plötzlich, wie es umgeschwungen hatte, besserte sich das Wetter wieder, und vereinzelt drangen Sonnenstrahlen durch vorüberziehende Wolken.

Wir schnallten unsere Klettergurte um und begannen mit dem Anstieg. Nach den drei Stunden, die wir jetzt schon unterwegs waren, hatte ich mich aufgewärmt, so daß meine Bewegungen überraschend geschmeidig waren. Unsere Muskeln, die während des langen Nichtstuns eingerostet waren, gewannen so langsam ihren Tonus zurück. Zu meiner Erleichterung stellte ich fest, daß es nicht zu schlecht um meine Kondition bestellt war.

Am meisten Sorgen machten mir die Schneeverhältnisse. Der Sturm und das unbeständige Wetter der letzten paar Tage hatten Millionen und Abermillionen Tonnen Schnee auf der Flanke deponiert. Er lag auf windgepreßtem Eis, auf dem er leicht ins Rutschen geraten und als Lawine niedergehen konnte. Wir beeilten uns, um so schnell wie möglich aus der Gefahrenzone zu kommen; trotzdem dauerte es weitere drei Stunden, bis wir endlich in Lager Vier ankamen.

Kees war der erste, der unser Zelt erreichte. »Sieh dir das an!« rief er aus.

Ich bückte mich, um einen Blick in das Zelt zu werfen, das wir nach unserem ersten Akklimatisierungsausflug auf den Sattel tiptop zurückgelassen hatten.

Das Zeltinnere sah wüst aus: Benutzte Teebeutel, leere Suppentüten und anderer Müll waren in Pfützen festgefroren, wo Flüssigkeiten ausgelaufen und nicht weggewischt worden waren. Im Eingangsbereich sah man überall gelbe Flecken, wo Pinkelflaschen unbekümmert auf dem Eis ausgeleert worden waren, und der Zeltboden sackte in eine tiefe Mulde ab, wo der Untergrund der sorgfältig eingeebneten Plattform durch Körperwärme ausgehöhlt war. Der Zeltstoff auf der einen Seite war von einem Gaskocher angesengt, und an mehreren Stellen sah man gezackte Risse von Steigeisen, die offensichtlich im Zelt getragen worden waren. Die Fertigmenüpackungen waren aufgerissen und geplündert.

Al kam zu uns rüber und sah sich die Bescherung an. »Verdammte Arschlöcher!« sagte er. »Ich habe euch ja gesagt, daß das passieren würde. Wir hatten Zeltpiraten.« In seinem Zelt sah es nicht viel besser aus.

»Wer zum Teufel hat die Zelte in dem Zustand hinterlassen?« Brian war außer sich vor Empörung.

»Wahrscheinlich hat jemand darin Zuflucht vor dem Sturm gesucht.«

Al hatte wieder einmal recht. Unser Lager war eines der am besten vorbereiteten und ausgestatteten auf dem Nordsattel. Während des Chaos des Sturmes, bei dem Teams in aller Eile vom Berg abgestiegen waren, war es kaum verwunderlich, daß einige Zuflucht in unseren Zelten gesucht hatten, was ihnen hier oben wie eine Gratisübernachtung in einem Luxushotel vorgekommen sein mußte.

»Es könnte aber auch das internationale Team gewesen sein.«

Das war auch eine Möglichkeit. Sehr spät in der Saison war ein gemischtes internationales Team im vorgeschobenen Basislager aufgetaucht. Ihre Organisation war Welten von der gut durchstrukturierten Logistik von Himalayan Kingdoms entfernt, und soweit wir es beurteilen konnten, bestand das Team im Grunde aus einer Gruppe von Individualisten, die nichts weiter miteinander gemein hatten, als daß ihre Namen auf der gleichen Besteigungsgenehmigung standen. Gerüchte waren im Lager herumgegangen, daß sie versuchten, die leerstehenden Zelte anderer Teams zu besetzen, statt ihre eigenen mitzubringen.

Ich fand es netter, daran zu glauben, daß unsere Zelte während des Sturmes als Zuflucht gedient hatten. Das würde zumindest erklären, warum jemand sie in diesem ungeheuerlichen Zustand zurückgelassen hatte: als wahre Müllkippe.

Wir mußten jetzt wertvolle Energien verschwenden, um sie wieder zu säubern und so bewohnbar wie möglich zu machen. Eine Stunde später waren wir soweit, daß wir damit anfangen konnten, unserem Körper die während des Anstiegs verbrauchte Flüssigkeitsmenge wieder zuzuführen. Mir fiel ein, daß wir in ernsthafte Schwierigkeiten geraten könnten, wenn auch Lager Fünf und Sechs ausgeplündert worden waren. Wenn unsere Sauerstoffvorräte nicht mehr da waren, konnten wir unseren Gipfelversuch vergessen.

Diese Nacht auf dem Nordsattel war eine sehr unruhige Nacht, mit böigen Windstößen, die immer wieder an unseren Zelten rüttelten.

Jetzt, wo der einst so ebene Boden unseres Quasar-Zeltes von anderen Bewohnern tief eingehöhlt worden war, war es unmöglich, eine bequeme Schlafstätte darauf zu errichten. Ganz gleich, wie viele verschiedene Schlafstellungen wir ausprobierten, die Mulde gewann jedesmal und schob Kees und mich unaufhaltsam zu einem entwürdigenden Haufen in der Mitte der Kuhle zusammen, was jeden Gedanken an Schlaf unmöglich machte. In den frühen Morgenstunden räumten wir das ganze Zelt um und packten die Rucksäcke in die Mitte. Es funktionierte einigermaßen, und wir bekamen endlich ein paar Stunden Schlaf.

Im Morgengrauen begannen wir mit unserem morgendlichen Ritual und warfen die Gaskocher an, um Tee zu kochen. Um acht Uhr standen wir draußen im gleißenden Licht der Morgensonne und interviewten Brian, der sich inzwischen für den langen Aufstieg über den Nordgrat fertig machte. Er sah fit und ausgeruht aus, obwohl er, wie üblich, nur sehr wenig gefrühstückt hatte.

»Es wird ein harter Tag, doch wenn wir es schaffen, haben wir in Lager Fünf Sauerstoff, den wir dann bis zum Gipfel benutzen werden. Und dann heißt es: mit Volldampf auf den Berg!«

Wir blickten alle über die Bodensenke im Sattel zur breiten Flanke des Grats hinauf, der uns erwartete. Auf den unteren Abschnitten war ein Fixseil zu erkennen, doch es war zu weit weg, um es auf den höheren Abhängen zu sehen. Eines der anderen Teams war vor zwei Stunden im Morgengrauen aufgebrochen. Jetzt waren seine Mitglieder nur noch als eine

Reihe winziger Punkte zu sehen. Etwa ein Viertel des Weges über den schneebedeckten Teil des Grats lag bereits hinter ihnen. Brian machte uns auf sie aufmerksam.

»Seht euch das Team an! Sie haben haltgemacht. Sie bewegen sich kaum noch.«

Kees fuhr sein Zoom aus und filmte, wie sie bewegungslos im scharf reflektierten Gegenlicht des Eises dastanden. Was für Höllenqualen sie gerade durchmachten, sollten wir bald genug erfahren.

Links vor dem Team konnten wir deutlich die vom Wind hochgepeitschten Eiskristalle sehen, die wie eine Fahne horizontal über die Kante des Grats wehten.

»Es sieht aus, als wollte es heute ziemlich windig werden«, sagte Al. »Nichts wie los!«

Das war das einzige, was wir an taktischen Ratschlägen für den vor uns liegenden Tag hören sollten. Barney war noch nie auf dem Nordgrat gewesen, und Al war mit der Kamera beschäftigt. Das erste Mal, als wir den Sattel hochgestiegen waren, und sogar das erste Mal, als wir über den Rongbuk-Gletscher aufgestiegen waren, hatten wir vorher stets alle Schwierigkeiten eingehend besprochen. Diesmal dachten wir nicht einmal daran, etwas zu besprechen, vielleicht, weil der Grat so leicht aussah, daß wir keine Schwierigkeiten erwarteten.

Wir packten unsere Kletterausrüstung und Schlafsäcke in die Rucksäcke, verstauten die Filmausrüstung in sicheren, gepolsterten Taschen und verließen hintereinander das Lager. An diesem Tag würde nicht Kees, sondern Al das Filmen übernehmen.

Die Route verlief über eine Senke im Sattel und dann über die Gletscherspalte, die die Grenze vom massiven Fels des Grates zum hartgepreßten Eis des Hängegletschers markierte. Die Bodensenke sieht vom Lager am Nordsattel sehr flach aus, doch als es am anderen Ende davon ans Aufsteigen ging, rang ich schwer nach Atem. Trotz des eiskalten Windes schwitzte ich unter den vielen Lagen Kleidung, die ich trug, und bereits nach einer halben Stunde riß ich mir die äußere Lage vom Körper, damit meine Haut atmen konnte.

»Das, was da von der Westseite hochkommt, ist das Seil der Katalanen.« Al zeigte uns das Fixseil, das über die andere Seite des Sattels nach unten verschwand. Das katalanische Team hatte als einziges Team die Westroute gewählt, die lawinengefährdeter ist als alle anderen. Es war ein kühnes Unterfangen. Sie kamen nur mühsam voran und waren gerade einmal bis zum Sattel vorgedrungen, als wir zum zweiten Mal aufstiegen.

Wir befanden uns jetzt auf über 7.000 Metern und hatten damit die Höhe erreicht, die die meisten akklimatisierten Kletterer ohne zusätzlichen Sauerstoff kaum noch bewältigen können. Der Grat ist im Vergleich zur Eiswand, die den Nordsattel hochführt, nicht besonders steil, doch in der dünnen Höhenluft muß ein Bergsteiger alle verfügbaren Kräfte aufbieten.

Jede abrupte Bewegung wurde mit einem Schwindelanfall bestraft, und die einzige Möglichkeit, vorwärtszukommen, bestand darin, stete und langsame Bewegungen zu machen, jeden Schritt nur wenige Zentimeter weiter in die scharfkantigen Abdrücke zu setzen, die von den Steigeisen des Vordermannes in das Eis gedrückt worden waren.

Die Fixseile und die Verankerungen wurden zu Wegmarkierungen: Ziele, die man mit einer bestimmten Anzahl von Schritten erreichen mußte. Anfangs versuchte ich es mit einem System von fünfzehn aufeinanderfolgenden Schritten, nach denen ich dann eine Pause von einer Minute einlegte, in der ich tief Luft holte. Nach einer Stunde schaltete ich runter auf zehn Schritte und etwa drei Minuten Pause. Auch

Brian kam nur sehr langsam voran. Bei jedem Schritt setzte er seine Steigeisen in Zeitlupentempo auf die nächste Eisstufe, dann hielt er inne, um das Panorama von Nepal zu bewundern, das sich unseren Augen bot und mit jeder Seillänge, die wir uns vorwärtskämpften, spektakulärer wurde.

Hinter uns im Norden rückte auch der elegante Südgrat des Changtse immer mehr ins Blickfeld und zeigte unseren bewundernden Blicken die Gipfelpyramide mit ihren komplizierten Eiswächten.

Al und Barney schien die Höhe weniger als uns zuzusetzen. Barney führte Brian geduldig nach oben, und Al verließ die gesicherte Route, wann immer es ihm die Windverhältnisse erlaubten, und filmte. Erneut war ich dankbar dafür, daß wir ihn dabei hatten, um die Kamera zu bedienen. Ich war mir nicht sicher, ob Kees und ich die zusätzlichen Energiereserven aufgebracht hätten, um uns auch noch ums Filmen zu kümmern.

Nach einer Weile verlor ich jegliches Zeitgefühl, denn allein der körperliche Kampf, aufzusteigen und ein Fixseil nach dem anderen »abzuarbeiten«, hielt mich gefangen. Ich dachte mir ein anderes System aus, bei dem ich mir entsprechend der Anzahl an Seillängen, an denen ich mich hochgehangelt hatte, ein paar Happen oder Schlucke genehmigen durfte. Eine Seillänge bedeutete eine Ruhepause von fünf Minuten, zwei Seillängen einen Schluck Saft, drei eine Ecke Schokolade und so weiter. Ich rationierte sogar mein Recht, den atemberaubenden Ausblick zu genießen: Das war ein Luxus, den ich mir nur mit vier vollen Seillängen erkaufen konnte.

Al brach den Bann und holte mich in die Gegenwart zurück.

»Kurz vor uns, rechts vom Grat, liegt die Leiche eines spanischen Kletterers. Soll ich sie aufnehmen?«

Seine Worte trafen mich unvorbereitet. Ich hatte nichts von der Leiche gewußt. »Wie lange liegt sie schon dort?«

»Seit Jahren.«

»Wie ist er gestorben?«

»Keine Ahnung. Hätte alles oder nichts sein können. Abgestürzt, ein Sturm.« Alans Stimme klang gleichmütig, distanziert, wie überraschenderweise auch meine eigene, und das, obwohl ich noch nie eine Leiche aus der Nähe gesehen hatte. Ich atmete tief durch und beschloß, daß wir sie uns zumindest einmal ansehen sollten.

Wir fanden die Überreste des Bergsteigers zwischen den Felsen, etwa fünfzig Meter von der Hauptroute zum Grat hoch entfernt. Alles, was von ihm übriggeblieben war, war ein trauriger, zerfetzter Haufen zerrissener Kleidung und die blanken Knochen, die einmal zu einem Menschen gehört hatten. Der Wind zerrte an den Stoffetzen, als ob er es immer noch nicht aufgegeben hätte, die Kleidung vom Körper des Unglücklichen reißen zu wollen. Jemand hatte ein paar Felsbrocken auf die Überreste gelegt, ein notdürftiges Grab.

Ich blickte zurück zum Lager auf dem Sattel, das ein absteigender Bergsteiger in weniger als einer Stunde erreichen konnte, und fragte mich, wie er hier sterben konnte, wo die Sicherheit des Lagers so nah war. War er in einem Sturm abgestiegen und hatte die Orientierung verloren? Oder hatte er sich hier ausgeruht und dann nicht mehr die Kraft gefunden, wieder aufzustehen?

»Soll ich das filmen?« Al packte die Kamera aus.

Vom ethischen Standpunkt aus betrachtet widerstrebte mir der Gedanke, doch ich wußte, daß die Aufnahmen dem Film Dramatik verleihen würden. Die Leichen, die auf den höheren Abhängen des Everest liegen, gehörten zum Berg, daran änderten auch meine moralischen Bedenken nichts. Sie im Film zu übergehen hieße, eine der eindringlichsten

Warnungen des Everest zu ignorieren: Wenn du hier stirbst, wird das deine Ruhestätte für die Ewigkeit sein.

»Ja. Mach ein paar Aufnahmen.«

Al filmte mehrere verschiedene Ansichten, schwenkte die Nordflanke runter und versuchte dabei krampfhaft, die Kamera in den heftigen Windböen stillzuhalten. Dann kletterten wir über die Felsbrocken zurück zu den anderen, die auf dem Grat eine Rast eingelegt hatten.

Am späten Morgen hatten wir eine längere Pause nötig. Wir hielten an einem kleinen Felsabsatz an, auf dem unser fünfköpfiges Team genügend Platz zum Sitzen fand. Ich verspürte zwar nicht den geringsten Hunger, doch ich zwang mich, eine Dose mit Thunfischsalat, zwei, drei Kräcker und ein paar Bissen Käse hinunterzuwürgen. Abgesehen von einigen sporadischen Kommentaren über die Aussicht redeten wir wenig, denn unsere Gesichter waren vollständig von Sturmhauben und den Kapuzen unserer Daunenanzüge verdeckt. Wo immer der Wind auf bloße Haut traf, gefror diese unter den peitschenden und eiskalten Böen augenblicklich.

Der Westwind wurde im Laufe des Tages immer stärker. Als wir uns wieder in die Fixseile einklinkten, bemerkte ich, daß erbsengroße Steine über das Eis rutschten und Richtung Osten fortgeweht wurden. Eisstücke, die von den Kletterern weiter oben losgetreten wurden, fielen nicht mehr auf die Nachzügler, sondern flogen in die gleiche Richtung wie die Steine, horizontal über den Abhang und dann zum östlichen Rongbuk-Gletscher hinab. Die losen Riemen an Brians Rucksack schlugen wild im Wind, wie auch der obere Riemen meines eigenen Rucksackes, der mir wütend bei jeder Böe ins Gesicht schlug. Ich hielt an und nahm den Rucksack ab, um den Riemen festzuziehen.

Dann ging es weiter mit der immer gleichen Routine: ins

Seil einhängen, zehn Schritte gehen, Verschnaufpause. Die Stunden vergingen, und wir hatten uns in der Zwischenzeit über mindestens zwei Seillängen verteilt. Brian schien zurückzufallen, doch ich fand, daß wir im großen und ganzen sehr gut vorankamen. Das Lager auf dem Nordsattel lag jetzt weit unter uns, und das obere Ende des Schneegrats schien nur ein paar Stunden entfernt. Ein kurzes Stück darüber, versteckt zwischen den Felsen, war, wie ich wußte, die Sicherheit von Lager Fünf, in dem wir uns ausruhen würden, um für den Aufstieg zu Lager Sechs und zum Gipfel gerüstet zu sein.

Brian in Lager Fünf an die Sauerstoffmaske zu bekommen würde eine der letzten großen Hürden darstellen, dachte ich bei mir. Wenn er sein Versprechen, Sauerstoff zu benutzen, hielt und sich uns ein Wetterfenster öffnete, sah ich wenig Grund, warum wir keinen Gipfelversuch starten sollten. Auf mich machte Brian immer noch den Eindruck, als hätte er alles voll im Griff. Er zeigte keine Anzeichen von Höhenkrankheit, selbst auf dieser Höhe, die alles überstieg, was wir bislang erklettert hatten. Es war das erste Mal seit dem verheerenden Sturm, daß ich mir ein wenig Optimismus gestattete.

Um 14 Uhr 30 gingen wir eine der steileren Etappen im Grat an, eine Seillänge steinharten, blankpolierten Eises, in das flache Stufen geschlagen waren. Der steilere Anstiegswinkel ließ uns noch langsamer vorankommen, bis wir praktisch nach jedem Schritt nach Luft ringen mußten. Kees fiel weit hinter die Gruppe zurück, und ich wartete am oberen Ende des steilen Abschnitts, bis er bei mir angelangt war.

Wir schlossen dann gemeinsam zu den anderen drei auf, die oberhalb von uns angehalten hatten, wo die Steigung wieder abflachte. Ich nahm an, daß es sich dabei um einen der zahlreichen Stops handelte, die wir im Laufe des Tages gemacht hatten, und nahm meinen Rucksack ab, um einen Schluck zu trinken.

Brian sprach als erster, mit erhobener Stimme, um den Lärm des Windes zu übertönen.

»Wir haben hier eine kleine Diskussion, Matt, an der du teilnehmen solltest.«

»Was ist los?«

»Ich glaube, wir haben ein Problem.« Barney ergriff das Wort. »Um diese Uhrzeit sollten wir schon fast in Lager Fünf sein, wir haben aber erst zwei Drittel des Weges über den Grat hinter uns.«

»Wenn überhaupt«, warf Al ein. »Wahrscheinlich haben wir erst die Hälfte hinter uns, und wir sind schon seit fünf oder sechs Stunden unterwegs.«

»Dann sollten wir einen Zahn zulegen. In ein paar Stunden sind wir oben.« Ich nahm einen Schluck Saft. Der Groschen wollte bei mir nicht fallen.

»So einfach ist das nicht«, fuhr Al fort. »Wenn du den Grat hochsiehst, kannst du ein paar der Zelte von Lager Fünf sehen.«

Er hatte recht. Die roten und gelben Punkte waren gerade so zwischen den Felsen sichtbar.

»Und jetzt schau auf den Sattel runter.«

Ich gehorchte, verstand aber immer noch nicht, was er damit sagen wollte.

»Und?«

»Die Zelte haben etwa die gleiche Größe. Ich glaube nicht, daß wir fast da sind. Was ich glaube, ist, daß wir gerade mal die Hälfte des Weges geschafft haben.«

Barney meldete sich wieder zu Wort. Seine Stimme, ruhig und gelassen wie immer, strafte den Ernst seiner Worte Lügen: »Wenn wir in diesem Tempo weitergehen – und wir werden garantiert noch langsamer –, kommen wir erst nach

Einbruch der Dunkelheit im Lager an. Der Wind könnte stärker werden, und das hieße: Adieu, ihr lieben Finger und Zehen. Könnte eine weitere Tragödie werden.«

Er wandte sich ab, um mir nicht in die Augen blicken zu müssen.

Ich betrachtete das noch vor uns liegende Stück des Grats über uns und konnte nicht glauben, was ich da gerade gehört hatte. Für mich sah es aus, als ob wir den größten Teil bereits bewältigt hätten. Der Felsabschnitt konnte nicht mehr als eine Stunde entfernt sein – oder etwa doch? Gut, Brian war müde, doch nicht müder, als er es auf dem Sattel gewesen war. Weder Barney noch Al hatten in irgendeiner Form angedeutet, daß wir auf ein Problem zusteuerten.

»Was schlagt ihr also vor?«

Es folgte eine lange, ungemütliche Pause, bis Barney schließlich sagte: »Also, wir haben uns überlegt, wieder umzudrehen.«

»Umdrehen? Aber wir sind doch fast oben! Was soll das denn für einen Sinn haben?« Eine Welle der Wut erfaßte mich. Ich konnte nicht mehr an mich halten. »Wir sind hier, um den Berg zu besteigen, oder etwa nicht?«

Das Pfeifen des Windes war die einzige Antwort.

»Und wenn wir umkehren, wie geht es dann weiter?«

»Tja.« Eine noch längere Pause. »Das war's dann.« Barney sprach die Killer-Worte aus, das Todesurteil für den Film und meine Hoffnungen, was ich alles daraus machen würde.

»Das war's? Nach all dieser Plackerei? Das war's? Das kannst du nicht im Ernst meinen, Barney! Wir müssen einen Gipfelversuch machen. Was ist denn in euch gefahren?« Ich schimpfte vor mich hin, außer mir vor Wut. »Brian! Was ist mit dir? Du kannst das Ganze doch nicht einfach so abblasen!«

Brian versuchte, uns Mut zu machen. »Wir gehen jetzt

nach unten, schlafen uns tüchtig aus, schlagen uns den Magen voll und starten dann morgen frisch und ausgeruht einen neuen Versuch.«

Barney blickte weg, und ich wußte, warum. Selbst ich, ein Neuling auf diesen Höhen, wußte, daß Brian keinen neuen Versuch am Grat durchstehen würde, ganz gleich, wieviel Nahrung und Schlaf er bekam.

»Wir sind einfach nur zu langsam gewesen. Und wenn wir hier schon zu langsam sind, dann bekommen wir da oben echte Probleme.« Al gab Barney Rückendeckung.

Ich fuchtelte nach oben in Richtung Lager Fünf und den Zelten, die man so deutlich von hier unten sehen konnte. »Was für ein absoluter Quatsch! Da ist das Lager. Wir müssen einfach nur weitergehen, und schon sind wir da. Das Lager oben ist näher als das auf dem Sattel, zum Teufel noch mal!«

Ich war so frustriert, daß ich in Tränen hätte ausbrechen können.

»Ich weiß, daß das so aussieht, aber die Sicht hier oben ist verkürzt.« Al war so ruhig wie immer. »Vielleicht kriegen wir Brian bis nach oben. Aber vielleicht kriegen wir ihn dann nicht mehr runter. Er ist zu langsam. Und Kees sieht auch ziemlich angeschlagen aus.«

»Warum hat heute morgen dann keiner von euch was gesagt? Wenn wir schnell aufsteigen müssen, warum habt ihr uns das nicht klipp und klar gesagt? Warum habt ihr uns nicht bei unserer Mittagspause darauf hingewiesen? Ihr müßt es doch da schon gewußt haben, oder etwa nicht?«

Keine Antwort.

»Und was ist mit dem Film? Wie soll der Zuschauer einen Rückzieher wie diesen hier nach all dem großen Gerede nachvollziehen können? Alles, was wir bis jetzt gefilmt haben, ist auf einen Gipfelversuch ausgerichtet. Jeder weiß, daß der Versuch fehlschlagen kann, doch das mindeste, was der Zuschauer erwartet, ist, daß Brian überhaupt einen Versuch unternimmt. Im Augenblick sind wir noch nicht einmal dort angekommen, wo Brian 1990 stand. Wenn wir jetzt filmen, wie du dich umdrehst und zurückgehst, sieht der Zuschauer, daß du an einem wunderschönen Tag mit strahlend blauem Himmel drei Tage vor dem Gipfeltag aufgibst! Und an diesem Punkt werden sie sich fragen, was das Ganze eigentlich sollte. Und das gleiche frage auch ich mich gerade.«

Ich war noch nie so wütend gewesen. Der einzige Grund dafür, daß ich den Auftrag übernommen hatte, war, daß ich daran geglaubt hatte, daß Brian weiter – viel weiter – gehen würde als in *Galahad of Everest*. Brian hatte mich davon überzeugt, Himalayan Kingdoms hatte mich davon überzeugt, und ich meinerseits hatte die Redakteure von Channel 4 und ITN davon überzeugt, daß wir dort filmen würden, wo noch niemand vor uns gefilmt hatte. Was sollte ich ihnen jetzt sagen?

Doch das letzte, was ich machen wollte, war die Neuverfilmung eines bereits gedrehten Films. Deswegen war der Gipfelversuch auch so wichtig. Brian in der Todeszone zu filmen und einen ganzherzigen Gipfelversuch zu unternehmen war das Kernstück dieser Produktion und all meiner Hoffnungen.

Und jetzt das! Ich hatte Angst, daß der ganze Film zum Scheitern verurteilt wäre. Welcher halbwegs normale Mensch würde sich einen Everest-Film ansehen wollen, der mit ein paar lockeren Sprüchen endet, bevor die wirklichen Kletterpartien überhaupt losgehen? Die drei redeten, als ob sie gerade beschlossen hätten, ihren Picknickkorb wieder einzupacken, weil sie ein paar Regentropfen abbekommen hatten.

»Nun nimm's doch nicht so tragisch.« Barney ging in die

Defensive. »Unter keinen Umständen bringen wir Brian in eine Situation, die sein Leben gefährden könnte.«

»Natürlich nicht! Das ist doch gar nicht die Frage. Das letzte, was ich will, ist, Brian oder irgend jemand sonst in eine Situation zu bringen, mit der er nicht umgehen kann. Brian ist aber schon viel weiter oben gewesen, als wir jetzt sind, und seine Kondition ist gut. Das Gelände bietet keine besonderen klettertechnischen Schwierigkeiten, und vielleicht sieht ja alles ganz anders aus, wenn wir erst einmal in Lager Fünf sind und den Sauerstoff haben. Laßt es uns doch wenigstens versuchen! Das ist das mindeste, was sich der Zuschauer erwartet. Noch haben wir Zeit.«

Doch Barney ließ sich nicht erweichen, und auch Al blieb hart. Meine Einwände prallten an ihrer langjährigen Erfahrung ab, die ihnen sagte, daß wir mit Volldampf auf ein großes Problem zusteuerten.

Während wir noch diskutierten, passierte etwas Unheimliches: Al warf ein paar Worte hin, die uns über die kommenden Tage verfolgen sollten. Seit dem späten Morgen waren uns zwei Bergsteiger gefolgt und hatten uns an einigen Stellen überholt, um dann später wieder von uns überholt zu werden. Auch sie hatten offensichtlich hart zu kämpfen, um den Grat zu Lager Fünf hochzukommen. Jetzt stapften sie mit müden Schritten an uns vorbei. Der eine war ein junger Bursche mit slawischen Gesichtszügen, ein Ungar, der Ende Zwanzig sein mochte. Der andere war etwas älter und trug einen Bart. In ihm erkannten wir den Österreicher Reinhard Wlasich wieder, einen Bergsteiger, mit dem sich einige unseres Teams im vorgeschobenen Basislager unterhalten hatten.

»Die beiden kommen auch zu langsam voran«, bemerkte Al, als sie an uns vorbei waren. »Wenn sie so weitermachen, haben sie gute Chancen, ihr Leben auf dem Berg zu lassen.«

Bei den momentan herrschenden Witterungsverhältnissen war es absurd zu glauben, Al könnte mit seiner Bemerkung recht behalten. Ich tat seinen beunruhigenden Kommentar als einen so dahingeworfenen Satz ab. In dem Moment konzentrierte ich meine ganze Aufmerksamkeit auf unsere Situation und die niederschmetternde Erkenntnis, daß Brians dritter Everest-Versuch definitiv gescheitert war, bevor er überhaupt so richtig begonnen hatte.

»Das heißt, die Entscheidung steht fest? Das war's also?«

Barney sah Al an, der bestätigte: »Ja. Wir drehen um.«

»Dann müssen wir eine Unterhaltung filmen, in der ihr uns die Gründe für diese Entscheidung nennt.«

Kees packte die Kamera aus und filmte mein Interview mit Brian, Barney und Al. Brian redete immer noch davon, es am nächsten Tag erneut versuchen zu wollen, doch meiner Meinung nach glaubte auch er nicht so recht daran, weil er nämlich im gleichen Atemzug etwas anderes vorschlug.

»Al könnte doch statt dessen gehen. Ich gebe ihm meinen Gebetsschal, damit er ihn auf den Gipfel bringt, und ich kann so mein Versprechen dem Dalai Lama gegenüber halten.«

Wir packten die Kamera weg und machten uns schweigend für den Abstieg bereit. Spannung lag in der Luft. Es hätte nicht viel gefehlt, und unsere Meinungsverschiedenheit wäre in einen massiven Streit ausgeartet.

Bevor wir uns an den Abstieg machten, blickte ich noch ein letztes Mal den Hang hoch auf die beiden aufsteigenden Kletterer, die allein sein würden dort oben, sobald wir einmal den Rückmarsch angetreten hatten. Sie bewegten sich nicht, sondern lehnten sich über ihre Eispickel gebeugt dem wütenden Wind entgegen. Sie befanden sich etwa zweihundert Meter über uns. Hoch über ihnen wartete Lager Fünf auf sie. Voller Neid dachte ich, daß sie in nur wenigen Stunden dort sein würden.

Dann kehrten wir der Nordflanke über uns den Rücken zu und begannen unseren Abstieg zum Sattel. Al und ich bildeten die Vorhut, Kees folgte ein wenig langsamer, und dahinter half Barney Brian.

Ich befand mich in einer Art Schockzustand, betäubt von einer Mischung aus Wut und Frustration. In einer knappen halben Stunde waren fünf Monate Training, Organisation und anstrengender Aufstieg einfach so vom Tisch gefegt worden. Der ganze Elan war dahin: Bis zu diesem Zeitpunkt hatten uns unsere phänomenale Motivation und der Glaube an das Projekt vorangetrieben … und jetzt sollte sich das Ganze als absolute Zeitverschwendung herausstellen.

Was tun? Wie konnte ich den Film aus diesem Engpaß wieder herausbugsieren? Fieberhaft überlegte ich, welche Möglichkeiten mir blieben, während wir zum Sattel abstiegen. Eigentlich hätten wir alle absteigen und somit den Weg für das zweite Team frei machen müssen. Wenn einer von uns einen neuerlichen Versuch starten wollte, würde er mit Simon und Co. ins Gerangel kommen und deren Chancen verringern. Das sagte mir zumindest mein von Sauerstoffmangel umnebeltes Hirn.

Als wir am Sattel angekommen waren, mußte ich jedoch erkennen, daß meine Logik nicht ganz schlüssig gewesen war. Das B-Team erreichte den Sattel nicht in dieser Nacht, sondern erst am Tag darauf. Das eröffnete uns die Möglichkeit, ein paar Mitglieder unseres Teams einen Gipfelsturm starten zu lassen, ohne dabei die anderen in irgendeiner Weise bei ihrem Versuch zu behindern – solange wir auf unserem Rückweg Lager Sechs schnell genug räumten.

Mir kam der Gedanke, daß ich meine Wut ausnützen könnte. Wenn es mir gelingen sollte, meine Frustration von einer negativen in eine positive Energie umzuwandeln, würde sich die Situation vielleicht bessern.

Zwanzig Minuten »Wutkontrolle« später fragte ich Al: »Was hältst du davon, wenn wir beide einen Gipfelversuch machen?«

Al ließ sich Zeit dabei, seine Schneegamaschen auszuziehen, während er über die Frage nachdachte. Wenn er irgendwelche Zweifel haben sollte, war er doch so nett, sie nicht laut zu äußern.

»In Ordnung. Aber was ist mit dem Film?«

»Wir können dich jetzt in den Vordergrund rücken. Was wir mit dir an Interviews und Tagebuchaufzeichnungen haben, ist schon ganz gut, und Brian kann dir seinen Dalai-Lama-Schal geben, den du oben auf dem Gipfel an den Tripol hängst, so wie Brian es vorgeschlagen hat.«

»Wir müssen das Ganze noch mit Simon besprechen. Schreckt dich das nicht ab, nach der heutigen Tour noch einmal den Grat hoch zu müssen?«

Ich wußte, was Al mit seiner Frage meinte. In der Tat hatten wir die Energie eines ganzen Tages in diesen mißglückten Trip gesteckt, Energie, die wir unter Umständen später einmal dringend brauchen würden.

»Ich denke, das geht schon klar, wenn wir morgen nur früh genug aufbrechen.«

Als Barney und Brian endlich den Sattel erreichten, war Brian total fertig. Er war so ausgelaugt, daß er die kleine Steigung bis ins Lager kaum noch bewältigte. Ich erkannte voller Scham, daß Barney und Al Brians Zustand richtig eingeschätzt hatten. Auf dem Grat hatte er noch fit ausgesehen, in Wirklichkeit verheizte er seine Energie schneller, als man es ihm ansah. Als wir ihn filmten, wie er vor den Zelten erschöpft zu Boden sackte, meldete sich mein Gewissen. Nichts – nicht einmal mein kostbarer Film – war es wert, Brian irgendeiner Gefahr auszusetzen. Barney und Al hatten Brian gerade noch rechtzeitig umkehren lassen.

Als Barney Brian eine Trinkflasche reichte, hatte dieser kaum die Kraft, sie bis an die Lippen zu führen. Doch sobald die Kamera lief, fand er genügend Energie, um ein paar Worte hinzuwerfen.

»Ich habe nicht mehr die Kraft, noch einmal nach oben zu gehen. Al, du übernimmst jetzt.« Ein Hustenanfall warf ihn zu Boden. Er sah benommen und wirklich schwer angeschlagen aus.

Später am Abend funkten wir ins Basislager runter und gaben Simon die Ereignisse des Tages durch. Er blieb gelassen und schien überhaupt nicht überrascht darüber, daß Brians Versuch gescheitert war. Barney gab mir das Funkgerät, damit ich Simon meinen Plan unterbreiten konnte.

»Al und ich wollen weitermachen und so weit nach oben steigen, wie es eben geht, um den Film zu Ende zu bringen. Ist das in Ordnung?«

Ich konnte fühlen, wie mir in der kleinen Pause, die folgte, der Puls in den Schläfen pochte.

»Okay. Ich habe nichts dagegen. Was ist mit Kees?«

»Er geht mit den anderen runter ins Basislager und filmt Brian.«

»Gut. Viel Glück! Gebt uns morgen nach 17 Uhr Bescheid, wie es läuft.«

Benommen von dem Tempo, mit dem sich die Dinge entwickelt hatten, kehrte ich zurück zum Zelt, wo ich Kees antraf, der gerade Tee aufbrühte. Die ganze Expedition war in ein paar Stunden vollkommen umgemodelt worden. Al – und nicht Brian – war jetzt die Hauptfigur, der wir im Film bis zu den höchsten Steilhängen des Everest folgen würden. Ich war nur dankbar, daß wir in den letzten Wochen mehrmals die Gelegenheit ergriffen hatten, Al zu filmen. Wenn wir kein Material mit ihm gehabt hätten, wäre sein später Auftritt im Film für den Zuschauer verwirrend gewesen.

Glücklicherweise kam auch Alans direkte und praktische Art im Film gut rüber.

Trotzdem gab es noch wichtige Fragen hinsichtlich der zusätzlichen Aufnahmen und Sequenzen, die wir brauchten, um Alans Aufstieg vollständig zu dokumentieren. Nicht zuletzt mußten wir entscheiden, wie Al auf dem Gipfel gefilmt werden sollte. Doch das Wichtigste für mich war jetzt Schlaf.

9. Kapitel

Am nächsten Morgen zwängten wir uns in Brians Zelt und filmten, wie er Al seinen Schal übergab. Diese Übergabe war mehr als nur eine leere Geste, sie bedeutete wirklich etwas. Brian hatte während einer Audienz in Daramsala dem Dalai Lama versprochen, daß er nichts unversucht lassen würde, um den Schal an den Tripol zu hängen. Bereits zweimal war Brian gescheitert und hatte sein Versprechen nicht einlösen können. Vielleicht würde der Schal bei diesem dritten Versuch endlich seinen Bestimmungsort erreichen.

»Sprich ein Gebet für den Weltfrieden«, forderte Brian Al pompös auf. »*Om mane padme hum*, heil dem Juwel im Lotus!«

Eine Stunde später verabschiedeten wir uns voneinander. Kees nahm eine der Kameras mit nach unten, um Brians Abstieg und eventuelle Funkgespräche im Basislager aufzunehmen. Al und ich packten unsere Rucksäcke und hängten uns an die Fixseile ein, um erneut den Nordgrat hochzuklettern.

Der Wind war stärker als am Vortag. Die Böen fegten mit größerer Wucht über die Flanke. Trotzdem stiegen wir den Abhang zügig hoch, ohne die zahlreichen, gefährlich langen Pausen, die die Kletterpartie vom Vortag gekennzeichnet hatten. Seelisch war ich nun weitaus besser auf den Grat vorbereitet: Ich wußte jetzt aus eigener Erfahrung, wie sehr das

Tempo zählte, und so konzentrierte ich mich darauf, einen Rhythmus zu finden, den ich beibehalten konnte, ohne meine Beine zu überanstrengen.

Al stapfte schweigend voran, stark wie immer, und hielt nur an, wenn er sich seine Kopfbedeckung oder seinen Sturmanzug zurechtziehen mußte.

Diesmal versuchte ich eine andere Technik: Ich zählte nicht mehr die Schritte zwischen den einzelnen Atemzügen, denn das war zu demoralisierend, wenn es weniger und weniger wurden. Statt dessen suchte ich mir Orientierungspunkte auf dem Grat aus – hervorstehende Felsen oder die orangefarbenen Sauerstoffzylinder – und legte für mich eine Zeit fest, in der ich sie erreicht haben mußte.

Die ganze Selbstgefälligkeit des Vortages war wie weggeblasen. Mir war klar, daß Al meine Leistung heute und morgen mit Adleraugen beobachten würde. Genauso wie Brian zur Umkehr gezwungen worden war, konnte das auch mir passieren, wenn Al bei mir irgendeine Schwäche bemerken sollte. Er wußte, wie wenig Höhenerfahrung ich hatte, und es lag weder in seinem noch in meinem Interesse vorzugeben, ich könnte den Gipfel erklimmen, wenn ich mich dabei in Schwierigkeiten bringen würde. Sein Bergführerinstinkt würde das nicht zulassen.

Überraschenderweise hatte ich einen klareren Kopf als am Tag zuvor. Vielleicht war der Höhenausflug doch keine Zeitverschwendung gewesen. Wir hatten zwar am Vortag nicht gerade wenig Energie in unseren scheinbar nutzlosen Aufstieg verpulvert, doch kam uns die weitere Akklimatisierung, die wir unseren Körpern aufgezwungen hatten, jetzt, wo wir zum zweiten Mal ohne zusätzlichen Sauerstoff die 7.500-Meter-Marke anstrebten, sehr zugute.

»Kletter hoch, schlaf tief«, lautet eine häufig zitierte Maxime. Und das hatten wir getan.

Nach nur drei Stunden praktisch ununterbrochenen Anstiegs erreichten wir den Punkt, an dem Brian umgekehrt war – mehr als doppelt so schnell als am Vortag.

Heftiger Wind kam auf und bombardierte uns mit kleinen schwarzen Steinen und Eisteilchen. Glücklicherweise kam er aus westlicher Richtung. Wenn wir Gegenwind gehabt hätten, dann hätten wir Schwierigkeiten gehabt, überhaupt voranzukommen. Während der heftigeren Böen war es absolut unmöglich weiterzugehen. Der Wind hätte uns umgeweht. Wir lehnten uns tief in den Grat hinein, die Steigeisen mit allen Zacken fest in das Eis gerammt, um mehr Standfestigkeit zu haben.

Ich bemerkte, daß sich Al an das Fixseil eingehängt hatte, was er während der letzten Wochen der Expedition nur sehr selten getan hatte. Er war, wie auch ich, offensichtlich der Meinung, daß der orkanartige Wind uns ohne die Rettungsleine vom Grat geweht hätte.

Wir wurden sehr langsam und brauchten anderthalb Stunden, um das obere Ende des Schneeabschnitts zu erreichen. Wie gerne hätten wir ein wenig Schutz vor dem Wind gehabt, um Rast zu machen, doch es gab keinen. Die Nordflanke bietet keine natürlichen Zufluchtsmöglichkeiten vor dem Wind. Und so saßen wir, der ganzen Gewalt der Strahlströme ausgeliefert, da und machten Rast. In dem heulenden Wind konnten wir uns kaum ein paar Worte zuschreien.

Mehr als fünf Minuten hielten wir es nicht aus, denn unsere Hände und Füße wurden bereits taub. Wir setzten unseren Weg durch die Felsbrocken fort und folgten den Seilen, die – wenn man nach ihrem Aussehen urteilte – seit Jahren dort hingen. Der Wind riß wütend an ihnen.

Ich erwartete, daß Lager Fünf ziemlich schnell vor uns auftauchen würde, doch der verkürzende Effekt, der zustande kommt, wenn man auf der Gratlinie entlang hochblickt, hatte mir die Zelte wesentlich näher erscheinen lassen, als sie es in Wirklichkeit waren. Barney und Al hatten recht gehabt: Der Weg zu Lager Fünf war alles andere als ein gemütlicher Spaziergang, selbst dann, wenn man den Schneeabschnitt einmal hinter sich hatte.

Das Gelände war schwierig. Wir mußten häufig über große Stufen nach oben steigen, und der Untergrund bestand zum Teil aus lockerem Gestein. Die Fixseile waren oft mehr hinderlich als nützlich. Sie verhedderten sich in den Zacken unserer Steigeisen und machten das Auffinden der Route vielfach komplizierter als nötig. Viele waren gelegt worden, als der Grat noch von Schnee bedeckt war, und jetzt, wo der Schnee weggeschmolzen war, wehten die Seile lose im Wind, und die Seilverankerungen schlugen nutzlos gegen die Felsen.

Während einer unserer häufigen Verschnaufpausen beobachtete ich einen kohlrabenschwarzen Vogel, der den Auftrieb des Windstroms ausnutzte, um sich nach oben zu schrauben. Die höheren Hänge sind für diese Aasfresser aus einem einzigen Grund attraktiv: Sie sind hinter der reichen Ausbeute her, die sie in den verlassenen Lagern finden. Am Ende des Winters schmilzt die Schneedecke, und Essensreste und Leichen kommen zum Vorschein.

Der Frühling ist eine erfreuliche Jahreszeit im Himalaja, wenn man Flügel hat und ein Aasfresser ist.

Ich fand es erstaunlich, daß sich solch ein winziges Wesen durch Winde nach oben kämpfen konnte, die uns beinahe umbliesen. Noch erstaunlicher fand ich, daß die Vögel in einer Höhe von über 7.500 Metern überlebten. Ich fragte mich, bis in welche Höhen sie fliegen konnten und ob jemals einer dieser Vögel auf dem Gipfel gelandet war.

Ständig paßte er seine Flügel den verschiedenen Windströmen an und gewann so unglaublich schnell an Höhe.

Unseren siebenstündigen Aufstieg hatte er wahrscheinlich in ebenso vielen Minuten bewältigt. Voller Bewunderung beobachtete ich ihn noch einen Augenblick, bis er hinter ein paar Felsen über uns aus meinem Blickfeld verschwand.

Ich hatte mich so darauf konzentriert, nicht über die Felsbrocken zu stolpern, daß ich die Wolkenbank nicht bemerkt hatte, die hinter uns aufgezogen war. Sie hüllte uns jetzt vollständig ein und beschränkte die Sichtweite auf weniger als zehn Meter. Die schemenhafte Gestalt von Al verschwand regelmäßig in der dichten Brühe, doch ich zog die Wolke dem Wind vor, der in der Zwischenzeit ein wenig abgeflaut war.

In der Wolke nahm jedes Geräusch vollkommen andere Klangeigenschaften an. Das harte, metallische Klicken von Metall gegen Stein hörte sich plötzlich leise und gedämpft an, und zum ersten Mal, seit wir den Nordsattel verlassen hatten, konnte ich mich atmen hören. Auch hatten wir jegliches Gefühl für unseren Standort verloren, weil wir außer unserer direkten Umgebung nichts mehr sahen. Wenn nicht die unglaublich dünne Luft und die überall längs der Route herumliegenden Sauerstoffzylinder gewesen wären, hätte man meinen können, wir befänden uns auf einem hohen Grat in den Alpen.

»Die ersten Zelte!« Alans Stimme drang aus der Brühe zu mir.

Lager Fünf war ganz anders, als ich es erwartet hatte. Ich hatte es mir als ein flaches Feld auf dem Grat vorgestellt, mit Platz für zehn bis fünfzehn Zelte. In Wirklichkeit ist es gar kein »Lager« in dem Sinn, wie es das vorgeschobene Basislager und das Lager auf dem Nordsattel sind. Es besteht aus mehreren freigeräumten Plattformen, die sich über etwa vierhundert Meter den Nordgrat hochziehen. Bereits die luxuriöseren Plattformen können nicht mehr als vier oder fünf

Zelte beherbergen. Die meisten anderen bieten kaum Platz für eines oder zwei. Es gibt praktisch keinen Schutz vor dem Wind.

Da wir keine Ahnung hatten, wo sich die drei Zelte von Himalayan Kingdoms befanden, blieb uns nichts anderes übrig, als den Grat weiter nach oben zu steigen, bis wir auf sie treffen würden.

Ich war nicht darauf vorbereitet gewesen, wie lange das in Anspruch nehmen würde, und schon bald wollte mein Körper mir einfach nicht mehr gehorchen. Ich hatte angenommen, daß »in Lager Fünf ankommen« bedeutete, daß ich mich ausruhen konnte. Und jetzt kochte ich, wie ein Gefreiter, dessen »Kontrollpunkt« nach einem langen Übungsmarsch immer weiter vor ihm zurückweicht, innerlich vor Wut über die ganze Extraarbeit, die wir leisten mußten. Ich versuchte, mir einzureden, daß es nur noch fünf Minuten dauern konnte. Dann sagte ich mir eine halbe Stunde. Doch eine Stunde später quälten wir uns immer noch in Kriechgeschwindigkeit den Grat hoch.

Jedesmal, wenn wir oben wieder Zelte auftauchen sahen, schoß neue Energie in meine Beine. Das muß doch sicher unser Lager sein? Ist es unser Lager? Und jedesmal, wenn wir erkannten, daß wir uns geirrt hatten, machte mein Kampfgeist eine Talfahrt. Immer öfter pausierte ich, lag zusammengesunken auf der Seite und starrte in den Nebel. Alle Motivation verließ mich, und mir kamen ernsthafte Zweifel, ob wir jemals unsere Zelte finden würden. Ich fand es zunehmend schwieriger, wieder aufzustehen und weiterzugehen.

Al, der eine bessere Kondition hatte als ich, wartete auf mich, während er sich die Zeit mit seiner Lieblingsbeschäftigung vertrieb und im Müll alter Lagerstätten stöberte.

»Sieht nach Japanern aus«, murmelte er und zeigte mir eine Nudelsoße, die in Plastik eingeschweißt war.

Ich grunzte eine einsilbige Antwort, doch meine Aufmerksamkeit war woanders. Ein Höhenteufelchen flüsterte mir schon wieder ins Ohr, was für einen Sinn es überhaupt mache, Lager Fünf zu finden? Wen interessiert's? Wofür die ganzen Schmerzen? Hier stehen haufenweise Zelte rum – leg dich in eins und schlaf.

Die Wolke verzog sich langsam. Hier und da erhaschten wir einen atemberaubenden Blick auf den Gletscher unter uns. Wir konnten den Changtse sehen und darunter den Nordsattel. Mit Mühe machte ich die winzigen Punkte unseres Lagers aus, in dem Team B inzwischen angekommen sein mußte und sich ausruhen würde – gerade mal einen Tag hinter uns.

Als wir den nächsten Buckel erklommen hatten, standen wir vor den drei Zelten. Ohne es zu wissen, hatten wir ein paar Meter von ihnen entfernt zehn Minuten Pause eingelegt. Mingma hörte uns kommen und steckte den Kopf zum Zelteingang hinaus.

»Hier!«

Wir saßen vor dem Zelt der Sherpas und tranken heißen Tee aus Lhakpas Thermoskanne. Die beiden Sherpas hatten die letzten beiden Tage hier im Lager auf uns gewartet und waren ebenso erleichtert wie wir, daß wir endlich da waren. Sie hatten mit zusätzlichem Sauerstoff geschlafen, was ihnen sicher geholfen hatte, die Zeit zu überstehen. Trotzdem langweilten sie sich und sehnten sich ganz offensichtlich danach, Lager Fünf zu verlassen.

»Bhaje umgekehrt?« Lhakpa benutzte den Spitznamen, den die Sherpas Brian gegeben hatten.

»Ja. Bhaje fix und fertig«, antwortete Al.

»Und andere?«

»Simon kommt morgen mit Roger, Tore und Sundeep.«

»Okay. Wir gehen zu Lager Sechs morgen?«

»Ja. Was haltet ihr vom Wetter?«

Mit dem kundigen Auge der Sherpas, die ihr Leben im unbeständigen Wetter des Himalaja verbracht hatten, blickte Lhakpa aus dem Zelt zum Gipfel hoch. »Vielleicht zuviel Wind.«

Ich erholte mich langsam, dank der Wunderwirkung des Tees. Während Al die Einzelheiten des Aufstiegs am nächsten Tag mit den Sherpas besprach, fiel mir der Schmutz rund um die Zelte ins Auge.

Die Plattform war übersät mit den zerfledderten Überresten zurückgelassener Zelte, die wild im Wind flatterten. In nahezu jedem Zentimeter Eis fanden sich Seilstücke, halbvergrabene Essenstüten und Kleidungsteile. Scharfe metallene Schneepflöcke ragten aus dem Eis und waren mit Leinen verknüpft, die nirgendwohin führten. Große Eisflächen waren vom Urin gelb verfärbt, und gefrorener Kot lag in reichlichen Mengen ringsumher verstreut.

Dieses Chaos war offensichtlich über die Jahre hinweg angewachsen, von Expeditionen, die Ausrüstungsgegenstände zurückgelassen hatten oder deren Ausrüstung von Stürmen zerstört worden war. Es war ein deprimierender Ort, schmutzig und abstoßend. Ich konnte es kaum erwarten, wieder aufzubrechen, obwohl wir gerade erst angekommen waren.

Einen erfreulicheren Anblick boten die Sauerstoffzylinder neben dem Zelt der Sherpas, die auf einer ins Eis geschlagenen Plattform gestapelt waren. Sie zeugten von harter Trägerarbeit und waren ein weiterer Beweis für die Professionalität unseres Sherpa-Teams.

Im Zelt breiteten wir die Matten und Schlafsäcke aus und schleppten anschließend ein paar der Sauerstoffzylinder hinein. Ich schraubte meinen Regler an, stellte das Ventil auf anderthalb Liter und setzte mir die Maske auf. Es war das erste

Mal, daß ich zusätzlichen Sauerstoff benutzte, abgesehen von den ein oder zwei Atemzügen, die ich probeweise unten im Basislager gemacht hatte.

Hier oben, in 7.600 Metern Höhe, spürte man die Wirkung des Sauerstoffs sofort. Es dauerte nur drei oder vier Minuten, bis der pochende Kopfschmerz, der den ganzen Tag an mir genagt hatte, nachließ. Nach zehn Minuten war auch die leichte Übelkeit, die mein ständiger Begleiter gewesen war, verschwunden. Und nach einer Viertelstunde lachte ich vor lauter Freude, sauerstoffreiche Luft atmen zu dürfen. Selbst wenn mir ein Arzt widersprochen hätte, hätte ich doch schwören können, den Sauerstoff zu fühlen, wie er durch mein Blut strömte und meinen steifgefrorenen Fingern und Zehen Wärme brachte.

»Al, du glaubst nicht, was passiert, wenn du die Maske hier aufsetzt!«

Al war damit beschäftigt, seinen Rucksack auszupacken, und hatte seinen Sauerstoffzylinder noch nicht in Betrieb genommen.

»Hm?«

Ich wußte, daß Al gespaltener Meinung darüber war, ob er den Sauerstoff nehmen sollte oder nicht. Er hatte den K2 und all seine anderen Achttausender ohne zusätzlichen Sauerstoff bestiegen. Ich glaube, er hatte heimlich Angst, seinen Ruf als Englands erfolgreichster Hochalpinist zu verlieren.

Dennoch zog er sich die Maske über, und nach kurzer Zeit grinste er genauso glücklich wie ich vor sich hin.

»Ich weiß, was du meinst. Kein schlechter Stoff, das hier, nicht wahr?«

Wir experimentierten ein wenig mit den Ventileinstellungen und machten uns mit den unterschiedlichen Zufuhrmengen vertraut. Der Unterschied zwischen einem und anderthalb Litern pro Minute war minimal, doch wenn man die

Sauerstoffzufuhr auf einen halben Liter runterschraubte, wurde die Luft merklich dünn. Wenn man dagegen auf über zwei Liter pro Minute ging, war das wie Weihnachten – unsere sauerstoff-ausgezehrten Körper wurden richtig »high« vor lauter O_2.

Al erinnerte mich an die angenehme Tatsache, daß wir die drei überschüssigen Sauerstoffflaschen von Brian, Barney und Kees zur Verfügung hatten. Das bedeutete, daß wir statt nur einer zwei Flaschen pro Nacht verbrauchen konnten. Das gleiche galt auch für Lager Sechs. Simon hatte uns von Anfang an versprochen, daß genügend Sauerstoff für jeden dasein würde, um einen Gipfelversuch zu starten, und die zusätzlichen Sauerstoffreserven, die wir nun hatten, konnten sich als äußerst nützlich erweisen, sollten wir beispielsweise während eines Sturms in Lager Sechs festsitzen.

Der Sauerstoff hatte nicht nur meine Kopfschmerzen und meine Niedergeschlagenheit kuriert, ich merkte auch plötzlich, daß ich hungrig war. Al ging es ebenso. Wir aßen beide jeweils zwei »Wegelagerer-Mahlzeiten« und ein paar Pistazien, die ich vom vorgeschobenen Basislager mitgebracht hatte. Dann holten wir die Kamera heraus und drehten eine kurze Sequenz, wie wir im Zelt kochten und aßen. Ich filmte Al, wie er seine Sauerstoffmaske anlegte und sich in seinem Schlafsack zum Schlafen legte. Er filmte mich, wie ich eines der Fertigmenüs aß und mich über den Mangel an Kalorien beklagte, während ich mir gleichzeitig beide Backen mit Rindfleischeintopf und Klößen vollstopfte.

Es begann schon zu dämmern, als Al die Kamera nach draußen brachte und den Ausblick über den Pumori filmte.

»Schwenk die Kamera einmal über die ganze Plattform«, rief ich, »und achte darauf, daß man die ganze Scheiße und die zerfetzten Zelte sieht.«

»In Ordnung.«

Im Dämmerlicht begann ich in meinem Rucksack nach der Stirnlampe zu suchen. Nachdem ich sie nach zweimaligem Kramen immer noch nicht gefunden hatte, kippte ich den ganzen Inhalt des Rucksacks auf den Zeltboden. Nichts. Ich rutschte zur Seite und blickte unter den Schlafsack, dann hinein. Wieder nichts. Dann überprüfte ich die Zeltecken, meine abgelegte Kleidung, und Al sah auf seiner Seite im Zelt nach. Nichts.

Ich konnte es nicht fassen: Ich war mir hundertprozentig sicher, daß ich am Morgen die Stirnlampe in den Rucksack gepackt hatte. Ganz deutlich erinnerte ich mich auch noch daran, daß ich die beiden Ersatzbirnen und Batterien überprüft hatte, die mit Klebeband an der Stirnlampe befestigt waren. Und jetzt schien sich alles in Luft aufgelöst zu haben.

Der Ernst der Situation beschränkte sich nicht auf die kleinere Unannehmlichkeit, während der Nachtstunden kein Licht im Zelt zu haben. Mein Gipfelversuch wurde dadurch unmöglich gemacht. Am Tag der Gipfelbesteigung steigt man fünf bis sechs Stunden in absoluter Dunkelheit auf, und ohne eine Stirnlampe würde ich nirgendwohin gehen.

In immer größerer Verzweiflung durchsuchte ich wieder und wieder meinen Rucksack. Innerlich verfluchte ich mich für meine Nachlässigkeit. Hier oben gab es keine Ersatzlampen, und zu versuchen, eine von einer anderen Expedition auszuleihen, würde diese lediglich in die gleiche mißliche Lage bringen. Verdammt, wie konnte ich nur so schusselig sein?

»Vielleicht ist sie bei einer unserer Filmpausen aus dem Rucksack gefallen.« Al klang mitfühlend, obwohl er allen Grund hatte, verärgert zu sein. Meine Dummheit konnte seinen Gipfelversuch ebenfalls gefährden.

In Gedanken rollte ich den Tag nochmals auf. An einem

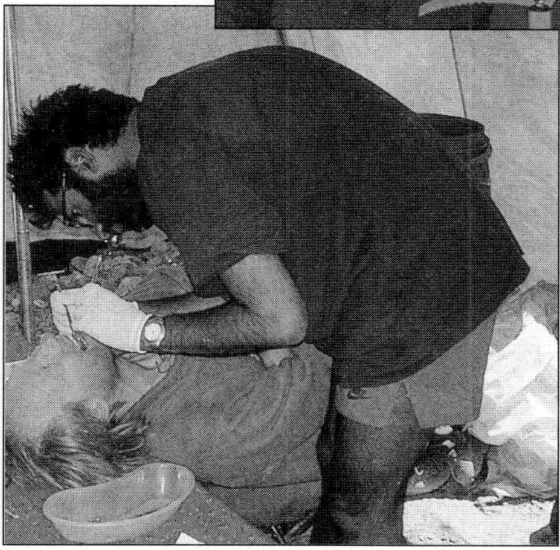

Matt Dickinson (links) und Brian Blessed (rechts) im Basislager kurz vor dem ersten Akklimatisierungsausflug über den Rongbuk.

Links: Expeditionsarzt Sundeep Dhillon behandelt ein Zahnproblem von Kameramann Kees 't Hooft. Bei extremer Kälte springen Plomben leicht und fallen dann heraus.

Unten: Die Nordflanke des Mount Everest vom Tibetanischen Plateau aus. Die berühmte Eiskristallfahne ist deutlich sichtbar.

Die Nordflanke des Mount-Everest vom Rongbuk-Kloster aus. Der Berg beherrscht das Tal, obwohl er sich in einer Entfernung von über dreißig Kilometern befindet.

Rechts unten: Kameramann Ned Johnston filmt mit seiner 16mm-Kamera auf dem Rongbuk-Gletscher.

Unten: Mitglied des Sherpa-Teams bei der *puja*-Zeremonie vor dem Aufbruch zum Berg.

Das vorgeschobene Basislager am oberen Ende des östlichen Rongbuk-Gletschers in einer Höhe von 6.450 Metern. Im Hintergrund sind die furchterregenden Eisklippen des Nordsattels zu sehen.

Mitglieder des *Himalayan-Kingdom*-Teams am Nordsattel.

Oben: Das B-Team im Basislager. Von rechts nach links: Sundeep Dhillon, Simon Lowe (Expeditionsleiter), Richard Cowper, Tore Rasmussen, Roger Portch.

Oben links: Die Nordflanke des Everest am 10. Mai 1996, als die Sturmwolken auf den Berg zurollten.

Links: Der Nordgrat des Mount Everest (links im Bild), der zum Nordostgrat führt (am Horizont). Der Gipfel ist oben rechts. Den *First Step* und den *Second Step* erkennt man als Buckel auf dem Grat.

Sherpa Lama, Ang Tsering und Rob Hall während der *puja*-Zeremonie auf der Rückseite des Mount Everest.

Rechts: Beck Weathers, Mitglied der *Adventure-Consultants*-Everest-Expedition auf der Südseite des Berges. Weathers' wundersame Genesung - und Rettung aus den Bergen - ist eine der unglaublichsten Geschichten, die man sich vom Mount Everest erzählt.

Unten: 'Makalu' Gau wird vom Basislager auf der Südseite des Berges mit dem Hubschrauber geborgen - eine der höchsten Hubschrauberrettungen aller Zeiten.

Rob Halls Team im Basislager auf der Südseite des Everest (April 1996).

Brian Blessed (letzter) und das Team klettern über den Nordgrat. Am Horizont wirbeln Höhenwinde Eiskristalle auf. Der Gipfelversuch schlug mehrere Stunden später fehl, als klar wurde, daß die Gruppe nicht schnell genug vorankam.

Der Gipfelgrat. Der Gipfel ist in der Mitte des Bildes zu sehen. Lhakpa führt die letzten paar hundert Meter des Aufstiegs an. (Aufnahme mit der Schnappschußkamera)

Mingma, Gyaltsen und Matt Dickinson auf dem Gipfel des Mount Everest. (Aufnahme mit der Schnappschußkamera)

unserer Stops, im Felsbereich, hatte ich tief im Rucksack nach einer Batterie gekramt. Vielleicht war die Stirnlampe bei der Gelegenheit herausgefallen.

»Es ist fast sechs Uhr. Zeit für den Funkruf. Ich werde Simon fragen, ob sie sie in deinem Zelt auf dem Sattel gefunden haben.« Al nahm das Walkie-Talkie und funkte nach unten.

Als er mit Simon sprach, dachte ich über meine Lage nach. Selbst wenn sie unten meine Stirnlampe finden sollten, hätte ich sie nicht eher, als bis das B-Team am nächsten Nachmittag nach oben kam. Und dann – es sei denn, ich schaffte es in der Nacht zu Lager Sechs – wäre hier in Lager Fünf zu wenig Platz für uns alle. Das hieße, daß ich absteigen müßte. Eine Welle unerträglichen Selbstmitleids schwappte über mich. All das wegen eines einzigen, winzigkleinen Fehlers? Ich haßte mich für meine verdammte Trotteligkeit. Wo zum Teufel war die Stirnlampe?

Team B hatte den Sattel sicher erreicht und ruhte sich aus, als wir unseren Funkruf tätigten. Simon war erfreut zu hören, daß sich Lager Fünf in gutem Zustand befand, doch eine Suche in dem Zelt, das ich am Morgen verlassen hatte, brachte keine Stirnlampe zum Vorschein.

Al schaltete das Funkgerät aus.

»So 'ne Scheiße!«

»Sie muß hier irgendwo sein.«

Wieder machte ich mich daran, das Zelt zu durchsuchen. Ich schob den ganzen Krempel ans untere Ende des Zeltes und ging dann den Haufen so methodisch durch, wie es in den engen Verhältnissen eben möglich war. Nichts.

Dann fiel mir eine Falte in der Seitenwand des Zeltes auf. Ich steckte meine Hand darunter und zog die Stirnlampe hervor. Wie ich sie bei meinen vorherigen Suchaktionen übersehen haben konnte, lag jenseits meiner Vorstellungskraft. Meine einzige Erklärung dafür ist, daß mein Gehirn nach dem Sauerstoffmangel vom Aufstieg immer noch mit halber Kraft lief.

»Problem gelöst.« Al feuerte den Gaskocher an, um sich noch einen Tee aufzubrühen.

»Gott sei Dank!« Mir fiel ein Stein vom Herzen. Meine Chancen, den Gipfel zu erklimmen, waren gerade wieder gestiegen.

Wir funkten Simon an, um ihm zu sagen, daß wir die Stirnlampe gefunden hatten. Den Rest des Abends verbrachten wir damit, Tee und heiße Schokolade aufzubrühen. Gegen 21 Uhr bereiteten wir uns für die Nacht vor.

Mit der Maske zu schlafen war gewöhnungsbedürftig. Der russische Apparat war genauso unbequem wie häßlich. Die Haltebänder schnitten immer irgendwo ins Gesicht ein. Auch das Absaugsystem war unzureichend, so daß sich kleine Pfützen eiskalter Spucke in regelmäßigen Abständen im Flansch des Mundstücks ansammelten. Jedesmal, wenn wir uns umdrehten, um eine bequemere Schlafstellung zu finden, lief uns ein Rinnsal kalten, ekligen Speichels den Hals runter.

Doch wie schwierig es auch sein mochte, mit der Maske zu schlafen, die Aussicht, ohne Sauerstoff die Nacht zu verbringen, schreckte mich weit mehr ab. Ich verbrachte unruhige Stunden, denn jedesmal, wenn die Maske zu verrutschen begann, wachte ich auf, rückte sie zurecht und überprüfte, ob die Flasche immer noch die richtige Menge Sauerstoff abgab.

Der Wind war auch nicht gerade schlaffördernd: In einem Moment flaute er zu einem leisen Wispern ab, im nächsten krachte er mit lautem Getöse gegen die Zeltwände.

Um 5 Uhr hörte ich draußen die Sherpas, die für ihren Morgentee Schnee holten. Gegen sechs Uhr brannten unsere eigenen Gaskocher. Beim ersten Licht steckte Al seinen Kopf zum Zelt raus, um nach dem Wetter zu sehen.

»Wie sieht es aus?«

»So lala. Ziemlich viele Wolken.«

»Können wir zu Lager Sechs hoch?«

»Das einzige, was uns davon abhalten könnte, wäre der Wind. Wir müssen einfach sehen, wie es läuft.«

Wir gingen die Vorbereitungen zum Aufbruch langsam und methodisch an. Jeden Ausrüstungsgegenstand hakten wir einzeln auf unserer Liste ab, bevor wir ihn im Rucksack verstauten. Es ist erstaunlich, was für eine Riesenunordnung man in einem Zwei-Mann-Zelt veranstalten kann, und das letzte, was wir wollten, war, ein wichtiges Ausrüstungsteil zu vergessen. Ich ermahnte mich, genau zu überprüfen, ob meine Stirnlampe an ihrem Platz war. Und weil mir bewußt war, wie leicht uns selbst das kleinste Teilchen unserer Ausrüstung ausbremsen konnte, wenn wir es vergaßen, überprüfte ich es gleich noch einmal.

Al säuberte das Zelt, kurz bevor wir loszogen.

»Besser, wir lassen den anderen keinen Schweinestall im Zelt zurück.«

Dann verstauten wir die Sauerstoffzylinder in unseren Rucksäcken und brachen zu Lager Sechs auf. Es war das erste Mal, daß wir Flaschensauerstoff beim Aufstieg benutzten.

Das erste Hindernis war ein steiles Schneefeld direkt hinter unserer Zeltplattform. Selbst mit dem Sauerstoff, der langsam in unsere Masken einströmte, war es so früh am Morgen anstrengend, die Zacken der Steigeisen nach vorne in den Schnee zu drücken und den Eispickel tief in den Schnee zu rammen, um sicheren Halt zu bekommen.

Als ich keuchend und nach Atem ringend am oberen Ende des Schneefeldes angekommen war, überprüfte ich die Anzeige im Sauerstoffschlauch, um sicherzugehen, daß alles funktionierte. Ich hatte nicht den Eindruck, zusätzlichen Sauerstoff zu atmen. Doch in dem durchsichtigen Teil der Leitung war die Anzeige eindeutig eingeschaltet.

Ich hatte mir irgendwie vorgestellt, daß das Klettern mit zusätzlichem Sauerstoff wie Klettern auf Meereshöhe sein würde, doch auch hier hatte ich mich wieder einmal geirrt. Der Sauerstoff half zweifellos, doch nach plötzlichen Bewegungen fühlte ich mich trotzdem schwindelig und außer Atem.

Es wäre sicherlich hilfreich gewesen, wenn wir einen Schrittrhythmus hätten finden können, doch der Wind machte dies unmöglich. Nach einer knappen halben Stunde Marsch wurden wir von den heftigsten Windstößen gebeutelt, die wir bislang erlebt hatten. Jetzt, wo der Nordgrat immer enger wurde und an einigen Stellen sehr windexponiert war, mit langen Abhängen bis runter zum östlichen Rongbuk, mußten wir immer öfter stehenbleiben, um nicht in den Abgrund gefegt zu werden. Die Gewalt der Windböen war gleichzeitig erschreckend und beeindruckend. Zweimal wurden mir im wahrsten Sinne des Wortes die Beine unter dem Körper weggezogen, und ich landete zwischen den Felsen auf den Knien. Mit beiden Händen klammerte ich mich an jeden Halt, den ich finden konnte.

Nachdem wir eine Stunde so hin- und hergeschleudert worden waren, stiegen leise Zweifel in mir hoch. Wie lange noch konnten wir bei diesen Wetterverhältnissen weitergehen? Eine krankhafte Angst befiel mich, daß Al, wenn er mich so kämpfen sah, entscheiden könnte, daß der Wind zu stark war, und den Versuch abblasen würde. Jedesmal, wenn er anhielt, um seine Brille abzuwischen oder eine Verschnaufpause einzulegen, blickte er nach Westen – die Richtung, aus der der Wind blies –, um die Situation einzuschätzen. Zahlreiche Wolken hingen am Himmel, doch bis jetzt gab es noch keine Anzeichen für eine größere Ansammlung, die auf einen Sturm hätte hindeuten können. Wir kletterten weiter.

Ich war so beschäftigt damit, nicht umgeblasen zu werden, daß ich den Bergsteiger, der von oben auf uns zu kam, erst bemerkte, als er bereits auf unserer Höhe war. Es war John, der Leiter der norwegischen Expedition, der sich nach einem verheerenden Aufenthalt in Lager Sechs auf dem Weg nach unten befand. Er bewegte sich schwerfällig, hielt seine Brust umklammert und verzog vor Schmerz jedesmal das Gesicht, wenn er hustete.

»Was ist passiert?« fragte Al.

»Mein Hals. Ich habe die ganze Nacht lang gehustet und mir wahrscheinlich eine Rippe gebrochen.« Während er sprach, überkam ihn ein heftiger Hustenanfall, und er krümmte sich vor Schmerzen. Er wirkte total erschöpft. Wir wußten, daß es sein dritter Versuch war, den Everest zu besteigen.

»Was ist mit dem Rest deines Teams?«

»Sie haben heute morgen Lager Sechs verlassen ... Aber der Wind ...« Er drehte sich um und blickte den Grat hoch, wo Wolken vorbeijagten. Er zuckte die Schultern.

»Was ist mit dem Österreicher? Hast du etwas von ihm gehört?«

»Sieht schlecht aus. Er liegt im Koma. Gehirn- und Lungenödem.«

»Scheiße.« Wir hatten gehört, daß Reinhard in Lager Sechs war und Schwierigkeiten hatte, doch diese Neuigkeiten waren schrecklich.

Wir standen ein paar Minuten stumm da und verdauten Johns Worte.

»Nun ja. Viel Glück.« Er hob seinen Eispickel und machte

sich wieder an den Abstieg, ein einsamer Wanderer. Das Geräusch seines Hustens verlor sich schon bald im Wind.

Am späten Morgen näherten wir uns dem Punkt, an dem die Route den Nordgrat verläßt und quer über die Nordflanke verläuft. Hier mußten wir uns besonders darauf konzentrieren, nicht vom richtigen Weg abzukommen, denn zahlreiche alte Fixseile führten direkt den Nordgrat hoch. Wenn wir einen Fehler machten, konnten wir uns schon ein weites Stück von der Route entfernt haben, bevor wir es bemerkten, und dann einen langen Umweg zu Lager Sechs vor uns haben.

Al bestimmte, welcher Route wir folgten, und wir machten uns daran, einige Schneefelder, die von Streifen brüchigen Felsgesteins unterbrochen wurden, diagonal zu queren. Nach dem Monsun ist dieser Teil der Flanke ein tödlicher Lawinenhang, doch in der Vormonsunzeit ist der Schnee kompakt und fest. Der Schnee war eine willkommene Abwechslung von der Strapaze, sich über das Felsgestein zu kämpfen.

Nach 12 Uhr flaute der Wind rasch ab, und wieder zogen Wolken auf, ähnlich wie am Vortag. Schon bald wurden wir von der gleichen milchigen Brühe verschluckt, in die wir auf unserem Weg zu Lager Fünf geraten waren.

Um mich von der Anstrengung abzulenken, die mich jeder Schritt kostete, rief ich mir mein altes Mantra ins Gedächtnis zurück: »Jeder Meter nach oben ist ein Meter weniger zu gehen.« Diese Worte gingen mir ständig im Kopf herum. Sie hatten etwas Hypnotisches an sich und wiegten mein Hirn im Laufe des Tages in einen trance-ähnlichen Zustand. Am oberen Ende jedes Schneefeldes hielt ich an und versuchte abzuschätzen, wie viele Höhenmeter wir gewonnen hatten. Da wir querten, war der Höhenanstieg pro Stunde geringer als auf dem Grat. Eine mühsame halbe Stunde brachte uns oft nur etwa fünfzehn oder zwanzig Höhenmeter Gewinn.

Da die Flanke sehr steil war, konnten wir Lager Sechs nicht ausmachen. Meistens blieb auch der Gipfel unseren Blicken verborgen. Bei den Gelegenheiten, bei denen wir die Gipfelpyramide sahen, war mein einziger Gedanke, wie weit weg sie noch zu sein schien. Die Querung machte uns auf eindrucksvolle Weise die unglaublichen Proportionen der Flanke bewußt. Stunden vergingen, und der Gipfel war immer noch Kilometer von uns entfernt ... und fast einen Höhenkilometer über uns.

Irgendwann an diesem langen Nachmittag passierten wir die 8.000-Meter-Grenze. Wir waren jetzt mitten in der Todeszone, deren Name 1952 der Schweizer Arzt Wyss-Dunant geprägt hatte. Er beschrieb sie damals folgendermaßen:

> Überleben ist der einzig passende Begriff, um das Verhalten eines Menschen in dieser tödlichen Zone zu beschreiben, die etwa in 7.800 Metern Höhe beginnt. Leben ist dort unmöglich, und es erfordert den ganzen Willen eines Menschen, sich dort oben für ein paar Tage am Leben zu halten. Das Leben hängt an einem seidenen Faden, und zwar bis zu dem Punkt, wo der Organismus, erschöpft vom Aufstieg, in wenigen Stunden vom schläfrigen Zustand zum weißen Tod übergehen kann. Dies hängt in erster Linie vom Alter des Betreffenden ab und in zweiter Linie von seinen Energiereserven. Es ist jetzt keine Frage der Akklimatisierung mehr, sondern eine Frage von Stunden oder Tagen, die nur den Stärksten gewährt werden.

Die Uhr lief. Wir mußten schnell sein, doch das Wetter war weiterhin unberechenbar.

Etwas später am Nachmittag fing es leicht zu schneien an. Der Schnee bedeckte die Nordflanke, und die Wolke über uns hatte sich so weit verdichtet, daß sie zu einer richtigen Decke geworden war. Meine Zuversicht nahm spürbar ab. Unser gutes Vorankommen wäre umsonst, wenn die Wolke stärkere Schneefälle mit sich brachte.

Doch der Schneefall hörte so plötzlich auf, wie er gekommen war, und mit ihm verschwand auch die Wolke. Wir hatten jetzt nur noch ein kurzes Stück Weg vor uns, der Himmel war klar und blau und die Wolke bis auf Höhe des Sattels abgesunken.

Das Problem des Vortages, als mein Körper in den Leerlauf geschaltet hatte, sobald wir die untersten Zelte erreichten, war meine größte Sorge, als wir jetzt auf die ersten Zelte von Lager Sechs zusteuerten. Ich hatte Angst davor, wieder in dieses Tief zu sinken, und obwohl ich körperlich von den Strapazen des Tages ausgelaugt war, zwang ich mich geistig dazu, mich auf das extra Stück Weg einzustellen, das uns von unseren Zelten trennte.

Ich hätte mir keine Sorgen zu machen brauchen. Die Zeltplätze von Lager Sechs sind zwar über eine weite Fläche verteilt, doch der Höhenunterschied zwischen den oberen und den unteren Zelten ist weit geringer als in Lager Fünf. Eine halbe Stunde später standen wir vor unseren Zelten.

Die Sherpas hatten das Lager zwei Stunden vor uns erreicht und befanden sich bereits in einem der beiden Zelte, die während der letzten Wochen errichtet worden waren. Wie in Lager Fünf stand auch hier ein Stapel mit fein säuberlich aufgeschichteten Sauerstoffflaschen bereit.

Erleichtert trank ich den letzten Saft aus meiner Trinkflasche, setzte meinen Rucksack ab und legte mich hin, um mich auszuruhen. Es dauerte ziemlich lange, bis sich meine Atemfrequenz endlich beruhigte, und noch länger, bis mein

Kopf so klar war, daß ich meine Umgebung wahrnehmen konnte.

Lager Sechs befindet sich auf 8.300 Metern und ist damit das höchste Lager der Welt, was man auch deutlich zu spüren bekommt. Es liegt 600 Meter höher als Lager Fünf, und man hat von dort eine viel bessere Aussicht, so daß man die ganze Länge des Rongbuk-Gletschers überblicken kann, sofern nicht gerade eine Wolke die Sicht versperrt. Wenn an dem Tag nicht dieser Dunststreifen in nördlicher Richtung gewesen wäre, hätten wir vielleicht sogar das Kloster sehen können.

Der Blick auf den Sattel war auch weitaus beeindruckender als von Lager Fünf aus. Da wir einen guten Teil der Flanke gequert hatten, sahen wir jetzt auf die Westseite der Wand hinunter, und dahinter konnten wir die lawinengefährdete Südwestflanke des Changtse erkennen.

Irgendwo am unteren Rand dieser Flanke befand sich das katalanische Lager. Vom katalanischen Team hatten wir wenig Neues gehört, abgesehen davon, daß eines seiner Mitglieder wegen Herzbeschwerden nach Katmandu zurückkehren mußte. Von unserem günstigen Aussichtspunkt konnten wir sehen, daß die Hängegletscher der Westseite weit gefährlicher als die auf der Ostseite waren. Außerdem war die Route der Katalanen voll den hier vorherrschenden Westwinden ausgesetzt, wohingegen unsere Route auf der Ostseite etwas weniger exponiert lag.

Ich beneidete die Katalanen nicht. Über die Westroute bis zum Sattel aufzusteigen war ein schwieriges Unterfangen, und zudem hatten sie so gut wie keine Sherpa-Unterstützung. Im Vergleich zu ihrer Situation war unsere richtig rosig: Reichlich Sauerstoff und Essen erwarteten uns hier in Lager Sechs.

Die beiden Zelte standen fünfzehn Meter auseinander.

Das Zelt der Sherpas befand sich am oberen Rand eines Schneefeldes und unseres auf einer sehr engen Plattform etwas weiter unten. Beide neigten sich ungünstig den Hang hinunter, weil sie auf Flächen standen, die für ihren Nylonboden eigentlich nicht groß genug waren. Die Zelte waren mit unzähligen Halteseilen an Schneepflöcken und umherliegenden Felsen befestigt, damit sie während eines Sturmes keinen Schaden erlitten.

Gyaltsen kam aus dem Sherpa-Zelt rüber, um mit Al zu sprechen.

Im Basislager war mir aufgefallen, daß er ständig in Bewegung war, sein Schritt federnd und leicht. Hier oben bewegte er sich wie in Zeitlupe. Es war offensichtlich, daß er ausgelaugt war.

»Um wieviel Uhr wollt ihr heute nacht aufbrechen?«

Al zog seine Sauerstoffmaske zur Seite, um antworten zu können.

»Aufwachen um Mitternacht. Aufbruch um zwei.«

»Okay.«

Gyaltsen zeigte uns, wo die Gasflaschen zum Kochen im Schnee versteckt lagen, und trottete dann das Schneefeld hoch, um zu Mingma und Lhakpa ins enge Kuppelzelt zu kriechen.

Al und ich saßen da, zu müde, um uns zu unterhalten, und beobachteten, wie sich Wolken über dem Rongbuk zusammenzogen. Rechts von uns, in einem der felsigen Abschnitte, standen etwa zehn Zelte anderer Expeditionen. Kein Lebenszeichen drang von dort zu uns hinüber.

Eine nörgelnde kleine Stimme in meinem Kopf sagte mir, daß wir ein paar Aufnahmen von Lager Sechs machen sollten, bevor die Wolken nach oben zogen und uns die Sicht nahmen. Als ich Al darum bat, stand er mühsam auf und tat, wie ich ihm geheißen hatte, ohne ein Wort der Klage – was ein beeindruckender Beweis seines Engagements war, sollte er sich auch nur halb so ausgepumpt fühlen wie ich mich.

Während Al filmte, schaffte ich es, meine Steigeisen abzuschnallen, die Schneegamaschen auszuziehen und in das Zelt zu kriechen. Sobald ich mich hingelegt hatte, wurden meine Beine von schmerzhaften Krämpfen geschüttelt. Ich hatte mich mittlerweile daran gewöhnt, daß sie mich praktisch nach jeder Klettertour überkamen. Schuld daran waren die Ober- und Unterschenkelmuskeln, die größten Muskeln im menschlichen Körper, die vom Gesäß bis zu den Knöcheln verlaufen. Auf beiden Seiten waren die Muskeln bretterhart, bis es mir schließlich gelang, meine Zehen anzuziehen und so den Schmerz zu lindern.

Nachdem Al mit dem Filmen fertig war, schlug er Schneeblöcke zum Kochen und ordnete ein paar flache Steine im Zelteingang an, auf die er die Gaskocher stellte. Nach ein paar Fehlzündungen brannte unser Kocher endlich, und kurz vor Einbruch der Dunkelheit hatten wir die ersten Töpfe mit Schnee auf der Flamme stehen.

Das Zeltinnere war vollgestopft mit Seilrollen und den Essenstüten, die wir im Basislager eingepackt hatten. Als ich meine Pakete aufriß, konnte ich nur den Kopf schütteln über meine Wahl der Nahrungsmittel, die ich vor Wochen getroffen hatte. Bereits der Anblick einer Dose mit Thunfischsalat, die ich so zuversichtlich eingepackt hatte, reichte jetzt aus, um mir den Magen umzudrehen. Wenn ich nur das Etikett mit dem Fisch darauf ansah, fühlte ich eine Welle der Übelkeit in mir aufsteigen. Fisch und Höhe vertragen sich nicht sonderlich.

Wir rissen Brians, Kees und Barneys Essenspakete auf und fanden verträglichere Nahrung. Am besten war das Müsli, das ich in eine Tasse heiße Schokolade rührte und warm aß. Dann wärmten wir ein paar »Wegelagerer-Mahlzeiten« auf und zwangen uns, sie zu essen, wobei wir zwischen den einzelnen Bissen einen Atemzug aus den Sauerstoffmasken nahmen.

Der Sonnenuntergang muß spektakulär gewesen sein, doch alles, was ich davon mitbekam, war ein roter Lichtschimmer, der sich auf dem Metall einer Sauerstoffflasche draußen vor dem Zelt spiegelte. Ich war wild entschlossen, kein bißchen Energie zu verschwenden. Und aus dem Zelt zu kriechen, um eine Fotografie zu machen, gehörte nicht zu den vorrangigen Dingen, ganz egal, wie schön der Sonnenuntergang auch war.

Unsere Hauptdiskussion drehte sich um den Sauerstoff. Drei Mitglieder unseres eigenen Teams waren ja jetzt definitiv aus dem Rennen, und so bestand die Möglichkeit, daß wir eine Flasche mehr für den Gipfelsturm mitnahmen. Dafür sprach, daß wir die Sauerstoffzufuhr dann höher einstellen konnten, was ganz offensichtliche Vorteile bot. Dagegen sprach das zusätzliche Gewicht, sechs Kilo mehr, und das war, in Anbetracht dessen, was vor uns lag, eine ernsthafte Überlegung wert. Wir wogen das Für und Wider ab und beschlossen schließlich, die Entscheidung hinauszuschieben, bis wir in ein paar Stunden unsere Sachen zusammenpacken und aufbrechen würden. (Als es soweit war, nahm Al eine zusätzliche Flasche Sauerstoff mit, ich nicht.)

Gegen 20 Uhr schmolzen wir gerade unsere dritte Runde Schnee, als sich von draußen Schritte näherten. Eine Gestalt bückte sich am Zelteingang und blickte mit blutunterlaufenen, verzweifelten Augen zu uns rein. Es war der Ungar, der zusammen mit dem Österreicher Reinhard Wlasich die Nordflanke ohne Sauerstoff hatte besteigen wollen.

Er sprach uns auf Französisch an, doch als er unsere fragenden Gesichter sah, versuchte er es auf Englisch.

»Ich brauche … könnt ihr vielleicht helfen … Sauerstoff

und Gas … bitte.« Die Worte kamen verzerrt und unverständlich aus seinem Mund. Er klang, als hätte er die ersten Symptome von Höhenkrankheit.

»Langsam. Beruhig dich erst mal. Was ist los?« Al machte ihm ein wenig Platz, damit er sich in den vorderen Teil des Zeltes knien konnte.

»Mein Freund liegt im Sterben. Ich bitte euch, helft mir, ihn zu retten. Wir sind in dem Zelt da drüben.« Er zeigte in die Nacht hinaus.

»Redest du von Reinhard?«

»Ja. Reinhard. Er liegt im Sterben. Wenn wir ihn nicht den Berg hinunterkriegen, dann stirbt er. Ihr müßt mir helfen.«

»Was ist mit dem Arzt von den Norwegern – Morton? Hat er ihn sich angesehen?«

»Ja. Am Nachmittag.«

»Und was hat er gesagt?«

»Er hat ein Ödem – in der Lunge und im Gehirn.«

»Ist er bei Bewußtsein?«

»Er liegt im Koma.«

»Nun, wenn er bereits im Koma ist, dann wird er sterben. Es gibt keine Möglichkeit, ihn vom Berg runterzuschaffen. Hast du Sauerstoff?«

»Er ist alle. Kann ich eine Flasche haben?«

»Du kannst so viele haben, wie du brauchst. Hast du einen Regler?«

»Ja. Aber wenn wir jetzt aufbrechen, können wir ihn retten.«

»Wie?« fragte Al ruhig.

»Ich weiß es nicht. Wir können ihn tragen. Ich muß etwas tun!« Der Ungar war außer sich und begann, seinen Frust an uns auszulassen.

»Wir können nichts tun. Egal, wie viele Leute wir hier

oben hätten, wir könnten ihn doch nicht runter zu Lager Fünf schaffen. Denk doch nur an die Felsen. Wie willst du ihn da abseilen?«

Der Ungar verstummte. Tief im Innern wußte er, daß Al recht hatte. Selbst wenn Reinhard bei Bewußtsein gewesen wäre, eine Rettung war unmöglich. Die Tatsache, daß er im Koma lag, kam hier oben in einer Höhe von 8.300 Metern einem Todesurteil gleich.

»Was glaubst du, wie lange wird er noch leben?«

»Ich weiß es nicht. Er atmet kaum noch.«

Al und ich tauschten einen Blick aus. Wir hatten gleichzeitig denselben Gedanken: Durch seine Entschlossenheit, bis zum bitteren Ende bei seinem Freund zu bleiben, brachte der Ungar sein eigenes Leben in Gefahr.

»Hör zu. Dein Freund hat keine Chance, lebend hier runterzukommen. Du mußt so schnell wie möglich absteigen, oder du wirst auch sterben. Hast du mich verstanden?« Al sprach jetzt sehr eindringlich. Er hämmerte die Neuigkeiten, so hart er konnte, in das umnebelte Hirn des Ungarn rein. Wieder verstummte er und ließ seine Worte wirken.

»Wenn du hierbleibst, bist du morgen abend tot. Also nimm jetzt zwei Sauerstoffflaschen, sieh zu, wie du durch die Nacht kommst, und hol dir, sobald es hell wird, noch eine Flasche, damit du es runter zu Lager Fünf schaffst. Okay?«

Der Ungar nickte langsam.

»Du kannst nicht mehr für ihn tun, als bei ihm zu bleiben. Es gibt keine Rettung für ihn. Aber wenn du noch länger hier bleibst, bringst du andere Leben in Gefahr. Hast du noch die Kraft, um morgen allein abzusteigen?«

»Ja.« Seine Antwort war kaum hörbar.

Er nahm die beiden Sauerstoffflaschen und ging in die Nacht hinaus, das Bild eines gebrochenen Mannes. Ich versuchte, mir vorzustellen, zu was für einer Hölle er zurückkehrte: In ein paar Stunden würde Reinhard tot neben ihm liegen.

»Weißt du, was so merkwürdig an der ganzen Geschichte ist?« Mir war gerade etwas Beunruhigendes eingefallen.

»Was?«

»Als Barney und du beschlossen habt, Brian auf dem Grat zur Umkehr zu bewegen, hast du Reinhard und seinen Kumpel gesehen, wie sie an uns vorbeigingen, und gesagt, daß sie wahrscheinlich sterben.«

»Stimmt. Ich konnte an ihrem Tempo sehen, daß sie zu langsam waren und in Schwierigkeiten geraten würden.«

Und dann erinnerte ich mich an noch etwas anderes: eine Diskussion, die ich mit Al gehabt hatte, bevor wir nach Katmandu aufgebrochen waren.

»Und erinnerst du dich an die Unterhaltung, die wir hatten, als du zu uns zum Essen gekommen bist?« Al hatte uns ein paar Wochen vor der Expedition in Hertfordshire besucht. »Du hast damals vorausgesagt, daß genau so etwas geschehen würde. Du sagtest, wir würden Lager Sechs erreichen und jemanden in ebendiesem Zustand vorfinden. Und wenn mich nicht alles täuscht, hast du auch gesagt, daß es ein Osteuropäer sein würde.«

»Ja, ich erinnere mich.«

»Findest du das nicht merkwürdig?«

Al dachte einen Augenblick lang nach. »Eigentlich nicht. Heutzutage gibt es so viele schlecht organisierte Teams auf dem Everest, daß die Wahrscheinlichkeit, hier oben jemanden in Schwierigkeiten anzutreffen, viel größer ist als die, daß keiner Probleme hat.«

Damit wandten wir uns wieder den Gaskochern zu und verloren kein weiteres Wort mehr über das Thema. Doch innerlich beschäftigte mich die aufwühlende Unterhaltung, die wir eben mit dem Ungarn geführt hatten. Warum hatte ich nicht mehr Mitgefühl? Warum hatten wir nicht wenigstens angeboten, nach Reinhard zu schauen für den Fall, daß er durch irgendein Wunder wieder aufgewacht wäre?

Die Wahrheit war, daß der Berg mir meine Menschlichkeit genommen, meine emotionalen Reaktionen blockiert hatte. Als ich erfahren hatte, daß Reinhard sterben würde, war ich weder überrascht noch schockiert gewesen. Es schien vielmehr ganz normal. Wir sind hier in Lager Sechs, auf 8.300 Metern Höhe, sagte mir mein Verstand, dies ist der Ort, an dem Menschen sterben, wenn etwas schiefgeht. Reinhard konnte nicht mehr geholfen werden. Uns allen war im Ernstfall nicht zu helfen. Wenn man bereit ist, so weit nach oben zu steigen, ist man aus freien Stücken einen Pakt mit dem Berg eingegangen, der besagt: »Ich bringe mich selbst in eine gefährliche Lage, und ich weiß, daß ich dabei draufgehen kann.« In Anbetracht des enormen persönlichen Engagements ist es vielleicht nicht verwunderlich, daß solche Luxusgüter wie Mitleid und Mitgefühl häufig zusammen mit dem übrigen überflüssigen Gepäck im Basislager zurückgelassen werden. Wenn wir derlei Gefühle mitgebracht hätten, würden wir sie jetzt vielleicht brauchen – für uns selbst.

So langsam ging mir die wahre Bedeutung der Todeszone auf.

10. Kapitel

Um 23 Uhr 20 fiel Al in einen leichten Schlaf. Das Geräusch seines rhythmischen Atems war durch die Sauerstoffmaske gedämpft. Um Mitternacht würde der Tag unserer Gipfelbesteigung beginnen.

Mein Körper schrie zwar verzweifelt nach Schlaf, doch der wollte sich nicht einstellen. Wie bei einem Kind, das hellwach in seinem Bett liegt und dem Weihnachtsmorgen entgegenzittert, jagte die Erwartung wie ein Adrenalinschuß durch meinen Körper. Ich zog den gefrorenen Stoff meines Daunenschlafsacks, so fest ich konnte, um meinen Kopf und lag absolut still.

Ich starrte in die Dunkelheit des engen Zeltes, alle Sinne überscharf auf die Windgeister gerichtet, die um uns herum Fangen spielten, und fiel in einen zen-ähnlichen Zustand der inneren Ruhe. Während meiner Zeit als langhaariger Teenie hatte ich, verstärkt durch die übermäßige Lektüre von Carlos Castaneda und Aldous Huxley, oft versucht, mich in diesen veränderten Bewußtseinszustand hineinzumeditieren.

Was ich nicht alles versucht hatte! In einem kerzenerleuchteten Schlafzimmer, das vom aromatischen Duft von Räucherstäbchen und den trance-stimulierenden, pentatonischen Synthesizerklängen der psychedelischen Band Gong erfüllt war, saß ich in der Halblotusposition und wartete darauf, in die Astralebene zu entschweben. Doch ganz gleich, wie lange ich für ein Ticket Schlange stand, aus meiner Reise nach Ixtlan wurde nichts. Wer weiß, vielleicht ist Hemel Hempstead nicht der beste Ausgangsort für einen Trip ins Nirwana.

Doch jetzt, eingeschlossen in diese winzige Plastikkapsel, 8.300 Meter über dem Rest der Welt, glitt ich mühelos in einen Zustand euphorischer Trance. Das enge Quasar-Zelt nahm plötzlich die Ausmaße einer Kathedrale an, das Kuppeldach glich enormen Rundbögen, die mehrere hundert Meter in die Luft ragten. Das beruhigende Zischen des Sauerstoffs, der in die Maske strömte, war wie Musik in meinen Ohren, panflötengleich, und der Wind murmelte mir mit wispernder Stimme ermutigende Worte für den bevorstehenden Tag zu.

Die Musik verklang und wurde durch den pulsierenden Rhythmus meines Blutstromes ersetzt, dessen Echo in den Tiefen meines Schädels widerhallte. Andere Phantasiebilder liefen vor meinen Augen ab. Ich sah mich, wie ich in den Ozean abtauchte und meine Lungen sich mit Wasser füllten.

Verzweifelt nach Luft ringend, kam ich in die Wirklichkeit zurück. Darum hatte die Musik aufgehört zu spielen: Der Sauerstoffzylinder war leer. Verwirrt und benebelt wie ich war, hatte ich Schwierigkeiten, meine Stirnlampe zu finden. Dann kämpfte ich mit dem eingefrorenen Reglerventil, das ich von der leeren Flasche schrauben mußte.

Das Zeltinnere war mit einer dünnen Reifschicht aus gefrorenem Kondenswasser überzogen. Bei jeder Bewegung fielen Regenschauer winziger Kristalle eiskalt und unangenehm auf meine bloße Haut.

Endlich gelang es mir, das Ventil auf einer neuen Sauerstoffflasche festzuschrauben. Ich stellte die Meßanzeige auf einen Liter pro Minute und kroch erschöpft zurück in den Schlafsack. Der Wachzustand war im Gegensatz zu diesem trance-ähnlichen Zustand alles andere als euphorisch. Die süßen Träume hatten sich in dünne Luft aufgelöst. Plötzlich fiel mir ein, daß knapp zehn Meter von unserem Zelt entfernt der Österreicher, Reinhard, im Sterben lag, ohne Hoffnung auf Rettung.

Lager Sechs, das uns noch ein paar Stunden zuvor wie ein einladender Zufluchtsort vorgekommen war, erschien mir nun wie ein Ort des Schrecken und der Angst. Die Tatsache, daß wir nichts für Reinhard tun konnten, rückte alles wieder in die rechte Perspektive: Hier bestimmte der Berg. Die Höhe, mit all ihren tödlichen Nebenwirkungen, sog das Leben aus einem starken, gesunden Bergsteiger wie aus einem kränkelnden Kind. Angesichts dieser unsichtbaren Kraft erschien unser eigenes Vorhaben vermessen und zum Scheitern verurteilt.

Die verbleibenden zwanzig Minuten bis Mitternacht lag ich da, kalten Angstschweiß auf der Stirn, und betete, daß das Wetter nicht umschlagen, mein Körper der Herausforderung gewachsen sein und – wichtiger als alles andere – daß ich keinen Fehler machen würde. Meine mangelnde Zuversicht in meine Fähigkeiten als Bergsteiger hatte mich seit dem ersten Tag der Expedition verfolgt. Jetzt packte mich die Angst, ich könnte stolpern, plötzlich fallen oder einen Teil meiner Ausrüstung durch meine Ungeschicklichkeit verlieren, wie es mir auf dem Sattel mit dem Abseilachter passiert war. Weiter unten waren diese Fehler ohne schwerwiegende Folgen geblieben, doch am Gipfeltag konnte der kleinste Fehler zum Verhängnis werden.

Wahrscheinlich waren auch Mallory und Irvine auf diese Art umgekommen …

Mitternacht. Alans Armbanduhr piepste ein paar Mal

schwach vor sich hin. Draußen konnte ich gedämpfte Rufe aus dem Zelt der Sherpas hören. Al kämpfte sich aus dem Schlaf hoch, dann machten wir uns an die mühsame Aufgabe, die Kocher in Gang zu setzen.

Das Feuerzeug ließ sich jetzt noch schwerer zünden, als es bereits in Lager Fünf der Fall gewesen war. Ich versuchte es vierzig, fünfzig Mal, bevor ich dem gefrorenen Gas endlich eine Flamme entlocken konnte. Als ich es geschafft hatte, war mein Finger aufgerissen und blutig.

Der Gaskocher brannte ein paar Sekunden lang mit lautem Zischen, fing dann zu husten an und verlöschte.

»Mistkerl!« So langsam haßte ich die Kocher.

Geduldig nahm Al das Feuerzeug. Es gelang ihm, den Kocher wieder in Gang zu setzen. Das lief nun schon seit Lager Fünf so. In der klirrenden Kälte und der dünnen Luft wurden die Propangaskocher extrem unzuverlässig. Sie gingen oft ohne ersichtlichen Grund aus und füllten das Zelt mit Übelkeit erregendem Gas, bis es uns gelang, sie wieder anzuzünden.

Sobald sie einmal aufgewärmt waren, schien das Gas besser zu fließen, und nach zehn Minuten frustrierten Herumhantierens hatten wir die beiden Kocher endlich so weit, daß sie lustig vor sich hin brannten. Al war damit beschäftigt, Schneeblöcke in topfgerechte Stücke zu schneiden, während ich versuchte, auf meiner Seite des Zeltes für etwas Ordnung zu sorgen.

Al, schlau wie immer, hatte sich die flachere, aufwärts geneigte Schlafplattform unter den Nagel gerissen, und ich durfte mir den verbleibenden Platz mit unserer sich hoch auftürmenden Ausrüstung teilen. Aufgrund der ungünstigen Neigung, in der das Zelt auf dem Schneefeld stand, herrschte im Innern, und besonders auf meiner Seite, ein heilloses Durcheinander.

Leere Sauerstoffzylinder, Essensrationen und Kletterausrüstung bildeten einen chaotischen Haufen im hangabwärts gerichteten Teil. Die Seitenwand des Zeltes beulte sich gefährlich unter dem Gewicht der Last aus, und ich stellte mir vor, daß der kleinste Riß den Stoff wie den Bauch eines Wales aufschlitzen und den Inhalt und mich auf den eisigen Abhang nach draußen katapultieren würde, wo ich eine Fahrt ohne Wiederkehr auf der Nordflanke antreten würde.

Ich versuchte, die schwereren Gegenstände am unteren Ende des Zeltes anzuordnen, damit sie aus dem Weg wären. Dann machte ich mich daran, die wichtigen Teile herauszusuchen, die wir für den bevorstehenden Tag benötigen würden: die Lithiumbatterien für die Videokamera, den roten Sturmanzug, die Überschuhe für meine Plastikstiefel. Im Lichtstrahl der Stirnlampe fiel mein Blick auf die Eßpakete, die wir vor sieben Wochen mit großem Optimismus im Basislager vorbereitet hatten.

In blauem Markierstift standen die Namen der Besitzer darauf: Tore, Simon, Sundeep, Barney, Brian … Ich riß Brians Paket auf und zerrte die köstlichen Müslipackungen heraus. Ich war sehr wählerisch geworden, und Müsli war eines der wenigen Nahrungsmittel, gegen die mein Magen nichts einzuwenden hatte.

Es dauerte über eine Stunde, den kompakten Schnee zum Schmelzen zu bringen. Wir teilten uns eine Packung Pistazien und tranken mehrere Tassen Tee und Bournvita, bevor wir die Töpfe erneut mit Schnee füllten, um den ganzen Vorgang zu wiederholen … unsere Trinkvorräte für den Aufstieg.

Die Sauerstoffmasken waren wie Maulkörbe, und so hatten wir wenig Lust, uns zu unterhalten. Statt dessen konzentrierten wir uns auf die überlebenswichtige Aufgabe, so viel Nahrung und Flüssigkeit in uns hineinzutrichtern, wie uns nur irgend möglich war.

Al hatte in den langen Jahren, die er auf Expeditionen im Himalaja verbracht hatte, die beneidenswerte Fähigkeit erlangt, aus der Seitenlage in eine Flasche zu pinkeln. Da ich keinen uringetränkten Schlafsack riskieren wollte, falls ich mich dabei ungeschickt anstellte, verließ ich mich auf die sichere, wenngleich mehr Energie kostende Technik, mich zum Pinkeln auf meine Knie zu kauern.

Die Minuten vergingen, und mit ihnen meldete sich ein anderes gefürchtetes Bedürfnis.

»Ich muß mal kacken.«

»Ich auch.« Al erging es nicht besser.

Die Aussicht, die Stiefel überzuziehen und hinaus in den eisigen Nachtwind zu treten, war einfach entsetzlich. Allein der Gedanke daran kostete Kraft.

»Wir bringen es besser hinter uns«, sagte Al. »Es führt kein Weg daran vorbei. Besser, man schleppt keine zusätzliche Last mit nach oben. Außerdem – wenn du jetzt schon keine Lust hast, die Hose runterzulassen, wie wäre es erst am Second Step!«

Als gieriger Konsument von Büchern über Everest-Expeditionen hatte ich mich immer gefragt, warum alle Hochalpinisten so ein Trara um ihre Körperfunktionen machten. Wo, in aller Welt, lag das Problem?

Wir brauchten fast fünfzehn Minuten, um uns für unseren kurzen Ausflug nach draußen vorzubereiten. Die Sauerstoffzylinder mitzunehmen war nicht gut möglich. Vorsichtig, um nicht die Kocher umzuschmeißen, kroch ich aus dem Zelteingang. Dabei trat ich gegen einen leeren Zylinder, den jemand draußen abgelegt hatte. Er fiel auf den Eishang, wurde immer schneller und machte sich auf den Weg nach unten. Es gab ein schepperndes Geräusch, als er auf die Felsen aufschlug, einmal, zweimal, er überschlug sich und kullerte die Nordflanke runter, außerhalb unserer Sichtweite, bis er irgendwann auf dem Gletscher aufkam, gut 1.800 Meter weiter unten.

Ein Fehler.

Während ich über den Eishang schlitterte, erkannte ich, daß das, was ich da tat, sehr, sehr dumm war. Ich hätte Steigeisen anschnallen und den Eispickel mitnehmen sollen. Ein Ausrutscher, und ich würde dem Sauerstoffzylinder die Flanke hinunter folgen. Mit Schaudern erinnerte ich mich daran, daß auf diese Art und Weise einer der taiwanesischen Bergsteiger vor nur wenigen Tagen auf der Südseite tödlich verunglückt war.

Ich kam an einen schmalen Absatz, und es gelang mir, den Daunenanzug und die wärmende Unterwäsche runterzuziehen. Trotz protestierender Waden- und Oberschenkelmuskeln hockte ich eine kleine Ewigkeit da, schnaufend und nach Luft schnappend. Ein paar Meter weiter hockte Al und tat das gleiche. Auf 8.300 Metern Höhe gibt es keine Scham mehr.

Seit meinem Aufenthalt auf dem Sattel hatte ich jedesmal starke Schmerzen, wenn ich meinen Darm entleeren mußte. Doch diesmal war es schlimmer als sonst. Mir schossen Tränen in die Augen. Mein ganzes System war total ausgedörrt, und ich fühlte mich, als ob ich entzweigerissen werden würde.

»He, Al, ich kriege hier gerade ein Baby.«

Als Antwort bekam ich nur ein Grunzen.

Mit den Schmerzen kam auch Blut – und nicht gerade wenig. Ich versuchte, nicht daran zu denken, was das bedeuten mußte, sondern tat es als das allen Bergsteigern wohlvertraute Leiden ab – Hämorrhoiden –, obwohl ich mir sicher war, daß ich keine hatte.

Als ich die Tortur hinter mich gebracht hatte, ließ ich mich wieder ins Zelt fallen, zog mir die Sauerstoffmaske über und atmete hungrig die sauber schmeckende Luft ein. In der Wärme des Schlafsacks steckte ich meine Hände zum Aufwärmen unter die Achseln – auch dies ein unerwartet schmerzvoller Vorgang.

Al kam ins Zelt zurück. »Bei dir alles in Ordnung?«

»Alles okay«, antwortete ich, weil ich nicht wollte, daß er wußte, wie es mir wirklich ging. Mir war kotzübel, ich hatte rasende Kopfschmerzen, und jetzt wußte ich auch, warum Bergsteiger Panik bekommen, wenn sie in Höhen über 8.000 Metern aufs Klo müssen.

Al gab noch ein paar Schneeblöcke in die Wassertöpfe und rollte sich dann in seinem Schlafsack zusammen, um sich aufzuwärmen. Nur mit Mühe konnte ich seine gedämpft aus dem Schlafsack dringenden Worte verstehen: »Meine Füße sind eingefroren.«

Draußen hörte ich, wie die Sherpas ihre Ausrüstung zusammenpackten. Gyaltsen kam über das Schneefeld zu uns rüber und rief ins Zelt: »Zwei Uhr. Fertig?«

»Wir brauchen noch eine Runde Tee«, antwortete Al. »Wir brechen in einer halben Stunde auf.«

Die beiden anderen Sherpas, Lhakpa und Mingma, gesellten sich zu Gyaltsen. Sie machten sich daran, den sauber aufgeschichteten Stapel mit den Sauerstoffzylindern zu sichten.

»Auf keinen Fall gehen wir mit kalten Fingern und Zehen los«, sagte Al zu mir. »Die müssen richtig schön warm sein, wenn wir aufbrechen, sonst riskieren wir, ohne sie wiederzukommen.«

Ich zog meine Innenstiefel aus und knetete meine Füße durch, bis wieder Blut durch die Zehen floß. Die kleineren Zehen fühlten sich seltsam wächsern an, als ob die Haut dort dicker wäre, als sie es eigentlich sein sollte.

Gestärkt durch eine letzte Tasse Bournvita und ein paar Ecken Schokolade standen wir dann draußen vor dem

Zelt, mit unseren Steigeisen und Neoprengamaschen an den Füßen. Über unseren »Michelin-Männchen«-Daunenanzügen trugen wir rote Berghaus-Windanzüge und darüber die Klettergurte. Unsere Bewegungsfreiheit war durch die Dicke dieser Spezialkleidung stark eingeschränkt, und ich mußte Al bitten, mir den Klettergurt festzuzurren, damit er fest um meine Taille saß.

Wir packten unsere Rucksäcke so, daß die Sauerstoffzylinder sicher darin standen. Dabei ist, wie auch bei allen anderen Dingen in dieser Höhe, größte Vorsicht geboten. Die Sauerstoffflasche muß aufrecht getragen werden. Wenn sie im Rucksack umfällt, könnte sich der Verbindungsschlauch biegen und die Zufuhr abschneiden. Im Basislager hatte ich mir ein System zurechtgelegt, und so rollte ich jetzt meine Isomatte zusammen und steckte sie in den Rucksack. In diese Rolle ließ ich den Sauerstoffzylinder gleiten. Er wurde von dem Schaumgummi fest an Ort und Stelle gehalten, und das Ventil lag frei.

Ein weiterer Vorteil dieses Systems war, daß die Isomatte sehr nützlich sein würde, wenn wir, aus welchem Grund auch immer, oben biwakieren mußten.

Im Geist ging ich eine Checkliste durch, während wir unsere Ausrüstung zusammenpackten. Skibrille in der Tasche vom Sturmanzug. Ersatzgletscherbrille in einer anderen Tasche. Stirnlampe mit zwei Ersatzglühbirnen und Ersatzbatterie. Zwei Trinkflaschen zu je einem Liter, gefüllt mit einem isotonischen, energiereichen Glukosegetränk. Walkie-Talkie funktioniert. Essen – Schokolade und Plumpudding – griffbereit. Neue Filme in beiden Fotoapparaten. Steigeisen-Reparaturset. Ersatzkarabiner. Abseilachter. Jumar-Steigklemmen.

»Wo hast du deine Getränke hin?« fragte Al.

»In den Rucksack.«

»Du tust sie besser in deinen Daunenanzug, direkt an deine Haut.«

Ich folgte Als Rat und steckte eine der Trinkflaschen in den Anzug. Die Sherpas warteten darauf, daß es losging. Mein Hirn suchte verzweifelt in meiner geistigen Checkliste nach einem fehlenden Teil, dem einen vergessenen Gegenstand, der den Gipfelsturm zum Scheitern bringen würde.

Es gab keinen. Wir hatten alles.

Wortlos drehten wir den Zelten den Rücken zu und begannen unseren nächtlichen Aufstieg. Lhakpa führte, hinter ihm kamen Mingma und Gyaltsen, dann Al und ich.

Nach den angespannt und hektisch verlaufenen Vorbereitungen war es jetzt eine große Erleichterung, sich endlich bewegen zu können. Diese ersten paar Schritte hatten für mich eine wahrhaft magische Bedeutung. Ich wußte, daß wir uns in einer unglaublich privilegierten Lage befanden – einer Lage, für die Tausende von Bergsteigern alles geben würden (und das ist wörtlich gemeint).

Wir verließen Lager Sechs pünktlich nach Plan in einer Nacht, wie sie an der Nordflanke kaum perfekter hätte sein können. Wir hatten Getränke, Essen, ausreichende Sauerstoffreserven und die Unterstützung von drei sehr kräftigen Sherpas. Unsere Ausrüstung war erprobt und getestet, wir waren so fit, wie man das eben oberhalb von 8.000 Metern sein kann, und litten an keinen größeren Krankheiten oder Verletzungen, die uns behinderten.

Viel besser geht es kaum. Das »Wetterfenster« war offen. Zum ersten Mal erlaubte ich mir den Luxus zu denken, daß wir es vielleicht schaffen könnten. Wenn uns unser Glück jetzt nicht verließ …

Wie wir später von dem ungarischen Bergsteiger erfahren sollten, starb Reinhard genau in den Minuten, in denen wir von Lager Sechs aufbrachen.

Die Sherpas schlugen ein flottes Tempo an, als wir uns an die Überquerung des ersten Schneefeldes oberhalb des Lagers machten. Al hatte keine Probleme, Schritt zu halten, doch ich fiel zurück. Der dünne Lichtstrahl der Stirnlampe, der im Zelt so hell gewirkt hatte, schien nun unzureichend für die Aufgabe, die vor uns lag, erleuchtete er doch nur ein lächerlich kleines Fleckchen Schnee vor uns.

Ich schloß zu den anderen auf und konzentrierte mich darauf, Alans Stiefel und seine Steigeisen zu beobachten, wie sie sich in den Schnee gruben. Der Schnee war nicht einheitlich und vor allem die obere Schicht unberechenbar. Oft genug gab sie nach, so daß wir hüfttief in ein verstecktes Loch einsanken.

Schnell lernte ich, mich nicht auf das beschränkte Sichtfeld, das die Stirnlampe schuf, zu verlassen. Sie verwirrte das Auge, weil sie Schatten unbekannter Tiefe warf. Felsen konnten viel größer sein, als sie wirkten. Schneelöcher hatten keinerlei Tiefe. Entfernungen waren schwer abschätzbar. War Lhakpas Licht zehn Meter vor mir … oder fünfzig? Ich hatte keine Ahnung.

Wir kamen an mehreren alten Zeltplattformen vorbei, die von früheren Expeditionen zurückgelassen worden waren. Alle waren mit dem üblichen zerfetzten Zeltmaterial, den zerborstenen Zeltstangen und leeren Sauerstoffzylindern übersät. Eine Plastiktüte für Nahrungsmittel verfing sich in meinen Steigeisen. Ich schleifte sie hinter mir her, bis sie mir so lästig wurde, daß ich stehenblieb, um sie zu entfernen.

An jedem einzelnen dieser verwüsteten Zeltplätze hielt Al, der Bergdetektiv, einen Augenblick lang an und beleuchtete mit dem Licht seiner Stirnlampe die Überreste. Selbst jetzt, an unserem Gipfeltag, war seine Faszination dafür so ausgeprägt wie sonst auch.

Der Aufstieg führte uns Schritt für Schritt das Schneefeld

hoch und dem weitaus schwierigeren Gelände des Gelben Bandes entgegen. Ständig mußte ich an unsere begrenzten Sauerstoffvorräte denken, und so versuchte ich mich darauf zu konzentrieren, meinen Atem zu kontrollieren. Ich wußte vom Tauchtraining, wie leicht man Luft verschwendet.

Doch das Gelände der Nordflanke variiert sehr stark, sowohl in der Neigung als auch in seiner Beschaffenheit. Steile Eisfelder wechseln sich mit flacheren Steinplatten ab. Anspruchsvolle Felsabschnitte enden in langen Traversen. Einen regelmäßigen Atemrhythmus zu finden ist praktisch unmöglich. Die meiste Zeit hechelte und japste ich unkontrolliert nach Luft.

Nach einer Stunde fühlte ich mich etwas besser. Die Kopfschmerzen und die Übelkeit hatten mit der konzentrierten körperlichen Anstrengung des Aufstiegs nachgelassen. Meine Füße und Hände fühlten sich warm an, und das Gewicht des Rucksacks war nicht so unerträglich, wie ich befürchtet hatte.

Als wir das obere Ende des größeren der beiden Schneefelder erreichten, trafen wir auf das erste bloße Felsgestein. Ich beobachtete voller Schrecken, wie die drei nadelfeinen Lichter der Sherpas sich eine senkrechte Wand hochzubewegen schienen. Sicher eine optische Täuschung. Ich hatte niemanden jemals davon reden hören, daß man vor dem Grat wirklich und wahrhaftig *klettern* muß. Doch als ich am Fuß des Felsabschnitts stand, rutschte mir das Herz in die Hose. Er war steil. Sehr steil. Ich hatte keinerlei Erfahrung mit nächtlichen Klettereien. Vor Angst krampfte sich mir der Magen zusammen.

Wir waren im Begriff, das Gelbe Band zu überqueren.

Schlimmer noch, wir mußten mit unseren Steigeisen über Felsgestein klettern. Das war, als versuchte man, Treppen auf Stelzen hochzusteigen. Die Zackenkrone der Steigeisen wirkt wie eine unerwünschte Plattformsohle, die den Fuß nicht in wirklichen Kontakt mit dem Fels kommen läßt. Mit Steigeisen über Fels zu gehen erhöht die Gefahr, den Halt zu verlieren oder sich den Knöchel zu verstauchen. Wenn es irgendwo eng wird und die Füße dicht beieinander aufgesetzt werden müssen, sind sie noch gefährlicher. Man kann sich mit dem Steigeisen des einen in der Neoprengamasche des anderen Beines verheddern – ein Fehler, der unweigerlich zu einem schweren Sturz führt.

Auf jedem anderen Berg hätten wir wahrscheinlich haltgemacht, um die Steigeisen abzulegen, doch hier war das nicht möglich. Auf der Nordflanke des Everest kann man nicht jedesmal, wenn man von einem Schneeuntergrund auf einen felsigen Untergrund stößt, seine Steigeisen abschnallen, denn das würde Stunden der sowieso sehr knapp bemessenen Zeit in Anspruch nehmen und so gut wie sicher Erfrierungen an den Händen nach sich ziehen.

Ich machte eine kurze Pause, während die anderen zum Felsband aufstiegen. Ich schaltete meine Stirnlampe aus und wartete, bis sich meine Augen an die Dunkelheit gewöhnt hatten. Am Himmel konnte ich weiterhin keine Wolken sehen, allerdings war auch der Mond nicht auszumachen. Die einzige Lichtquelle waren die Sterne, die hier so hell funkelten, wie ich es noch nirgendwo gesehen hatte. Die wuchtige Masse des Changtse lag jetzt weit unter uns. Ich konnte gerade noch die kurvige Silhouette seines bogenförmigen Grates ausmachen.

Weiter unten – Tausende von Metern weiter unten – konnte man schwach die großen Gletscher erkennen, deren Schatten vom stumpfen, metallischen Grau des Sternenlichts gegen die tiefen Talwände reflektiert wurden. Ganz Tibet lag unter uns, und man konnte kein einziges elektrisches Licht sehen.

Ich zog meine GoreTex-Überhandschuhe aus und faßte an meine Sauerstoffmaske. Eis hatte sich vorne am Einsaugventil gebildet und verstopfte die Zuleitung. Vorsichtig brach ich den Eisblock weg.

Dann machte ich mich an den Aufstieg. Meine Steigeisen kratzten mit lautem, metallischem Quietschen am Fels. Die Route verlief über eine Reihe von Felsabsätzen, die von engen Spalten unterbrochen wurden. Es war eine elende Kletterei, bei der sowohl starke Bein- als auch Armarbeit gefordert war, um sich über hohe Felsstufen nach oben zu ziehen. Mehr als einmal mußte ich ein Knie in eine Spalte rammen, um Halt zu finden, oder mich auf meinem Bauch hoch auf einen Balkon winden.

»Das ist wohl der First Step«, rief ich zu Al hinauf. Er antwortete nicht, und Stunden später, als wir vor dem wirklichen First Step standen, erkannte ich, wie sehr ich daneben getippt hatte.

Wir erreichten eine Plattform und gönnten uns ein paar Minuten Pause, bevor wir uns an den nächsten Abschnitt machten.

Die Aufstiegsroute war von verwitternden Seilen übersät. Einige waren zerfetzt, andere verdreht und wiederum andere von der intensiven ultravioletten Strahlung, die oberhalb von 8.000 Metern herrscht, völlig ausgebleicht. Al sah sie sich mit erfahrenem Auge an, während er leise vor sich hin murmelte.

Er wählte das beste aus dieser jämmerlichen Sammlung aus, hängte seine Jumar-Steigklemme ein und machte sich auf den Weg nach oben, die Klemme bei jedem Schritt nachschiebend. Ich wartete, bis er eine gewisse Höhe erreicht hatte, und folgte ihm dann. Die Steigeisen machten jede Bewegung zum Alptraum, weil man sie in Spalten klemmen oder auf Vorsprünge stellen mußte, um voranzukommen. Häufig tastete ich wild mit meinen Füßen nach einem Tritt, wobei die Metallzacken der Steigeisen das brüchige Gestein zu feinem Splitt zermalmten.

Ein steter Hagel kleiner Steine und gelegentlich einmal ein faustgroßer Brocken rieselten von oben, wo die Sherpas kletterten, auf uns nieder. Im Normalfall läßt sich so etwas leicht vermeiden – es sei denn, man ist ein wirklich ungeschickter Bergsteiger –, doch hier oben konnte jeder Schritt Geröll lösen. Unsere Ohren stellten sich rasch darauf ein, die Größe eines sich nähernden Geschosses abzuschätzen, wenn es die Felswand nach unten rumpelte.

»Vorsicht unten!« Ein flacher, aktentaschengroßer Stein schlitterte die Flanke hinunter und flog an uns vorbei in die dunklen Tiefen.

Nach sechzig oder siebzig Metern Aufstieg machte ich meinen ersten Fehler. Als ich mich mit dem Fuß abdrückte, um meinen Körper auf einen Felsblock zu hieven, rutschte das Steigeisen plötzlich unter mir weg. Ich verlor das Gleichgewicht und fiel mit meinem Knie auf einen scharfkantigen Felsabsatz. Der Daunenanzug fing die größte Wucht ab; trotzdem dauerte es einige Minuten, in denen ich Sterne sah, bis ich weitersteigen konnte.

Während des Sturzes – wie auch bei vielen anderen Gelegenheiten – hing mein gesamtes Körpergewicht am Seil.

Nach weiteren zwanzig Metern Aufstieg gelangte ich an den Verankerungspunkt des Seiles, an das ich mich eingehängt hatte. Als ich mit meiner Stirnlampe auf den Sicherungspunkt leuchtete, traute ich meinen Augen nicht: Das Sicherungsseil war mit einem einzigen rostigen Metallhaken an der Wand befestigt, und dieser Haken saß auch noch unsachgemäß verankert und höchst wackelig in einer Spalte.

Aus Neugier prüfte ich die Haltbarkeit der Verankerung. Der Haken bewegte sich. Ein leichter Zug, und ich hielt ihn zwischen den Fingern. Wie benommen starrte ich ein paar Sekunden auf das Ding in meiner Hand. Ich konnte nicht glauben, daß mein Sturz durch dieses lächerliche Teil abgefangen worden war.

Während der ganzen Expedition hatte mich das Wissen beruhigt, daß an den technisch anspruchsvolleren Kletterpartien Fixseile befestigt waren. »Komm erst mal in Lager Sechs an, dann kannst du dich in die Fixseile einhängen«, lautete ein oft wiederholtes Mantra, das einem so etwas wie Sicherheit geben sollte. In diesem einen Augenblick, als der Felshaken aus der Spalte glitt und mein Herz stillzustehen schien, war mein Vertrauen in die Fixseile unwiderruflich dahin. Ich beschloß, mich so wenig wie irgend möglich auf sie zu verlassen.

Das Gelände wurde flacher, und ich schloß zu Al und den drei Sherpas auf, die weiter oben auf mich warteten. Als ich bei ihnen angekommen war, setzten sie sich wieder in Bewegung und arbeiteten sich eine Reihe von Stufen hoch, die in den windgepreßten Schnee gehauen worden waren. Am nächsten steilen Abschnitt führte uns wiederum Lhakpa über die Felsen. Er stieg kraftvoll und zügig bergauf, und bald schon war der Lichtschein seiner Stirnlampe außer Sichtweite.

Ich mußte Al um einen Gefallen bitten. »Al, kannst du mich vorangehen lassen? Ich fühle mich als letzter nicht besonders wohl.«

»Kein Problem.« Al hängte seine Schlinge aus dem Seil aus und ließ mich vorbei. Es war eine großzügige Geste, für die ich ihm sehr dankbar war.

Jetzt, wo Al am Ende des Seils war, ging ich den nächsten Felsabschnitt mit viel mehr Zuversicht an. Das hatte zum einen psychologische Gründe, zum anderen war es aber auch die praktische Hilfe, die er mir gab, indem er mit seiner

Stirnlampe mögliche Stellen beleuchtete, die als Halt dienen konnten. Ich merkte, daß ich mich viel leichter und sicherer voranbewegte.

Wie überall auf dem Everest war das Felsgestein hier brüchig und unzuverlässig. Ein scheinbar fester Halt brach einem unter den Händen weg, Felsblöcke erbebten unter dem Gewicht eines Beines, und wir hatten den Eindruck, ständig in einem Regen kieselsteingroßer Brocken zu stehen.

Nur Zentimeter von meiner Hand entfernt fiel plötzlich ein Stein von der Größe eines Telefonbuches aus der Nacht heraus. Mit Wucht kam er auf und zersplitterte in Hunderte kleinerer Fragmente. Ich bekam eine ganze Wolke von Steinsplittern ab. Gleichzeitig erscholl von oben Mingmas Warnruf. Ich sah, wie er mit seiner Stirnlampe den Berg hinunterleuchtete.

»Bist du okay?«

»Ja.« Wir gingen weiter.

In der Zwischenzeit hatte ich jegliches Gefühl für unsere genaue Position auf der Flanke verloren. Vom Rongbuk-Gletscher aus erscheint die Entfernung zwischen Lager Sechs und dem Nordostgrat nicht besonders groß. Doch in Wirklichkeit war es eine beträchtliche Strecke. Viele Stunden waren vergangen, seit wir das Lager verlassen hatten, und mein Körper fühlte sich bereits an, als hätte ich einen ganzen Tag anstrengenden Aufstiegs hinter mir.

Immer noch gab es nicht das leiseste Anzeichen dafür, daß es bald dämmern würde. Ich sehnte mich allmählich nach den ersten Sonnenstrahlen.

Wir begannen jetzt mit dem Teil des Aufstiegs, der uns nach meiner Schätzung über den letzten Abschnitt des Gelben Bandes führen mußte. Noch mehr Plackerei auf einem Steilhang über eine weitere erodierte Verwerfung der Gesteinsschicht. Das Ganze begann an einer sich weit hinziehenden, hohen Stufe von mindestens einem Meter, die in einem Felsabsatz endete. Wieder eine Gelegenheit, bei der man sich, ob man wollte oder nicht, auf das Fixseil verlassen mußte. Dann ging es etwa eine halbe Stunde weiter bergauf, begleitet von dem höllischen Geräusch unserer Steigeisen auf dem Fels. Wir hielten alle fünf Minuten an, um wieder zu Atem zu kommen.

Als ich mich einen Moment lang umdrehte, sah ich, daß Al den Abschnitt ohne Sicherungsseil hochkletterte. Genau wie ich hatte auch er keinerlei Vertrauen zu den Fixseilen, doch anders als ich besaß er genug Hochgebirgserfahrung, um die Route sicher und ohne Sturz zu bewältigen.

Als der Untergrund ebener wurde, begannen wir eine weitere Querung nach rechts über ein schmutziges Schneefeld. Ein leuchtend rotes Seil lag darüber – das neueste Sicherungsseil, das uns bislang begegnet war. Als ich mich daran einhängte, fragte ich mich, wer es wohl gelegt hatte: die Inder oder vielleicht die Japaner?

Das Seil verlief über eine Spalte und dann hoch bis zu einem geneigten Felsplateau von der Größe eines Tennisfeldes. Als ich es überquerte, wurde mir klar, daß wir die erste Etappe unseres Aufstiegs hinter uns hatten.

Die Schrecken der nächtlichen Kletterei hatten ein Ende, als wir die letzten Schritte bis zum Nordostgrat bewältigt hatten. Die brüchigen Felsen des Gelben Bandes waren steiler, komplizierter und viel anstrengender gewesen, als ich sie mir vorgestellt hatte. Sie in der Dunkelheit, allein vom glühwürmchenartigen Lichtschein der Stirnlampen erleuchtet, zu erklettern war ein regelrechter Alptraum gewesen.

Jetzt, wo uns die ersten Strahlen des Morgenlichts die Route den Grat entlang erhellten, langte ich nach oben und schaltete meine Stirnlampe aus. Wenn alles gutging, erreichten wir innerhalb der nächsten sechs Stunden den Gipfel.

Die drei Sherpas standen über ihre Eispickel gelehnt, fremdartige Wesen mit ihren Brillen und Sauerstoffmasken. In den Nachtstunden hatten sie ein mörderisches Tempo angeschlagen und ruhten sich nun aus, während wir warteten, daß Al uns auf den Grat folgte.

Einer der Sherpas – Lhakpa – hatte den Gipfel schon einmal erklommen, doch ich wußte, daß die anderen noch nie so hoch gewesen waren wie wir jetzt. Alle hatten regelrechte Stalaktiten, die mehrere Zentimeter lang waren, am unteren Rand ihrer Sauerstoffmasken hängen, wo der ausgeatmete Dampf zu Eiszapfen gefroren war. Mingma hatte Probleme mit seiner Maske. Ich sah, daß er sie abnahm, um den gefrorenen Schlauch zu enteisen, und mußte daran denken, daß uns die Expeditionsärzte gewarnt hatten, wir wären innerhalb von dreißig Minuten bewußtlos, wenn aus irgendeinem Grund unser Sauerstoffgerät ausfallen sollte.

Mein Sauerstoff floß zum Glück noch, doch die hartgefrorene Schicht über der Maske bohrte sich unangenehm in die Haut auf dem Nasenrücken, die schon leicht wund war. Ich lüpfte sie für einen kurzen Moment von meinem Gesicht, um den Druck loszuwerden. Dann sog ich wieder tief den Sauerstoff ein und betete inständig, daß ich keine Probleme mit meinem Gerät bekommen würde.

Mit der Morgendämmerung kam auch der Wind, unser größter Feind. Als Al sich vorsichtig zu uns vorarbeitete, hoben die ersten paar Windböen des Tages an und wehten spielerisch um die Nordflanke. Wolken aus Eiskristallen flogen durch die Luft. Während wir warteten, daß Al wieder zu Atem kam, schob ich mich vorsichtig zur Gratschneide vor und blickte über die scharf abfallende Kante die Kanshung-Wand – also die Ostflanke – hinunter.

Es kann nur wenige Anblicke auf dieser Welt geben, die furchterregender sind. Von meinem Standort aus war die

Kanshung-Wand eine glatte, dreitausend Meter tiefe Eiswand, die unter mir fast senkrecht abfiel. Riesige Eisfelder – sogenannte Hängegletscher – sitzen gefährlich locker an den Wänden. Die ganze Flanke ist von Rissen und Spalten durchsetzt. Man brauchte nicht viel Phantasie, um sich vorzustellen, wie die ganze Flanke – all diese Milliarden Tonnen Eis – ihren Kampf gegen die Schwerkraft aufgab und in einer kolossalen Lawine in die Täler weiter unten donnerte.

Als Mallory die Kanshung-Wand während der britischen Erkundungsexpedition von 1924 zum ersten Mal erblickte, erklärte er sie für unbesteigbar. Er würde sie, so seine Worte, »anderen überlassen, die weniger weise« waren als er. Jetzt, wo ich die Flanke hinunterschaute, verstand ich genau, was er meinte. Daß sie doch bestiegen worden ist – und zwar über viele verschiedene Routen –, halte ich für eine schier unglaubliche Leistung.

In der Kanshung-Wand sind einige sehr merkwürdige Winde zu Hause, beziehungsweise sie entstehen hier. Bei Tagesanbruch kamen wir in den Genuß eines dieser Winde. Als ich die Flanke hinunterblickte, fegte eine brodelnde Masse von Eiskristallen in senkrechter Fahrt auf mich zu. Es war, als ob man direkt in die gähnende Öffnung des Kühlturms eines Kraftwerks blickte. Es handelt sich um den Schwanz des massiven »Rotors«, den der Everest aus den ständigen, aus nordwestlichen Richtungen wehenden tibetischen Stürmen bildet. Wenn die Eiskristalle den Grat hochwehen, werden sie in einer tödlichen Fahne, die ganze fünfzig Kilometer lang sein kann, nach Südosten abgelenkt.

Es gibt nur wenige Bergsteiger, die bis zum Gipfel vordringen, wenn die Fahne des Everest weht.

Lhakpa rief mir etwas zu, und der Bann war gebrochen. Ich kehrte zur Gruppe zurück.

Jetzt begann unser Aufstieg entlang des eigentlichen

Grats. Von unserem Standort aus sah das Ganze höchst kompliziert aus – wie der Schwanz eines Drachens, ein Auf und Ab aus felsigen Zacken und Stufen. Zwei dieser Stufen, der First Step und der Second Step, gelten als die größten Hindernisse auf der Nordroute, doch was mir am meisten Sorgen bereitete, war die Länge des Grats.

In London hatte ich einmal Crag Jones getroffen, einen der vier britischen Bergsteiger, die den Gipfel über die Nordflanke bestiegen haben. Wir saßen in einem Café im Londoner Stadtteil Soho vor zwei Tassen Cappuccino, während Crag seine Fingerknöchel knacken ließ und seine Ärmel hochrollte, um Popeye-Muskeln und Venen zur Schau zu stellen, die etwa so dick wie Kletterseile waren.

»Der First Step und der Second Step sind problematisch, da gibt es keine Frage«, erzählte er mir, »aber das Hauptproblem liegt in der Länge des Grats. Wenn du erst einmal auf dem Grat stehst, muß dir klar sein, daß du unter Umständen weitere zwölf Stunden brauchst, um auf den Gipfel und wieder zurück zu Lager Sechs zu kommen. Zwölf Stunden. Das ist ein verflucht langer Tag!«

Hier konnte ich Crag nur recht geben. Für mich war es jetzt schon ein verflucht langer Tag, und wir hatten erst einen kleinen Teil der Route hinter uns.

Lhakpa kam auf mich zu und rief mir undeutlich durch die Maske zu: »Wir schnell gehen. Sehr schnell. Okay?«

Er klopfte auf sein Handgelenk, um mir zu bedeuten, daß uns nicht mehr viel Zeit blieb. Wir waren jetzt in einer Höhe von 8.600 Metern und damit höher als alle anderen Menschen auf diesem Planeten. Und jede Stunde starben wir ein wenig mehr. In der Todeszone muß man schnell sein, um am Leben zu bleiben.

Jetzt, im vollen Tageslicht, stiegen wir längs der mit alten, teils zerfetzen Seilen gesicherten Route auf, die sich den

Grat hochschlängeln – das Vermächtnis früherer Expeditionen. Endlich lagen die langen Nachtstunden hinter uns, und ich spürte leisen Optimismus in mir hochsteigen. Ich fühlte mich stark.

Eine halbe Stunde später umrundeten wir einen kleineren Felsen und stießen auf die Leiche des ersten Inders. Wir hatten gewußt, daß die Leichen der drei noch hier oben auf dem Grat lagen, wo sie vor wenigen Tagen gestorben waren, doch blödsinnigerweise hatte ich das komplett vergessen.

Und hier lag jetzt, zum Teil unter einem überhängenden Felsen, der erste Körper. Ringsum hatte sich ein nahezu perfekter Kreis aus windverwehtem Schnee gebildet.

Al rief durch seine Maske: »Muß einer der Inder sein.«

Wir mußten über seine ausgestreckten Beine steigen, um unseren Weg über den Grat fortzusetzen.

Die Sherpas standen Seite an Seite, der Anblick des toten Mannes schien sie festgenagelt zu haben. Sie ließen ihre Köpfe hängen, als sprächen sie ein Gebet. Später kam mir der Gedanke, daß sie vielleicht wirklich gebetet hatten.

Ich verspürte ein fast unwiderstehliches Bedürfnis, dem toten Bergsteiger ins Gesicht zu blicken. Welcher Ausdruck war in den letzten Augenblicken seines Lebens darauf erstarrt? Entsetzen? Ein Lächeln? (Es heißt, daß das Endstadium der akuten Höhenkrankheit einem ein Gefühl des Wohlbefindens vorgaukelt.)

Doch sein Kopf lag weit unter dem Felsvorsprung, der Hals geneigt, so daß sein Gesicht gegen den Fels ruhte. Ich konnte lediglich den Rand der Sauerstoffmaske erkennen. An die Maske war der wertvolle, lebensspendende Schlauch zum Sauerstoffzylinder angeschlossen, der aufrecht gegen einen Fels gelehnt war. Es war ein orangefarbener Zylinder russischer Herkunft – wie unsere.

Ich stützte mich auf meinen Eispickel und beugte mich

darüber, um einen besseren Blick auf die Meßanzeige oben auf dem Zylinder werfen zu können. Sie stand auf Null. Selbst wenn er gestorben war, bevor der Zylinder leer war, hätte dieser seinen schwachen Sauerstoffstrom weiterhin in die Atmosphäre abgegeben, bis nichts mehr davon übriggeblieben wäre.

Er war nur leicht bekleidet, mit einem dünnen Vliesoberteil, blauen GoreTex-Bergsteigerhosen und einem Paar gelber Koflach-Plastikstiefel, die unseren sehr ähnlich waren. Sein Rucksack lag nicht weitab, zusammengesunken und leer. Einen Moment lang versuchte ich das Rätsel zu lösen. Was war aus seiner Ausrüstung geworden? Aus seinem Daunenanzug? Aus seinen GoreTex-Handschuhen? Wir wußten, daß das indische Team bestens ausgerüstet war. Das ließ nur zwei Möglichkeiten zu: Entweder hatte er sich seine Kleidung in den letzten Stadien seines Deliriums selbst vom Leib gerissen, oder jemand hatte sie dem Toten gestohlen.

Irgendwie fand ich das erste Szenario erträglicher.

Die Tragödie um das indische Team stand mit im Mittelpunkt meines Filmes. Die Inder waren durch den Sirenenruf des Everest verführt worden, hatten ihre eigenen Grenzen überschritten und dann nicht mehr genügend Kraftreserven gehabt, um im sich zusammenbrauenden Sturm wieder nach unten abzusteigen. Das Gipfelfieber hatte sie getötet.

Doch ich brachte ich es nicht über mich, den toten Mann, der so mitleiderregend zu unseren Füßen lag, zu filmen.

Mir war bewußt, daß ITN und Channel 4 diesen anschaulichen Beweis, daß der Everest ein Killer war, haben wollten, doch ich konnte nicht über meinen Schatten springen. Selbst Kriegsopfer bekommen schließlich ein Grab – und wenn sie von einem Bulldozer hineingeschaufelt werden. Dieser Inder aber würde genau da bleiben, wo er jetzt lag, festgefroren für die Ewigkeit. Sein Grab konnte nicht trostloser sein, und sich vorzustellen, daß seine Familie und seine Freunde das Ganze sehen würden, war mir unerträglich.

Als wir über die Beine der Leiche stiegen, um unseren Weg fortzusetzen, überschritten wir eine unsichtbare Linie im Schnee – und eine unsichtbare Linie in unseren Köpfen: Jetzt gab es kein Zurück mehr. Die Höhe ist ein Killer. Kein menschliches Leben, überhaupt keine Art von Leben, gehört in die Todeszone, und indem wir über den toten Körper stiegen, trafen wir bewußt die Entscheidung, weiter in sie vorzudringen. Die Leiche war ein eindringliches Mahnmal dafür, daß unser Leben jetzt ausschließlich von unserer Ausrüstung, unserer Kraft und unserem Glück abhing.

Mir kam in den Sinn, daß der Inder jetzt in Harmonie mit diesem Ort war, und daß wir, die wir noch atmeten, die Eindringlinge waren. Jeder Ort oberhalb von 8.000 Metern gehört den Toten, denn in diesen Höhen kann kein menschliches Leben existieren. Wie wir da so in unseren dicken Anzügen, die wie Raumanzüge aussahen, dahinstapften, begleitet vom mechanischen Zischen unseres Sauerstoffsystems, kam ich mir zum ersten Mal in meinem Leben auf meinem eigenen Planeten wie ein Außerirdischer vor.

Wir gingen weiter in Richtung Grat.

Gegen 7 Uhr erreichten wir den First Step. Er war nicht nur höher – etwa zwanzig Meter hoch –, sondern auch technisch anspruchsvoller, als ich erwartet hatte. Da er vom gewaltigeren Fels des Second Step überschattet wird, neigen Bergsteiger dazu, ihn als unbedeutendes Hindernis abzutun, doch als ich so vor ihm stand und durch meine Skibrille, die innen bereits mit einer dünnen Eisschicht beschlagen war, an ihm hochblickte, wirkte er alles andere als ermutigend oder harmlos.

Wir konnten die Steigeisen nicht abschnallen, um uns an das wechselnde Gelände anzupassen, denn das Ab- und Anschnallen hätte leicht Erfrierungen an den Fingern zur Folge haben können (hier oben herrschten etwa –40 °C). Abgesehen davon hätte es zuviel Zeit in Anspruch genommen.

Die drei Sherpas gingen voraus, ich folgte. Etwa drei Meter der Route führten durch eine eisgefüllte Spalte auf der linken Seite des Felsens. Dann kam ein Quergang bis zu einem felsigen Absatz und schließlich eine gefährliche Kletterpartie zwischen zwei abgerundeten Felsen. Ich rammte die vorderen Metallzacken meiner Steigeisen in eine winzige Felsspalte und drückte mich ab ... mein ganzes Gewicht lag jetzt auf diesem winzigen und unsicheren Tritt.

Ich hielt ein paar Augenblicke lang inne, um nach der Anstrengung wieder zu Atem zu kommen, und ging dann den schwierigsten Teil an.

Für den Abschnitt war ein kleiner Balanceakt notwendig, mit dem ich auf Meereshöhe keine Probleme gehabt hätte. Doch hier oben, in einer Bekleidung, die jedes Gefühl für den Fels verhinderte, und zusätzlich noch mit der Aussicht, als Strafe für den kleinsten Fehler die Nordflanke 8.000 Meter weit hinabzustürzen, kam er mir ziemlich halsbrecherisch vor.

Ich klinkte meine Jumar-Steigklemme, so hoch ich konnte, an das eine der vielen Seile ein, das am stabilsten wirkte. Es verlieh mir ein gewisses Gefühl der Sicherheit, mich im Falle eines Sturzes an einem Seil zu wissen, doch das war eher ein psychologischer Vorteil als ein tatsächlicher. Der Kletterer, der unglücklich genug wäre, hier zu stürzen, würde hilflos im leeren Raum unter dem überhängenden Abschnitt des Felsens baumeln. Vorausgesetzt natürlich, das Seil hielt.

Ich schob mich bis zu der exponierten Stelle vor, hievte ein Bein über die glatte Kante und setzte den Fuß auf dem Tritt auf, der sich glücklicherweise auf der anderen Seite befand. Ich konnte nicht sehen, ob der Tritt sicher war, ich mußte es vielmehr spüren … das Bein befand sich außerhalb meines Blickfeldes.

Instinktiv glitt meine Hand nach oben und versuchte, einen Halt zu finden. Ein vorsichtiger Zug, und ich hielt ein Felsstück in der Größe einer Zigarettenpackung in der Hand. Ich warf es die Nordflanke hinunter.

Wenige Menschen können sich vorstellen, daß der Everest ein brüchiges Wrack ist. Er sieht aus, als wäre er aus Granit, in Wirklichkeit besteht er aus lockerem Kalkstein … dem denkbar schlechtesten Gestein, auf dem man klettern kann, egal, in welcher Höhe.

Ich schloß die Hand um einen Absatz über meinem Kopf, atmete einmal tief durch und lehnte mein ganzes Gewicht auf den Fuß, den ich nicht sehen konnte. Dann schwang ich über und um den Fels herum auf die andere Seite in Sicherheit.

Lhakpa wartete dort auf mich. Sein Daumen zeigte nach oben, und ich antwortete ihm mit der gleichen Geste. Ein weiteres Hindernis lag hinter uns. Ein weiterer Schritt in Richtung Gipfel war getan.

11. Kapitel

Der Wind wurde jetzt merklich heftiger, und wir hatten immer noch nicht mehr als etwa die Hälfte des Grats hinter uns. Wir legten an Tempo zu. Die Eiskristallfahne, die von der Kanshung-Wand hochwehte, zog jetzt stärker auf unserer Linken hoch – ein Zeichen, das wir nicht so einfach ignorieren durften. Jedesmal, wenn wir eine kurze Verschnaufpause einlegten, blickte ich in Richtung Norden, also in die Richtung, aus der ein Sturm aufziehen könnte. Wolken bewegten sich in großen Haufen mit hoher Geschwindigkeit auf uns zu, doch bislang sah das Ganze nicht übermäßig bedrohlich aus.

Ich war so mit dem Aufstieg beschäftigt gewesen, daß ich meinen Fotoapparat vollkommen vergessen hatte. In der kleinen Olympus steckten eine brandneue Lithiumbatterie und ein leerer Diafilm. Ich blinzelte durch den Sucher und schoß zwei Fotos von dem Gelände vor uns und eines von Al. Dann machten wir uns eilig wieder auf den Weg.

An mehreren Stellen führte uns die Route bis direkt an die Gratschneide heran. In diesen Situationen mußten wir die Windböen abwarten, bevor wir uns über das Eis wagen konnten. Früher war es mir unbegreiflich gewesen, wie Bergsteiger über den Grat geweht werden konnten. Jetzt konnte ich mir das mühelos vorstellen. In einer der vielen

Theorien über Mallorys und Irvines Ende wird vermutet, daß sie über den Grat die Kanshung-Wand hinuntergestürzt sind. Vielleicht waren ihre Leichen oder Geister ganz nah?

An einem besonders haarsträubenden, nur wenige Meter langen Teil des Grats mußte man auf etwas steigen, das wie eine Wächte aus losem Eis mit einem Spalt in der Mitte aussah. Die Sherpas, die leichter und beweglicher waren als wir, überquerten das Stück mühelos. Mir dagegen rutschte bei jedem vorsichtigen Schritt das Herz in die Hose in der Erwartung, daß die Wächte unter mir wegbrechen und ich, am Seil baumelnd, über der Kanshung-Wand hängen würde.

Das Eis hielt.

Gegen halb neun Uhr morgens erreichten wir den Second Step. Das ist ein weiterer Felsvorsprung, allerdings steiler und mehr als doppelt so hoch wie der First Step. Es gibt keinen Weg daran vorbei, man muß an ihm hoch.

In den Achtzigern hatte eine chinesische Expedition eine leichte Kletterleiter am schwierigsten Teil dieses Felsvorsprungs angebracht, die jedoch kürzlich in einem Sturm zerstört wurde. Die Inder und ihre Sherpas hatten eine neue Leiter befestigt. Auf mich hatte der Gedanke an diese Leiter beruhigend gewirkt. Jeder konnte eine Leiter hochklettern ... oder etwa nicht? Allein durch die Tatsache, daß es diese Leiter gab, war mir der ganze Second Step nicht mehr so schwierig vorgekommen.

Es sollte sich jedoch herausstellen, daß die Leiter, von der ich bislang angenommen hatte, daß sie eine große Hilfe sein würde, ein Problem darstellte.

Am Fuß des Second Step mußte ich zwei unerwartete Schläge wegstecken: Zum einen entdeckte ich, daß meine beiden Trinkflaschen mit Saft, den ich in der vorangegangenen Nacht in Lager Sechs so mühevoll aus Schnee geschmolzen hatte, zu einem soliden Eisblock gefroren waren. Sogar die Flasche, die ich vorne in meinem Daunenanzug direkt über der Haut gelagert hatte, war gefroren. Zu diesem Zeitpunkt betrachtete ich diesen Umstand lediglich als eine kleinere Unannehmlichkeit. Einige Stunden später sollte ich feststellen, welche ernsten Auswirkungen er haben sollte.

Auch Al überprüfte seine Flaschen. Sie waren ebenfalls gefroren. Das bedeutete, daß wir für den ganzen Tag keinen Tropfen Flüssigkeit haben würden. Viele erfahrene Hochalpinisten wären an diesem Punkt umgekehrt.

Die zweite unerwartete Wendung war, daß Al sich zu mir beugte und sagte: »Öffne meinen Rucksack und dreh den Sauerstoff auf vier Liter pro Minute.«

Er drehte sich um. Ich nahm meine Überhandschuhe ab und ließ nur die Fingerhandschuhe an. Dann öffnete ich die Schnallen seines Rucksacks und fand innen das Reglerventil für die Sauerstoffzufuhr. In den engen Grenzen seines Rucksacks gestaltete sich das Ganze zu einem kniffligen und langwierigen Unterfangen. Ich stellte den Regler auf 4 und machte den Rucksack wieder zu.

In Alans System wurde jetzt doppelt soviel Sauerstoff gepumpt wie in meines. Mein Regler war auf zwei Liter pro Minute eingestellt. Ich konnte zwar sein Verlangen, mehr Sauerstoff für den Second Step zur Verfügung zu haben, verstehen, trotzdem überraschte mich seine Bitte. Wir wußten beide, welche Risiken es mit sich brachte, die Sauerstoffzufuhr zu hoch einzustellen. Erstens ist die Flasche doppelt so schnell leer, und zweitens haut es einen schlimmer um, wenn man seinen Körper auf mehr Sauerstoff einstellt und plötzlich keinen mehr hat.

»Okay. Steht auf vier«, rief ich ihm zu. Einen flüchtigen Augenblick lang meinte ich mehr als nur Müdigkeit aus Alans Bewegungen herauszulesen. Hatte er größere Schwierigkeiten, als er uns gegenüber zugab?

Unsere zunehmende Verwirrung konnte man leicht daran erkennen, daß keiner von uns daran dachte, die zwei Trinkflaschen mit ihrem gefrorenen Inhalt zurückzulassen. So kletterten wir mit zwei Kilo überflüssigen Gewichts auf unseren Rücken den technisch schwierigsten Teil der Nordroute hoch.

Die ersten sechs Meter waren recht einfach. Wir zwängten uns durch einen eisgefüllten Kamin, der zu einem schwächer geneigten Absatz mit einer gegen den Felsen hin auslaufenden Schneebank führte. Ich benutzte die Jumar-Steigklemme für den Aufstieg und schob sie so hoch, wie ich konnte. Dann zog ich mich zu der Stelle hinauf, an der ich sie am Seil festgeklemmt hatte. Jemand hatte diesen unteren Teil mit einem neuen, neun Millimeter starken Seil gesichert, was eine große Hilfe war.

Die Steigeisen kratzten über den Stein, während ich verbissen nach einem Tritt in den Felsstufen suchte. Ich kam mir vor wie eine Katze, die mit ihren Krallen einen Baum hochklettern will und dabei kläglich Schiffbruch erleidet. Plötzlich stand ich vor einer großen Felsstufe. Ich klemmte meinen Fuß rechts von mir in ein überstehendes, wellenförmiges Gebilde aus Fels, verfluchte die Steigeisen, und schaffte es gerade so, meinen Körper auf den Absatz hochzuhieven, der zur Leiter führte.

Ich legte eine lange Verschnaufpause ein. In meinem Kopf pochte das Blut laut gegen meine Schläfen. Mein Puls raste wie nie zuvor. Meine Atmung war hektisch und praktisch außer Kontrolle. Einen panikerfüllten Augenblick lang glaubte ich, mein Sauerstoffgerät hätte mich im Stich gelassen. Doch dann bemerkte ich, daß ich immer noch das beruhigende Zischen des Sauerstoffs hörte, und zwang mich zur Ruhe.

Ich stand mehr oder weniger genau an der Stelle, an der

Mallory und Irvine zuletzt lebend durch ein Fernrohr vom Lager auf dem Nordsattel aus gesehen worden waren. Ihr Aufstieg von 1924 war der härteste und vielleicht auch der heldenhafteste aller Versuche, die vor dem Krieg auf dem Everest gestartet worden waren.

Für sie hatte keine Leiter am Second Step bereitgestanden. Vielleicht war bei ihrem Versuch der eine abgestürzt und hatte den anderen mit sich in den sicheren Tod gezogen. Den Schrecken dieses letzten Augenblicks hatte ich mir nie richtig vorstellen können. Jetzt aber sah ich mit eigenen Augen, wie leicht man von diesem Punkt aus zu Tode stürzen konnte. Dies hier war der exponierteste und gefährlichste Teil des ganzen Aufstiegs.

Meine Freundin, die Leiter, war das nächste Hindernis, das es zu bewältigen galt. Ich faßte mit meiner Hand danach und fühlte, wie sie schwankte und gegen die glatte Wand schlug, an der sie befestigt war. Und ich hatte mir immer vorgestellt, daß sie fest wäre! Ich begann hochzuklettern.

Das erste Problem waren die Steigeisen. Die Metallzacken verfingen sich in den Sprossen oder schabten gegen das Gestein, was mich daran hinderte, einen sicheren Halt auf der Leiter zu finden. Außerstande, nach unten zu blicken, und durch die Brille dazu verdammt, nur starr nach vorne zu sehen, mußte ich, so gut ich konnte, fühlen, wann mein Fuß sich an der richtigen Stelle befand.

Ich atmete wieder schneller, und die größere Menge der ausgestoßenen Feuchtigkeit fand ihren Weg durch kleine Ritze in der Maske und fror auf der Innenseite meiner Brille an. Als ich die Leiter zur Hälfte erklommen hatte, konnte ich so gut wie nichts mehr sehen. Ich riß die Brille ab und setzte sie mir auf den Kopf. Wir alle kannten die Gefahren der Schneeblindheit, doch ich meinte das Risiko für die nächsten paar entscheidenden Minuten eingehen zu können.

Die Leiter neigte sich spürbar nach links. Das und die Tatsache daß sie an dem Fadengewirr von Felshaken und Seilen, beängstigend hin- und herschwankte, ließ das Ganze zu einer sehr körperlichen Erfahrung werden.

In dieser Situation behinderten mich vor allem auch meine GoreTex-Überhandschuhe. Ich konnte meine Hand kaum so weit schließen, um die Sprossen der Leiter richtig zu umfassen. Doch da ich nun bereits zur Hälfte oben war, konnte ich sie jetzt schlecht ausziehen. Außerdem würde ich ohne sie Erfrierungen von der Berührung mit dem eiskalten Metall der Leiter riskieren.

Die »hilfreiche« Leiter war alles andere als hilfreich. Mein größter Wunsch war, sie – und den Second Step – so schnell wie möglich hinter mich zu bringen.

Als ich an der obersten Sprosse angelangt war, hielt ich inne, um mich auf meine nächste Bewegung zu konzentrieren. Es würde schwierig werden: Vor mir lag ein gefährliches Kletterstück, das ich allein mit der Muskelkraft meiner Arme bewältigen mußte. Ich mußte mich auf den Absatz hochschwingen, der das Ende des Second Step markierte. Und dazu mußte ich mich an einen wirren Salat aus morschen Seilen klammern, die zu einer zweifelhaften Schlinge zusammengeknotet waren. Dann, ohne die geringste Aussicht, einen Tritt für meine Füße zu finden, mußte ich so viele Zacken meiner Steigeisen wie nur irgend möglich gegen die Wand drücken und mich dann affengleich in einer fließenden Bewegung rechts nach oben schwingen.

Unten im Basislager hatte ich noch davon geredet, Brian bei diesem Teil des Aufstiegs zu filmen. Sechs Wochen später kam mir das alles wie ein schlechter Witz vor. Erstens hatte nie wirklich eine reelle Chance bestanden, daß Brian diesen Punkt erreichen würde, und zweitens war der Gedanke, an diesem tödlichsten aller Orte die Filmkamera auszupacken, das letzte, was mir in den Sinn kam. Das hier war Überlebenskampf pur.

Als ich die Bewegung ausprobierte, stellte ich fest, daß es einen kritischen Augenblick dabei gab, in dem der Körper weder von der Leiter getragen wurde, noch sicher auf dem Absatz stand. Das letzte Stückchen des Second Step würde ich, wenn auch nur für den Bruchteil einer Sekunde, über der Nordwand hängen und allein von der Kraft meiner Arme gehalten werden.

Ich versuchte es … ohne Erfolg. An die Leiter geklammert, stieg ich ein paar Sprossen nach unten, um mich auszuruhen, bis meine Atemfrequenz sich wieder normalisiert hatte. Ohne den erforderlichen Sauerstoff für das Muskelgewebe in meinen Armen ermüdeten sie schnell. Instinktiv fühlte ich, daß ich es vielleicht noch ein- oder zweimal versuchen könnte, bevor ich so schwach wäre, daß ich aufgeben mußte.

Es dauerte mehrere Minuten, bis das Hecheln nachließ und meine Atemfrequenz wieder in den grünen Bereich absank. Ich unternahm einen neuen Versuch, und diesmal klappte es. Da die Kraft meiner Arme rasant nachließ, zog ich mich rasch auf den Absatz hoch und stolperte dann die wenigen, leicht ansteigenden Meter über den Fels bis nach oben.

Von dieser neuen Perspektive auf dem Grat hatte man die Gipfelpyramide zum ersten Mal voll im Visier. Wir warteten, bis Al auf dem Second Step angekommen war, und stiegen dann weiter.

Die nächste Stunde kamen wir auf dem kombinierten Gelände – mal Schnee, mal Fels – gut voran. Ich hielt mehrmals an, um Fotos zu schießen, doch bei der fünften oder sechsten Aufnahme streikte der Fotoapparat: Der Film wurde falsch weitertransportiert, deshalb schloß der automatische Objektivdeckel nicht. Bei der siebten Aufnahme verweigerte die Olympus komplett den Dienst und gab in den frostigen Temperaturen auf. Jetzt stand ich ohne Spiegelreflexkamera da, denn meine Nikon F3 war der Kälte bereits in Lager Vier auf ähnliche Art und Weise erlegen.

Fluchend öffnete ich meinen Daunenanzug und steckte den Fotoapparat zwischen mein Vlies und die wärmende Schicht darunter, in der Hoffnung, die Körperwärme würde ihn wieder zum Leben erwecken (was allerdings nicht der Fall war). Dann holte ich den Plastikfotoapparat hervor, den ich für acht Dollar in Katmandu gekauft hatte, und mußte mir eingestehen, daß dieses Spielzeug jetzt meine einzige Kamera war. Auf der Papphülle war ein Bild von einer braungebrannten Frau im Bikini zu sehen, die mit einem Strandball spielte. Ich kam mir unsagbar lächerlich vor, als ich durch den »Sucher« starrte (im Grunde nichts weiter als ein Loch im Plastik) und das erste der zwölf möglichen Bilder schoß.

Die Pleite mit dem Fotoapparat beschwor wieder meinen alten Alptraum herauf: Würden die Videokameras dem eisigen Wind (–40 °C) standhalten? Allein der Gedanke, sie könnten ihren Geist ausgerechnet jetzt aufgeben, war mehr, als ich ertragen konnte.

Ich blickte ein paarmal den Grat zurück, über den wir aufgestiegen waren. Al, leuchtend rot in seinem Berghaus-Sturmanzug, blieb immer weiter hinter uns zurück. Irgendwo in meinem sauerstoffleeren Hirn funktionierten noch ein paar Synapsen. Al hatte mich nicht gebeten, seinen Regler wieder zurück auf zwei Liter zu stellen.

Er lief immer noch mit vier Litern pro Minute ... und er fiel immer weiter zurück. Bei zwei Gelegenheiten warteten wir, bis Al zu uns aufgeschlossen hatte. Dann erreichten wir den Third Step, wo wir anhielten, um uns auszuruhen.

Der Third Step ist bei weitem nicht so schwierig wie die ersten beiden Felsstufen, allerdings liegt er auch weiter oben.

Oberhalb davon befinden sich das lawinengefährdete Eisfeld der Gipfelpyramide, die Traverse über Fels und schließlich der Gipfelgrat.

Dankbar für die Ruhepause, nahm ich meinen Rucksack ab und setzte mich hin. Ich achtete darauf, meine Fersen in das Eis zu drücken, um keine Rutschpartie zu veranstalten. Durstig zog ich die Trinkflasche aus meinem Daunenanzug heraus. Irgendwie hatte ich erwartet, daß der Saft wie durch Zauber wieder aufgetaut wäre, doch natürlich war das nicht der Fall. Etwas anderes hätte man in diesen Temperaturen auch kaum erwarten können.

Endlich ging mir auf – ein wenig spät, zugegebenermaßen –, wie dumm ich gewesen war, und so nahm ich beide Flaschen heraus und legte sie am Fuß des Third Step neben ein paar weggeworfene Sauerstoffzylinder. Zwei Kilo weniger zu tragen.

Al machte weiter unten eine Verschnaufpause, dort, wo der Grat oben zu einer weiten Terrasse abgeflacht war. Ich zog meinen Fotoapparat heraus und schoß eine Aufnahme von ihm, wie er dort auf dem Rücken lag. Nicht weit von uns entfernt sah ich die Leiche des zweiten Inders, sein Gesicht uns zugewandt. Kein Zeichen von Schmerz oder Verzweiflung war auf seinen gefrorenen Zügen zu sehen. Anders als bei der ersten Leiche, deren Anblick mich schockiert hatte, als wir über sie gestolpert waren, überraschte mich diese nicht mehr – ein sicheres Zeichen dafür, daß mir andere Gedanken im Kopf herumschwirrten.

Nach einer Weile schloß Al zu uns auf, und wir machten uns an die letzten Etappen des Aufstiegs. Lhakpa zeigte sich zunehmend besorgt über das Wetter. Der Wind wehte jetzt stärker als zuvor, und die aufgepeitschten Eis- und Schneepartikelchen vom Gipfelgrat erfüllten praktisch unser gesamtes, nach Süden gerichtetes Blickfeld. Die Fahne begann stärker zu wehen, und die Luft vibrierte mit dem unheilverkündenden Heulen des starken Höhenwindes.

Ich folgte den Sherpas den Third Step hinauf. Dort erreichten wir das Steileis der Gipfelpyramide. Wenn alles glatt lief, erreichten wir den Gipfel innerhalb der nächsten zwei Stunden.

Nach einer Seillänge auf dem Eis zupfte mich Lhakpa am Ärmel und schrie, das Getöse des Windes übertönend: »Wo ist Alan? Kein Alan.«

Ich blickte zurück über das Eisfeld und sah, daß er recht hatte. Al war nicht oben am Third Step aufgetaucht.

Jede Minute, die wir jetzt mit Warten verschwendeten, gefährdete unseren Gipfelerfolg. Das Wetter wurde zunehmend bedrohlich. Die Sherpas sahen mich an und warteten auf eine Entscheidung. Sollten wir Al lassen, wo er war, und hoffen, daß ihm der Sauerstoff nicht ausging? Oder sollten wir umdrehen, um nachzusehen, ob er gestürzt war und verletzt am Fuß des Third Step lag?

Von all den Szenarien, all den Probedurchläufen, die ich mir ausgemalt hatte, war ich nie auf den Gedanken gekommen, daß ausgerechnet Al Probleme bekommen könnte. Ich war verwirrt und schockiert.

Es kam uns wie eine Ewigkeit vor, obwohl wir wahrscheinlich nur drei oder vier Minuten zurück zu dem windumspielten Buckel blickten, der den oberen Teil des Third Step markiert. Der Wind blies mit Gewalt über den Schneehang, so daß wir unsere Gesichter aus dem eisigen Wind drehen mußten.

Mein Hirn versuchte, mit der Situation fertigzuwerden, und glücklicherweise waren noch immer nicht alle Synapsen eingefroren. Ich spielte die verschiedenen Möglichkeiten durch und kam zu dem Schluß, daß es nicht sehr wahrscheinlich war, daß Al abgestürzt war. Abgesehen davon hatte er immer noch die extra Sauerstoffflasche bei sich, was bedeutete, daß er auch kein Sauerstoffproblem haben konnte. Vermutlich gönnte er sich nur eine Verschnaufpause oder hantierte mit seiner Ausrüstung herum.

Das war die logische Antwort. Ich folgerte, daß er uns wohl in seinem Tempo folgen würde. Durch das Herumstehen waren meine Zehen taub geworden. Ich bewegte sie in meinen Plastikstiefeln und konnte spüren, wie sie langsam einfroren. Auch meine Hände waren jetzt zum ersten Mal beängstigend kalt.

Irgend etwas in meinem Innern traf eine Entscheidung.

»Wir gehen weiter«, sagte ich zu Lhakpa. Die Worte wurden mir von einem plötzlichen Windstoß von den Lippen gerissen. Lhakpa kam den Hang zu mir herunter, um mich besser hören zu können. Ich machte mir nicht die Mühe, meine Worte zu wiederholen, sondern zeigte nur nach oben Richtung Gipfel. Er nickte und klopfte auf sein Handgelenk, um mir zu bedeuten, daß uns nicht mehr viel Zeit blieb.

Ich zog die Handschlaufe meines Eispickels um das Handgelenk fest und folgte den drei Sherpas das steiler werdende Eis hinauf.

Eine innere Stimme protestierte schwach, stellte ein paar unangenehme Fragen: Solltest du nicht lieber umdrehen und nachsehen? Solltest du nicht auch die Möglichkeit in Betracht ziehen, daß hier oben gar nichts sicher ist – daß wirklich alles passieren kann? Al könnte etwas zugestoßen sein, sein Sauerstoffventil zugefroren, ein Steigeisen kaputtgegangen, eine Seilverankerung auf dem Third Step herausgerissen sein.

Während ich stehenblieb, um nach Luft zu schnappen, blickte ich wieder zum unteren Ende des Schneehangs. Immer noch kein Zeichen von Al. Ich ging weiter.

Wieder schob ich die noch leise nagenden Zweifel von mir,

indem ich alle Möglichkeiten logisch durchspielte. Ruhig Blut! Mit ihm ist sicher alles okay. Al hat sich doch schon immer an seinen eigenen Zeitplan gehalten. Er war auf dem K2. Vielleicht muß er nur einem Ruf der Natur folgen. Oder, wer weiß, vielleicht will er einfach nicht mit uns zusammen auf dem Gipfel stehen und lieber ganz allein bis nach oben stiefeln?

Als ich drei Seillängen über das Eisfeld hinter mich gebracht hatte, blickte ich erneut zurück. Wieder nichts. Ich stieg auf den Fels zu, der das Ende des Dreiecks markierte. Und dieses Mal blickte ich nicht zurück.

Ich hatte eine weitere dieser unsichtbaren Linien im Schnee überschritten. Die gleiche Macht, welche sich bereits unten am Sattel in mir geregt hatte, hatte nun vollständig von mir Besitz ergriffen. Ich war so versessen auf den Gipfel, daß ich Al den Rücken zukehrte, ungeachtet dessen, was ihm zugestoßen sein könnte.

In dieser letzten Stunde gab es wirklich nur einen einzigen Gedanken in mir, auf den ich mich mit aller Gewalt konzentrierte. Das Verlangen, den Gipfel zu erreichen, war zu einer alles verzehrenden Flamme geworden. Es hatte meine Sorge für meinen Partner ausgelöscht, meine Fähigkeit, meine Handlungen zu hinterfragen, blockiert und mich in einen Roboter verwandelt, der entsprechend seiner Programmierung einen Schritt vor den anderen setzte.

Das Gipfelfieber hatte mich fest im Griff, und es kam mir jetzt vor, als würden neue Energien durch meinen Körper fließen. Plötzlich schien es mir, als kostete es mich keinerlei Anstrengung mehr, dem Gipfel entgegenzustreben, und das einzige, was mich immer wieder zum Halten zwang, waren die Sherpas vor mir, die langsamer vorankamen. Doch selbst in meinem verwirrten Zustand fragte sich irgend etwas in mir, woher dieser neue Elan kam. Ich war überzeugt davon, daß mein Körper kurz vor dem totalen Zusammenbruch stehen mußte.

Was genau trieb mich bis zum höchsten Punkt der Erde?

Die Sherpas waren jetzt müde. Lhakpas flotter Schritt wurde immer schleppender, so als hätte er eine Batterie in sich, die sich allmählich leerte. Am unteren Rand der Schneepyramide ruhten sich die Sherpas nach allen fünf oder sechs Schritten aus. Am oberen Ende des vier Seillängen messenden Stücks waren sie bei einer Ruhepause alle ein oder zwei Schritte angelangt.

8.750 Meter. Knapp hundert Höhenmeter lagen nur noch vor uns.

Das Schneefeld buckelte sich auf, steiler und steiler, in einer aufsteigenden Kurve auf das zu, was meiner Meinung nach der Gipfel sein mußte. Doch anstelle dem Eis zu folgen, wie ich gehofft hatte, führte Lhakpa uns in ein weiteres dieser Gesteinsfelder, die das letzte Stück flankieren.

Mein Mut sank. Wieder Fels ... wieder mit den Steigeisen.

Doch als ich mir die Eisroute genauer ansah, bemerkte ich, daß der obere Teil ganz offensichtlich lawinengefährdet war. Frischer Lawinenschutt, Blöcke so groß wie Autos, lagen in der Umgebung verstreut. Der Weg über den Fels war der sicherere der beiden, sofern »sicher« hier das richtige Wort ist.

Zunächst mußten wir längs eines winzigen Felsabsatzes queren, der aus einer Verwerfung im Fels entstanden war. Ich klinkte mich in ein Seil ein, das aussah, als hinge es hier schon seit Jahrzehnten, und schob mich vorsichtig voran, wobei ich mit meinem rechten Fuß bei jeder Bewegung weit ausholte, um nicht am linken hängenzubleiben. Als ich nach etwa fünfzig Metern die Hälfte des Absatzes hinter mir hatte, erforderte eine Felsnase einen kleinen Balanceakt, bei dem man den Körper um einen Vorsprung herum bugsieren und ihn sicher auf die andere Seite bringen mußte. An genau dieser Stelle spannte das Seil gegen den Fels. Durch den ständigen Wind, der es gegen den Felsen schlug, war nur noch ein einziger, ausgefranster Strang übriggeblieben, etwa so dick und stark wie ein Wollfaden, den man zum Stricken verwendet. Und etwa genauso hilfreich, wenn es darum ging, einen Sturz abzufangen.

Ich merkte, daß ich lachte, als ich mich bereit machte.

Der Abhang unter uns war der steilste, über den wir bislang geklettert waren. Wir hatten die Flanke gequert und befanden uns jetzt praktisch genau unterhalb des Gipfels, weit rechts vom Großen Couloir.

Die kleinen Steine und Gesteinsbrocken, die wir unbeabsichtigt lostraten, sprangen nicht langsam abwärts wie zuvor ... sie fielen jetzt senkrecht den Abgrund hinunter.

Ich drückte mein Gesicht gegen den Fels, um so wenig Gewicht über dem Abgrund hängen zu haben wie nur irgend möglich, und schob mich zentimeterweise um das Hindernis herum, die Nerven zum Zerreißen gespannt. Als ich es geschafft hatte, blieb ich stehen und rang nach Luft. In dem Moment wurde mir klar, daß ich während der Umrundung des Hindernisses die Luft angehalten hatte ... eine schwarze Welle schwappte über mich, das Bedürfnis, ohnmächtig zu werden, überkam mich, und ich versuchte verzweifelt, wieder Sauerstoff in meinen Körper zu pumpen. Als der Schwächeanfall nachließ, machte ich mich wieder auf den Weg den brüchigen Absatz entlang. Ich hatte geglaubt, schneller als die Sherpas zu sein, doch diese waren bereits um die Ecke verschwunden und außer Sichtweite.

Gegen Ende der Querung ging die Route abrupt steil in mehrere Felsabsätze über, die denen ähnelten, welche wir auf einigen unserer Nachtetappen bewältigt hatten. Ich zog mich, wann immer es möglich war, mit den Armen hoch, denn ich hatte nach wie vor Bedenken, mein ganzes Gewicht den Steigeisen anzuvertrauen.

Auf einer der Felsstufen verfing sich meine Sicherheitsschlinge in einem alten Stück Seil und stoppte mich mitten in der Bewegung. Ich mußte mich zurück auf den Absatz fallen lassen und mein Gleichgewicht wiederfinden, bevor ich den Knoten lösen und weiterklettern konnte.

Nach etwa zwanzig Minuten Aufstieg gelangten wir an den oberen Hängen des Schneefeldes der Gipfelpyramide an. Wir hatten den lawinengefährdeten Abschnitt glücklich hinter uns gelassen und waren fünfzig Höhenmeter weiter oben.

Während des Umwegs hatte der Wind an Stärke zugenommen. Der Schneegrat und der Horizont über uns waren jetzt in wirbelnde Wolken wehender Eispartikelchen gehüllt. Der Wind war böig: Immer wieder erhob er sich in unerwarteten, heftigen Windstößen. Ein Blick nach oben ließ mir den Atem stocken: Eine riesige, umherwirbelnde Masse von Eispartikeln drehte und wand sich wie ein Mini-Tornado über dem, was meiner Meinung nach der Gipfel sein mußte, gerade einmal zwanzig Meter Steileis oberhalb von uns.

Wir fanden ein wenig Schutz im Lee einer Felsnase und ruhten uns dort aus, um für den letzten Vorstoß genügend Atem zu haben. So kurz vor dem Gipfel konnte ich vor lauter Ungeduld kaum stillstehen. Eine irrationale Welle der Paranoia schwappte über mich: Wir waren nur ein paar Minuten vom Gipfel entfernt ... was, wenn er uns so kurz vor dem langersehnten Moment doch noch verwehrt würde?

Lhakpa blickte wieder auf seine Uhr und wechselte dann ein paar Worte mit Gyaltsen. Ich konnte ihre Worte nicht verstehen, doch in meinem Zustand glaubte ich, sie unterhielten sich darüber, wie gefährlich der Wind auf der Spitze sein würde ... und beschlossen, daß es besser wäre umzukehren ...

Dann kam ich wieder zu Sinnen und erkannte, daß meine

Paranoia nichts anderes war als der schleichende Beginn von Höhenkrankheit. In den ersten Stadien treten häufig irrationale Gedanken auf. Seit ich das Zelt vor acht Stunden verlassen hatte, hatte ich keinen Tropfen Flüssigkeit mehr zu mir genommen. Mein Körper befand sich in einem gefährlichen Zustand der Dehydratation.

Lhakpa führte uns quälend langsam den Weg hinauf, mitten in die wirbelnde Wolke hinein. Hinter ihm gingen Gyaltsen und Mingma, ich bildete das Schlußlicht. Es gab keine Seile hier, und ich achtete sorgfältig darauf, so viele Zacken meiner Steigeisen in das Eis zu drücken wie möglich. Auf halbem Weg nach oben nahm ich die Plastikkamera heraus und hielt sie hochkant, um ein Foto von den drei Sherpas zu machen, die im Stehen ausruhten.

Mir war keinen Augenblick der Gedanke gekommen, es könnte sich um einen falschen Gipfel handeln. Genau das aber war der Fall. Als ich den Kamm des Schneefeldes erreichte, war ich vollkommen überrumpelt. Anstelle vor der letzten kurzen Etappe standen wir am Anfang eines weiteren Grates, an dessen fernem Ende die große, ausladende Wächte des echten Gipfels auf uns wartete. Zwischen unserem Standort und dem Gipfel lag eine Achterbahn aus Eiswellen, die vom Wind geformt worden waren und direkt über der Kanshung-Wand hingen.

Wegen der starken perspektivischen Verkürzung oder vielleicht auch durch einen weiteren Nebeneffekt des Sauerstoffmangels erschien mir der Grat enorm und der Gipfel Kilometer weit weg. Wieder überkam mich einer dieser merkwürdigen Momente des Zweifels, und ich dachte, Lhakpa würde das Handtuch schmeißen und beschließen, den Gipfelversuch abzubrechen. Der Wind blies jetzt unablässig und sehr heftig. Die Eiskristallfahne wehte, und wir standen im Begriff, in sie einzutauchen.

Dann bemerkte ich einen Orientierungspunkt, durch den der Grat wieder in die rechte Perspektive gerückt wurde: Die Gebetsfähnchen, die auf dem Gipfel angebracht worden waren, hingen jetzt traurig zu einer Seite hinunter. Ich konnte deutlich die einzelnen buntgefärbten Seidenwimpel erkennen. Durch diesen optischen Referenzpunkt sah ich jetzt, daß der Grat sehr viel kürzer war, als ich zuerst angenommen hatte.

Der Gipfel lag nur ein paar hundert Meter vor mir.

Ich reihte mich hinter Lhakpa ein, und wir machten uns daran, das Auf und Ab der sanft modellierten Eiswellen zu überqueren. Der Weg zum Gipfel war so dramatisch, wie man es sich nur wünschen konnte. Rechts fiel der Berg gute dreitausend Höhenmeter steil nach unten ab und ermöglichte einen unbeschränkten Ausblick zum märchenhaften Gipfel des Pumori (7.165 Meter) und zu den anderen Himalaja-Riesen im Norden. Hinter ihnen lag das trockene braune Tibetische Plateau, an dem die Erdkrümmung deutlich sichtbar wurde.

Links, die Kanshung-Wand hinunter, erkannte man gar nichts – lediglich die weiße Masse der Schneefahne, die über den Grat peitschte. Ich konnte keine Fußstapfen oder Steigeisenabdrücke ausmachen. Wir hielten uns auf der rechten Seite, wo der Fels unter unseren Füßen noch sichtbar war, um nicht versehentlich auf eine der überhängenden Wächten weiter links zu geraten.

Wieder holte ich meine Plastikkamera hervor und schoß ein Foto von Lhakpa, der mit hängendem Kopf vor mir dahinstapfte, im Vordergrund den großen vorstehenden Buckel des Gipfels.

Als ich das Klicken der Plastikkamera vernahm, machte sich wieder eine andere Sorge bemerkbar: Würde die Videokamera funktionieren, wenn wir auf dem Gipfel standen?

Die einzige Möglichkeit, dem Film einen runden Abschluß zu geben, waren die Aufnahmen vom Gipfel. Es wäre nicht das erste Mal, daß die Kamera in einem kritischen Moment streikt. Ich stieß ein leises Stoßgebet aus, daß alles funktionieren würde.

Doch dann fiel mir ein, daß ich ohne Al trotzdem keine bedeutungsvolle Gipfelsequenz haben würde. Der Schwerpunkt des Films hatte sich nach Brians Entscheidung umzukehren auf Al und den Schal des Dalai Lama verlagert, den Al wie versprochen auf den Gipfel bringen wollte.

Ich blickte den Grat zurück und hoffte aller Wahrscheinlichkeit zum Trotz, Al dort auftauchen zu sehen. Nichts. Ich befahl mir, eins nach dem anderen anzugehen: erst auf den Gipfel, und dann sehen, was gefilmt werden kann.

Seltsamerweise schien der Wind, je weiter wir uns dem Gipfel näherten, immer mehr abzuflauen, obwohl die Fahne so heftig wehte wie zuvor. Am Anfang des Grats wurden wir von jedem Windstoß hin- und hergeschüttelt und mußten uns in den Wind lehnen, um nicht umgeblasen zu werden. Doch jetzt, auf unseren letzten paar Metern zum Gipfel des Mount Everest, flaute der Wind wie durch einen Zauber fast vollständig ab.

Ich umfaßte mit meiner Hand den Tripol und zog mich daran auf das Dach der Welt. Zu meiner Überraschung liefen mir Tränen die Wangen hinunter. Zum ersten Mal seit meiner Kindheit weinte ich.

Ich blickte zurück auf den Grat. Mingma und Gyaltsen kamen ebenfalls hoch, doch immer noch kein Zeichen von Al. Mit uns vier auf dem Gipfel wurde es recht eng. Der höchste Punkt, der von den vorherrschenden westlichen Winden geformt wurde, ist nur etwa so groß wie ein Billardtisch. Nach Norden und Süden hin fällt er scharf ab, nach Osten hin steht eine massige Wächte über.

Lhakpa zog seine Überhandschuhe aus und riß meinen Arm wie einen Pumpenschwengel auf und ab vor lauter Freude. Wir schüttelten uns alle gegenseitig die Hand und riefen uns durch unsere Sauerstoffmasken gedämpfte Glückwünsche zu.

Mein alles überwältigender Eindruck war der von großer Höhe. Der Everest ist zwar von anderen Achttausendern umzingelt, wie beispielsweise dem Lhotse und dem Nuptse, doch diese können nicht mithalten, wenn man erst einmal auf dem Everest steht – er überragt sie eindeutig. Der Everest muß sich seinen Rang im Herzen des Himalaja nicht erkämpfen, er prangt in all seiner Herrlichkeit majestätisch über seinen niedrigeren Cousins.

Doch wir hatten nicht nach allen Seiten einen ungehinderten Ausblick: Im Osten verschwand etwa ein Drittel des Horizonts in der wehenden Eiskristallwolke der Fahne. Aus dieser kurzen Distanz gesehen hat die Fahne etwas Hypnotisches an sich und kann einen regelrecht in Trance versetzen. Ich beobachtete sie ein paar Minuten lang, und dann wurde mir klar, warum es auf dem Gipfel so ruhig war. Der Wind traf auf die Nordflanke und drehte sich dann über unseren Köpfen wie ein großer Rotor, bevor er kehrtmachte und über die Kanshung-Wand fuhr.

Ich pflanzte ein Bein auf den nach Süden gerichteten Abhang und das andere auf den nach Norden gerichteten, setzte mich rittlings auf den Gipfelkamm und drückte meinen Eispickel, so fest ich konnte, in die Eiskruste. Politisch gesehen saß ich genau auf der Grenzlinie zwischen China und Nepal.

Vor mir stand das dreibeinige Aluminiumgestell, geschmückt mit einer farbenfrohen Sammlung aus Gebetsfahnen und Schals. Dagegen lehnten ein paar sehr merkwürdige Aluminiumtafeln – vielleicht ein reflektierendes Gerät für eine in der Vergangenheit durchgeführte Höhenvermessung – und zwei leere orangefarbene Sauerstoffzylinder.

Mit dem Gedanken im Hinterkopf, daß unsere Sauerstoffreserven mit jeder Minute abnahmen, ließ ich mir die Videokamera von Mingma geben und grub eine der Lithiumbatterien aus meinem Rucksack aus. Es gab noch Arbeit. Ich mußte meine Überhandschuhe ausziehen, um mühsam die Batterien in die Kamera einzusetzen. Dann, mit angehaltenem Atem, drückte ich auf den Schalter. Ich schob meine Skibrille auf die Stirn hoch und blickte durch den winzigen, briefmarkengroßen Sucher, und ich sah – genau wie es sein sollte – das Bild, das ich so verzweifelt sehen wollte.

Die Kamera funktionierte einwandfrei. Ich drückte auf »Aufnahme«, und beobachtete, wie das rote Aufnahmelämpchen aufleuchtete. Hurra! Ich filmte auf dem Dach der Welt!

Aus dem Sitzen begann ich mit zwei langen Panorama-Aufnahmen, wobei ich langsam von der wolkenumhüllten Masse des Lhotse bis zu den drei Sherpas schwenkte. Lhakpa war gerade dabei, mit dem Walkie-Talkie Funkkontakt zum Basislager aufzunehmen, deswegen zoomte ich ihn mir, so weit es ging, heran, um eine Nahaufnahme von ihm zu machen.

Als Lhakpa mit seiner Unterhaltung fertig war, reichte er mir das Gerät. Ich legte gerade die Kamera hin, um das Walkie-Talkie in Empfang zu nehmen, als ich einen Ausruf von Gyaltsen hörte. Ich folgte seinem ausgestreckten Arm und sah Al, der sich den Grat auf uns zu hocharbeitete.

Ich wechselte ein paar Worte mit Barney, und dann tönte Brians ekstatische Stimme aus dem Hörer.

»Matt? Wir sind total von den Socken hier unten! Vergiß nicht, ein paar Worte für den Dalai Lama zu sagen!«

Plötzlich schoß mir ein Gedanke durch den Kopf.

»Schau bitte mal nach, ob Kees das Ganze von unten filmt.«

»Ich kann Kees sehen. Er dreht.«

»Okay. Ende und aus.«

Ich gab Lhakpa das Walkie-Talkie zurück und schnappte mir noch einmal die Videokamera. Es war einfach perfekt. Ich konnte Alans Ankunft auf dem Gipfel aufnehmen und dann filmen, wie er sich über Funk mit Brian unterhielt. Unten im Basislager würde Kees die andere Hälfte der Unterhaltung filmen, und wir könnten beide Sequenzen zusammensetzen und eine einzige Gipfelsequenz daraus machen.

Ich hielt die Videokamera, so ruhig ich konnte, und brachte Al ins Bild. Ich filmte, wie er langsam auf uns zu stapfte. Alle paar Schritte hielt er an, um nach Luft zu schnappen, genau wie wir es getan hatten. Er sah aus, als hätte er schwer zu kämpfen. Mein Herz raste, und das lag nicht nur am Sauerstoffmangel: Diese paar Momente des Filmens waren unglaublich aufregend ... die spannendsten meines Lebens. Hier saß ich auf dem Gipfel des Everest und filmte einen Bergsteiger der Weltklasse, wie er sich über das letzte Schneefeld zu diesem heiligen Ort vorkämpfte.

Das hier war keine wiederaufgewärmte, nachgestellte Szene, dies war die Aufnahme, die den Everest-Film – meinen Everest-Film – von allen anderen unterscheiden würde ... die Aufnahme, die den Zuschauer hier zu uns auf den Gipfel versetzen würde.

Als mir einfiel, daß ich schlecht die ganze Zeit über Panoramaaufnahmen machen konnte, zoomte ich Alans Füße heran und verfolgte sie ein paar Sekunden lang, wie sie den Hang hochstapften.

Dann schwenkte ich an seinem Körper hoch und machte eine Großaufnahme von seinem Gesicht. Die Eiszapfen auf der Sauerstoffmaske waren deutlich zu sehen.

Als er die letzten paar Meter hochkam, ging ich wieder auf Panorama und filmte, wie die Sherpas in Jubelrufe ausbrachen.

»Gut gemacht, Al. Wir haben's geschafft!«

»Endlich oben! Auf dem Dach der Welt!«

Al machte eine lange Verschnaufpause. Seine Schultern sackten vornüber, und er sah ziemlich erschöpft aus, doch er sprach zusammenhängend. Lhakpa reichte ihm das Funkgerät.

»Brian, kannst du mich hören? Ich bin auf dem Gipfel. Ich bin auf dem Gipfel und ich habe den Schal des Dalai Lama dabei!«

»Ist das dieser Bursche aus Yorkshire? Wie geht's?« Brians dröhnende Stimme hallte aus dem Funkgerät. »Ich bin unten im Basislager. Kannst du mich sehen? Ich winke euch zu!«

Al drehte sich um und blickte den Rongbuk-Gletscher hinunter. Die Dimensionen waren so enorm, daß wir noch nicht einmal das Kloster ausmachen konnten, geschweige denn die winzigen Zelte unseres Lagers, die sich in einer Entfernung von gut sechsundzwanzig Kilometern befanden!

»Nun, nicht so richtig, aber ich kann es mir vorstellen.«

»Wir sind alle wahnsinnig stolz! Ihr seid beide große Helden, die Sherpas auch. Kommt nur heil und sicher wieder nach unten, und sprecht ein Gebet für den Weltfrieden für den Dalai Lama! Vergeßt nicht, *Om mane padme hum*.«

Al reichte Lhakpa den Hörer und löste den Schal von seinem Hals. Von den Sherpas kam ein gedämpfter Freudenschrei, als sie sahen, was er vorhatte. Al nahm den langen weißen Seidenschal, band ihn am Tripol fest und ließ die Enden frei im Wind flattern.

Er sprach ein kurzes Friedensgebet, wie Brian es ihm aufgetragen hatte.

Ich hielt die Kamera, so lange ich konnte, auf den Schal gerichtet und gab sie dann Al, damit er mich filmen konnte, wie ich ein paar kurze Worte mit Brian über Funk wechselte. Ich dankte ihm dafür, daß er als treibende Kraft hinter der ganzen Expedition gestanden hatte ... und hinter dem Film. Schließlich war es Brians Leidenschaft für den Everest gewesen, die uns alle hierher geführt hatte, und ich wollte auf keinen Fall, daß er den Eindruck bekäme, ich hätte das vergessen.

Die einzige Aufnahme, die uns fehlte, war eine Gesamtaufnahme von uns allen zusammen auf dem Gipfel. Al stieg mit der Videokamera zehn Meter den Grat hinunter und richtete sie auf uns. Als die Kamera lief, jubelten wir und winkten mit unseren Eispickeln. Und das war's. Auftrag erledigt.

»Wir sehen besser zu, daß wir runterkommen.«

Unsere Sauerstoffreserven gingen zur Neige, denn wir waren viel länger auf dem Gipfel gewesen als geplant. Beinahe fünfzig Minuten waren vergangen.

In aller Eile schossen wir noch ein paar Fotos, ich mit meiner Plastikkamera, die immer noch tadellos funktionierte. Die Temperatur schien dramatisch gesunken zu sein, oder vielleicht kam uns das auch nur so vor, weil wir so lange bewegungslos auf dem Gipfel gestanden hatten. Sowohl meine Hände als auch meine Füße waren eiskalt und fühlten sich taub an. Es war höchste Zeit aufzubrechen.

Dann fiel mir der Plumpudding ein – ein Geschenk meiner Mutter, das sie mit viel Liebe zubereitet hatte und das ich extra für diese Gelegenheit mitgenommen hatte. Es dauerte ein wenig, bis ich ihn ganz unten im Rucksack gefunden hatte. Die Backfolie war während des Transports ein wenig eingerissen, doch ansonsten war der Pudding in bestem Zustand. Ich zog den oberen Teil der Backfolie zurück und biß kräftig hinein.

Aber er war hart wie Granit, zu einem einzigen Klumpen

Eis gefroren. Der Gedanke, daß ich dieses halbe Kilo den höchsten Berg der Welt für nichts und wieder nichts hochgeschleppt hatte, machte mich so wütend, daß ich ihn um ein Haar die Kanshung-Wand hinuntergeschleudert hätte.

Doch wie hätte ich das meiner Mutter erklären sollen?

Zwar lief ich ernsthaft Gefahr, meine oberen und unteren Schneidezähne dabei zu beschädigen, doch es gelang mir, eine symbolische Rosine abzuknabbern. Dann verfrachtete ich den Klumpen zurück in den Rucksack, damit ich ihn zu einem späteren Zeitpunkt verzehren konnte.

Wir warfen noch einen langen, letzten Blick auf Nepal hinab und machten uns dann auf den Rückweg zu Lager Sechs.

Der Abstieg war für mich der nervenaufreibendste Teil des ganzen Alptraums. Ich hatte in den letzten fünfzig Stunden gerade mal fünf sehr kalte und unruhige Stunden Schlaf gehabt (davon keine in den letzten dreißig Stunden) und mußte jetzt gegen eine überwältigende Müdigkeit ankämpfen. Die Anforderungen, die der Abstieg an uns stellte, übertrafen alles, was ich in meinem Leben an körperlicher Schwerstarbeit hatte leisten müssen. Und die Tatsache, daß wir während der ganzen vierzehn Stunden Aufstieg am Gipfeltag keinen einzigen Tropfen Flüssigkeit zu uns genommen hatten, bedeutete für Al und mich, daß wir uns Sorgen machen mußten, wegen chronischer Dehydratation an akuter Höhenkrankheit zu erkranken. Diese kann zu einem Lungen- oder Gehirnödem führen. Bei mir war inzwischen auch klar, daß ich die eine oder andere Erfrierung nicht mehr vermeiden konnte.

Der Abstieg von einem Berg ist immer gefährlicher als der Aufstieg. Man neigt sich mit dem Körper jetzt nicht mehr auf die Bergwand zu, sondern weg davon, was die Wahrscheinlichkeit, auszurutschen und zu stürzen, erhöht. Mit den höllischen Steigeisen an den Füßen, über den losen, gefrorenen, brüchigen Fels der Nordflanke rutschend und rumpelnd, war ich mehr als einmal kurz davor, in den dreitausend Meter tiefen Abgrund zu stürzen.

Die Stunden vergingen, wir brachten den Third Step und dann den Second Step hinter uns, kamen wieder an den Leichen der Inder vorbei und seilten uns am First Step ab. Die brüchigen Felsabsätze, die wir queren mußten, schienen nie enden zu wollen. Die Flanke sieht bereits, wenn man aufsteigt, ziemlich gewaltig aus, doch wenn man auf dem Weg nach unten ist, erscheint sie einem einfach unüberwindlich. Als ich mich während einer der senkrechten Felsklettereien darauf konzentrierte, meinen Abseilachter, der an meinem Klettergurt eingeklinkt war, an das Seil einzuhängen, verlor ich irgendwie das Gleichgewicht. Ich schwang in einem Bogen herum und schlug mir das Knie hart gegen die Felswand an. Ein paar Sekunden lang glaubte ich, bewußtlos zu werden.

Die drei Sherpas beobachteten das Ganze von unten, unfähig, mir zu Hilfe zu kommen, während ich schwerfällig am Fixseil hing und vor Schmerz vor mich hin fluchte. Mein Fall war von einem Eispflock gehalten worden, der oberhalb des Felsens in den Schnee getrieben worden war. Ich habe keine Ahnung, wer ihn dort befestigt hat, doch wer immer es war, er hat gute Arbeit geleistet. Es dauerte mehrere Minuten, bis ich mich endlich entheddert und so weit gefangen hatte, daß ich weiter absteigen konnte.

Wir mußten immer häufiger Verschnaufpausen einlegen. Sobald ich mich hinsetzte, schlossen sich meine Augen von ganz allein, und mein Bewußtsein schwebte dem verführerischen Dunkel des Schlafes entgegen. Doch dann leuchtete ein rotes Warnlämpchen auf, und ich zwang meinen Körper, wieder aufzustehen und weiterzugehen. Immer häufiger schweiften meine Gedanken in eine seltsame Phantasiewelt ab, und ich erinnere mich beim besten Willen nicht mehr daran, daß Al mich irgendwo auf dem Grat überholt hat und von da an vor mir ging.

Die Sherpas waren jetzt viel schneller als wir und erreichten Lager Sechs mindestens eine Stunde vor uns. Der letzte Teil – die gefährlichen Rinnen des Gelben Bandes – überstieg meine körperlichen Grenzen, die mir meine Widerstandskraft setzte. Ich bin der festen Überzeugung, daß allein die Schwerkraft mich hinunterbrachte. Al blieb mehr oder weniger den ganzen Weg über bei mir und wartete am Ende jeder Seillänge auf mich.

Für die letzten hundert Meter runter bis zu Lager Sechs brauchte ich mindestens eine Stunde. Irgendwann während meines Abstieges war mein Sauerstoff zur Neige gegangen, doch ich war zu verwirrt, um es zu bemerken.

Als wir das Lager endlich erreichten, heulten alle Warnsirenen in meinem Körper und schrien nach Aufmerksamkeit. Das Pochen in meinem Schädel sagte mir, daß ich, wenn ich nicht bald etwas trinken würde, aller Wahrscheinlichkeit nach bewußtlos werden und ins Koma sinken würde. Das Problem war, daß mein Körper viel zu ausgepumpt war, als daß ich meine Bewegungen so weit hätte koordinieren können, den Gaskocher in Gang zu setzen.

Simon hatte das Lager gerade mit seiner Gruppe aus Lager Fünf erreicht. Er hatte nichts zu Trinken bei sich und sah ebenfalls erschöpft aus. Schwach schüttelte er Alans Hand und ließ sich dann zu Boden sinken. Ich fragte ihn, ob die Sherpas Tee gemacht hätten, doch er wußte es nicht. Al rief etwas hinüber zum Zelt der Sherpas, doch es kam keine Antwort. Irgendwie schaffte ich es, meinen Rucksack abzusetzen und mich in das wenig einladende Zeltinnere zu zwängen. Al folgte mir dicht auf den Fersen. Ich erinnere mich verschwommen daran, daß ich irgendwas von Flüssigkeit vor mich hin brabbelte.

»Du mußt mir helfen, Al. Ich pack's nicht mehr. Mir wird schon ganz schwarz vor Augen. Du mußt das verdammte Kocherding in Gang setzen, Mann, oder ich bekomm' ein verdammt ernstes Problem.«

Al, der auch total benommen war und sich in Zeitlupentempo bewegte, machte sich an die langwierige Aufgabe. Ich spürte, wie schwarze Wellen über mich schwappten, doch ich kämpfte verzweifelt gegen die Bewußtlosigkeit an. Dann hörten wir Schritte vor dem Zelt. Es war Sundeep, der ebenfalls von Lager Fünf aufgestiegen war und ebenso fertig wie Simon wirkte. Er schwankte leicht, als er sich auf seinen Eispickel stützte.

»Hast du Saft?« fragte ich ihn.

Er zog seine Sauerstoffmaske zur Seite und murmelte etwas. Mir fiel die gepolsterte Trinkflasche an seinem Gürtel ins Auge, und ich zeigte mit meinem Finger darauf. Mein Hirn hatte gerade noch die Energie, ein paar Worte auszustoßen.

»Ich brauche Wasser, Sundeep. Ich trinke nicht alles, aber ich brauche etwas, sonst brech' ich zusammen.«

Zumindest wollte ich etwas in der Art sagen, wenn auch alles, was aus meinem Mund herauskam, ein unverständliches, zusammenhangloses Gebrabbel war. Aber Sundeep verstand, was ich von ihm wollte, und reichte die Trinkflasche ins Zelt hinein. Ich trank ein Drittel davon und gab die Flasche dann an Al weiter, der ebenfalls ein paar Schlucke nahm.

Eine halbe Stunde später tranken wir die erste lauwarme Tasse Wasser aus dem Topf mit dem geschmolzenen Schnee. Das war der Zeitpunkt, an dem ich zum ersten Mal an diesem Tag daran zu glauben wagte, daß ich überleben würde.

12. Kapitel

Um halb drei am folgenden Morgen brachen Simon, Sundeep und zwei Sherpas zu ihrem Gipfelversuch auf. Ich wachte durch den Krach auf, den sie bei ihren Vorbereitungen machten, doch ich war zu müde, um meinen Kopf aus dem Zelt zu stecken und ihnen Glück zu wünschen. Sie stiegen die Felsen des Gelben Bandes langsamer auf als wir am Tag zuvor und erreichten den Grat eine Stunde nach Sonnenaufgang. Dort mußten sie sich im stärker werdenden Wind ihre Niederlage eingestehen. Beiden war klar, daß sie es nicht bis zum Gipfel schaffen würden.

Roger und Tore erging es ähnlich. Auch sie konnten ihren Traum, auf dem Gipfel des Everest zu stehen, nicht verwirklichen. Roger hatte kurz hinter Lager Fünf kehrtgemacht, als er erkannte, daß er mit Müh und Not Lager Sechs erreichen würde, aber auf keinen Fall die Kraft haben würde, weiter nach oben zu steigen. Tore, der einen schlechten Tag gehabt hatte, als er am 17. Mai den Sattel hochkletterte, kehrte am folgenden Tag in den Höhenwinden um, als er sich etwa die Hälfte des Nordgrats hochgekämpft hatte.

Al und ich verließen Lager Sechs in den frühen Morgenstunden des 20. Mai und machten uns auf den zehnstündigen Abstieg zum vorgeschobenen Basislager. Als wir an Reinhards Zelt vorbeikamen, fiel mir ein, daß ich den österreichischen Bergsteiger komplett vergessen hatte, der nun tot in seinem Zelt lag. Ich hastete an seinem Zelt vorbei – obwohl »hasten« nicht ganz das richtige Wort ist, um mein mühsames Gehumpel zu beschreiben –, während ich die fürchterliche Versuchung niederkämpfte, einen Blick hineinzuwerfen.

Am nächsten Tag bat Reinhards verzweifelte Frau Simon und Sundeep über Funk, ihren Mann, so gut es ging, zu begraben. Vor Erschöpfung hatten sie nach ihrem fehlgeschlagenen Gipfelversuch nicht die Kraft, auch nur die kleinste Ausbuchtung in den steinharten Boden zu hacken. Mit Hilfe von Ang Chuldim gelang es ihnen lediglich, das Zelt abzubauen und es wie ein Leichentuch um den Körper des Österreichers zu wickeln. Darüber häuften sie ein paar Steine und leere Sauerstofflaschen. Zu mehr waren sie nicht in der Lage. Allein dafür brauchten sie schon mehrere Stunden. Simon bastelte ein einfaches Kreuz aus ein paar herumliegenden, zerborstenen Zeltstangen, und die drei Bergsteiger standen dann mit hängenden Köpfen im beißenden Wind um das Grab herum.

Simon sprach ein kurzes Gebet für Reinhard, das alle zu Tränen rührte. Dann machten sie sich mit ihren bereits gefährlich unterkühlten Händen und Füßen an den Abstieg zum Sattel, den sie am Abend des 21. Mai erreichten. Am folgenden Tag kehrten sie sicher ins vorgeschobenen Basislager zurück.

Simon blieb dort, um den Abbruch unserer Zeltlager zu beaufsichtigen, während wir anderen zum Basislager abstiegen und zu packen begannen. Am 24. Mai waren alle Zelte und der ganze Müll aus Lager Vier und Fünf von den Sherpas abtransportiert worden, und eine Yak-Karawane trug die Ausrüstung auf den Rongbuk-Gletscher.

Drei Tage später verließen wir das Basislager in einem Konvoi aus Jeeps und reisten nach Nepal, jeder von uns in

Gedanken versunken, während die Fahrzeuge die staubige Straße am Rongbuk-Kloster vorbei nach unten rumpelten. Oben am Pang-La-Paß hielten die Geländewagen an, und wir stiegen aus, um einen letzten Blick auf den Everest zu werfen. Die Eisfahne wehte wieder über dem Berg, genauso wie damals, als wir den Everest auf unserem Weg ins Basislager von der gleichen Stelle aus betrachtet hatten. Ich stand ein wenig abseits von den anderen und suchte nach Worten für diesen Berg, den ich, da war ich mir ziemlich sicher, nie wiedersehen würde.

Am Ende war ein geflüstertes »Danke« alles, was ich über die Lippen brachte, bevor wir wieder in die Toyotas kletterten und über das weite Tibetische Plateau davonfuhren.

Katmandu war ein Schock nach den kargen Monaten in Tibet. Der chaotische Verkehr und die überfüllten Straßen Thamels erschienen mir unglaublich farbenreich und überschäumend vor Leben im Vergleich zu der einfarbigen und harschen Gebirgswelt, die uns zur Heimat geworden war.

Ich sehnte mich nach Fetten und Proteinen und machte mich sogleich daran, die elf Kilo, die ich verloren hatte, wieder auf die Rippen zu bekommen. An unserem ersten Tag in Katmandu verschlang ich mehrere Frühstücksgänge mit gebratenen Leckereien, Pfannkuchen und Sahne, Schokoladenkuchen, Bananenkuchen, Früchten und Eiscreme und ein riesiges, brutzelndes Steak mit Pommes frites. In der Nacht wurde ich für meine Freßsucht bestraft: Mir wurde schlecht. Kees hatte es schlimmer erwischt als mich. Seine Fresserei fesselte ihn drei Tage mit einer Magen-Darm-Grippe ans Bett. Es war ein denkbar ungünstiger Zeitpunkt, wenn man bedenkt, daß seine Hochzeit kurz bevorstand.

Jetzt erst wurde uns bewußt, wie gierig sich die Weltpresse auf das Unglück am Everest gestürzt hatte. Abgesehen von

Funkberichten waren wir auf dem Berg vom Rest der Welt abgeschnitten gewesen, und so hatten wir nichts von den sensationslüsternen Artikeln über die Tragödie in Zeitungen und Zeitschriften mitbekommen. Jetzt aber konnten wir in den Buchläden Katmandus nachlesen, welche Nachwehen der Sturm und die Todesfälle ausgelöst hatten. Sowohl die Titelseite der *Time* als auch die von *Newsweek* war dem Unglück gewidmet, und Freunde und Familienangehörige faxten uns weitere Artikel aus England zu.

Die Berichte waren unterschiedlich gut recherchiert, und gewisse Aspekte der Geschichte – kontroverse Ansichten über die Geschehnisse an der Süd- und Nordseite – stimmten nicht unbedingt mit unserer Meinung überein oder damit, was wir auf dem Berg gesehen und erlebt hatten.

Ein Beispiel war die Tragödie um die drei indischen Bergsteiger und das angebliche Versagen des japanischen Teams, das keinen Rettungsversuch unternommen hatte.

Die häufigste Geschichte erzählte davon, daß der am weitesten unten aufgefundene tote Inder sich nur hundert Meter von der Sicherheit des oberen Lagers entfernt befunden habe. Diese Information – die auch von Richard Cowper in seinem Artikel in der *Financial Times* vom 18. Mai mit der Überschrift »Die Bergsteiger, die man in den Killerstürmen am Everest dem Tod überlassen hat« verwendet wurde – war von Bergsteigern verbreitet worden, die sich in den Tagen nach dem Sturm im Hochlager an der Nordseite befunden hatten. Die Tatsache, daß Cowper diese Angaben verwendete, soll hier in keiner Weise angeprangert werden – er hat seinen Artikel nach bestem Wissen und Gewissen geschrieben, mit den besten Informationen, die ihm zu diesem Zeitpunkt zur Verfügung standen.

Wie auch immer, diese »hundert Meter« heizten die Kontroverse unnötig an und ließen das japanische Team noch herzloser erscheinen. Wenn sich der indische Bergsteiger wirklich nur »hundert Meter von der Sicherheit des Lagers« befunden hätte, wäre die Weigerung des japanischen Teams, ihm zu helfen, in keiner Weise zu rechtfertigen gewesen.

Wenn man jedoch, wie ich, die genaue Lage der untersten Leiche (die am wenigsten weit vom Lager entfernt war) kannte, konnte man auf keinen Fall von »hundert Metern« sprechen. Al, die Sherpas und ich waren uns einig, daß der Inder auf dem Grat mindestens dreihundert *Höhen*meter oberhalb von Lager sechs gelegen hatte, also etwa fünfhundert Meter tatsächlichen Abstiegs, bevor er die Sicherheit des Lagers hätte erreichen können. Wir hatten mindestens viereinhalb Stunden für den mühsamen und ununterbrochenen Anstieg von Lager Sechs aus gebraucht, bis wir über seine Leiche gestolpert waren.

Doch auch diese Zahlen sagen nur wenig über die wirkliche Position des Inders aus. Um ihn hinunter zu Lager Sechs bringen zu können, hätten die Retter den halb bewußtlosen Bergsteiger das Gelbe Band hinunterschleppen müssen – und das Gelbe Band, das wir in der Nacht passiert hatten, ist eine massive Gesteinsschicht, die eine richtiggehende Schranke aus brüchigen Felsen darstellt.

Das Gelände ist extrem steil, und es gibt mehrere kleine Felsüberhänge, die selbst von einem ausgeruhten Bergsteiger nur mit viel Umsicht bewältigt werden können. Es existieren, wenn überhaupt, nur wenige zuverlässige Sicherungspunkte in dem brüchigen Gestein, und die Schneerinnen – die natürlichen Spalten und Risse –, über die man absteigt, sind so eng, daß ein auf seinen eigenen Beinen stehender Kletterer kaum genügend Platz findet, um sich durchzuzwängen. Einen im Koma liegenden Kletterer dort hinabzulassen ist so gut wie unmöglich.

Kurzum, ich glaube nicht, daß ein Rettungsversuch jemals

eine reelle Möglichkeit gewesen war, selbst wenn eine Bahre zur Verfügung gestanden hätte (was nicht der Fall war). Und ich bin auch der Meinung, daß jeder Bergsteiger, der auf die erschöpften Inder dort oben gestoßen wäre, sofort genau wie die Japaner geschlossen hätte, daß es für sie in ihrem Zustand keine Rettung mehr gab.

Warum die Japaner nicht wenigstens versucht haben, den Indern ihre letzten, qualvollen Stunden so erträglich wie möglich zu machen, indem sie ihnen etwas zum Trinken oder Sauerstoff anboten, ist eine andere Frage, die nur sie selbst beantworten können.

Die zweite große Frage, die unser und alle anderen Teams endlos durchdiskutierten, sorgte auch für heiße Spekulationen in der Presse: Warum kamen Rob Hall und Scott Fischer so spät auf dem Gipfel an, wo doch beide dafür bekannt waren, nach der »Umkehrzeit-Methode« vorzugehen, nach der eine feste Uhrzeit vereinbart wurde, zu der alle Mitglieder, unabhängig davon, wo sie sich gerade befanden, umkehren *mußten*? Welche Umkehrzeit war festgelegt, und warum hielten sich die beiden Teams nicht daran?

In seinem Buch *In eisige Höhen* schreibt der Journalist Jon Krakauer (ein Mitglied aus Halls Team) folgendes:

> Vor unserem Aufbruch zum Gipfel hatte Hall im Basislager zwei mögliche Umkehrzeiten erwogen – entweder 13 Uhr oder 14 Uhr. Er gab jedoch nie bekannt, an welche von diesen Zeiten wir uns nun zu halten hatten – was seltsam war, wenn man bedenkt, welche Vorträge er uns über die Bedeutung einer vorher bestimmten, unbedingt einzuhaltenden Umkehrzeit gehalten hatte. Alles, was wir hatten, war eine vage ausgesprochene Vereinbarung, daß Hall eine endgültige Entscheidung erst am Gipfeltag treffen würde, nachdem er das Wetter und andere Faktoren eingeschätzt hatte.

Dann würde er persönlich die Verantwortung dafür übernehmen, alle zum richtigen Zeitpunkt umkehren zu lassen.

Auch Fischers Gruppe wurde keine feste Uhrzeit mitgeteilt, zu der sie umzukehren habe, obwohl auch hier sowohl 13 als auch 14 Uhr im Gespräch war. Wie die Dinge lagen, verließen sich beide Bergführer auf ihre Erfahrung, um zu entscheiden, zu welchem Zeitpunkt ihre Gruppen umkehren sollten. Dieser Zeitpunkt hing von mehreren, nicht ganz leicht abzuwägenden Faktoren ab, wie zum Beispiel dem Tempo, das die Gruppe an den Tag legte, und den Wetterverhältnissen.

Am 10. Mai hatten um 14 Uhr lediglich sechs Mitglieder den Gipfel erreicht. Warum wurden die anderen also nicht zum Umkehren aufgefordert? Eine mögliche Antwort ist, daß die *meisten* der anderen Teammitglieder zu dem Zeitpunkt bereits den Gipfel in *greifbarer* Nähe vor sich sahen. Nah genug jedenfalls, daß acht Bergsteiger ab 14 Uhr 10 einer nach dem anderen den Gipfel erreichten. Der Zeitrahmen war überschritten, okay, aber in dem Moment, in dem er überschritten wurde, befand sich die Hauptgruppe vielleicht weniger als fünfzig Meter vom Gipfel entfernt und hatte direkten Blick darauf. In dieser Situation ist es höchst unwahrscheinlich, daß irgendeiner der Kunden die Aufforderungen ihrer Bergführer zur Umkehr befolgt hätte, denn sie hätten leicht argumentieren können, daß es so kurz vor dem Gipfel lächerlich wäre umzukehren. Jemanden am Fuß des Hillary Step zum Umkehren zu bewegen ist eine Sache, aber ihn aufzufordern zurückzugehen, wenn er sich bereits auf dem Gipfelgrat befindet, ist unrealistisch.

Der entscheidende Fehler liegt darin, daß zwar die meisten Bergsteiger um oder vor 14 Uhr 30 auf dem Gipfel waren, die beiden wichtigsten aber immer noch fehlten. Während die Hauptgruppe sich an den Abstieg machte, kämpften sich Doug Hansen – ein Kunde Halls – und Scott Fischer, der extreme Schwierigkeiten bei seinem Aufstieg hatte, immer noch nach oben. Fischer erreichte den Gipfel erst um 15 Uhr 40 und brach fünfzehn Minuten später wieder nach unten auf.

Warum war Fischer weiter aufgestiegen? Er hatte doch den Gipfel bereits bei einer früheren Expedition bestiegen, ganz abgesehen davon, daß alle seine Kunden den Gipfel erreicht hatten und sich wieder auf dem Weg nach unten befanden. Fischer wußte aber, daß Rob Hall und Lopsang, Fischers rechte Hand und stärkster Sherpa, auf dem Gipfel warteten. Das Wissen darum und seine hohe persönliche Motivation mußten ihn dazu getrieben haben weiterzugehen. Direkt unter der Nase seines Freundes und Rivalen kehrtzumachen hätte ihn wahrscheinlich sein Leben lang gewurmt. Beide gehörten zur Bergsteigerelite, und man kann sich leicht vorstellen, daß Fischer sein Gesicht verloren hätte, wenn er – aus welchem Grund auch immer – seinen Kunden nicht bis zum Gipfel gefolgt wäre.

Auch für Hall war Lopsangs und Fischers Gegenwart wahrscheinlich ein zusätzlicher Grund, warum er Hansen weitersteigen ließ. Mit drei (normalerweise) sehr starken Bergführern um sich, die ihm hätten helfen können, hatte sich Hall vermutlich gute Chancen ausgerechnet, Hansen wieder wohlbehalten vom Berg zu bekommen. Drei der besten Bergführer der Welt hatten sich in einem falschen Gefühl der Sicherheit gewogen. Zu dem Zeitpunkt, als Hansen den Gipfel erreichte, waren der erschöpfte Fischer und sein Sherpa Lopsang bereits wieder gegangen.

Rob Hall wartete bis 16 Uhr, als Doug Hansen endlich auf dem Gipfel ankam, zwei ganze Stunden später als die späteste vereinbarte Umkehrzeit. Was hatte ihn zu einer (im nachhinein) so deutlich erkennbaren gefährlichen späten Gipfelbesteigung bewegen können?

Für eine mögliche Antwort müssen wir die Uhr um ein Jahr zurückdrehen, nämlich zum Gipfelversuch von Adventure Consultants im Mai 1995. Bei jener Expedition hatte Rob Hall Doug Hansen, der am Südgipfel angekommen war, um etwa 14 Uhr umkehren lassen. Hansen hatte schwer mit dieser Entscheidung und der Frustration, daß er dem Gipfel »so nah und doch so fern« gewesen war, zu kämpfen und schließlich mit Halls begeisterter Unterstützung beschlossen, 1996 einen zweiten Versuch zu starten. Hansen war kein Millionär. Als Postangestellter bekam er nur ein bescheidenes Gehalt und hatte Extraschichten geleistet, um genug Geld für eine weitere Expedition zusammenzukratzen. Es war höchst unwahrscheinlich, daß Hansen jemals wieder in der finanziellen Lage gewesen wäre, einen dritten Versuch zu unternehmen.

Die beiden Männer waren enge Freunde, und Hall hatte den Ehrgeiz, Hansen bis aufs Dach der Welt zu führen. Als Hall dort oben auf dem Gipfel auf seinen Kunden wartete, muß er einen harten Kampf mit sich selbst ausgefochten haben. Hansen wieder umkehren zu lassen, diesmal noch kürzer vor dem Gipfel als im Jahr zuvor, wäre unglaublich schwer gewesen.

Letztendlich beeinträchtigte der Wunsch, seinen Kunden auf den Gipfel zu bringen, Halls Urteilsvermögen so, daß er wartete. Und wartete.

Als Hansen endlich oben war, kamen mit ihm die Wolken und dann der Sturm. Fischer und Lopsang waren bereits außer Sichtweite. Hall war allein mit seinem erschöpften Kunden, als der Sturm über sie hereinbrach.

Es gehörte zu den höchsten Prinzipien seines Berufs, daß Hall bis zum bitteren Ende bei seinem Kunden blieb.

Am 6. Juni hatten alle Mitglieder der 1996er Nordgratexpedition von Himalayan Kingdoms wieder ihr »normales« Leben aufgenommen.

Simon, der Leiter der Expedition, kehrte in das Sheffielder Büro von Himalayan Kingdoms zurück und nahm seine Pflichten als Einsatzleiter wieder auf. 1999 will er auf den Everest zurückkehren, diesmal über die Südroute. Es wird sein vierter Gipfelversuch sein.

Barney reiste nach nur wenigen Monaten wieder in den Himalaja und führte eine kleine Gruppe mit fünf Kunden für Himalayan Kingdoms auf den Cho Oyu (8.201 Meter), der sich westlich vom Everest befindet. Wie bei unserer Everest-Expedition erreichte Barney den Gipfel nicht. Auch dieses Mal mußte er mit einem Kunden umkehren. Seitdem arbeitet er teils als Bergführer, teils hilft er bei Erdölvermessungen in Ländern wie Pakistan mit.

Kees schaffte es, achtundvierzig Stunden vor seiner Hochzeit in Toronto zu sein. An seinem großen Tag konnte man immer noch die Verwüstungen auf seinem Gesicht sehen, welche die UV-Strahlung während der Expedition angerichtet hatte, und er war dürr wie eine Bohnenstange. Sein Sohn, Cornelius Alexander 't Hooft, kam am 19. November auf die Welt. Nach der Geburt nahm Katie ihre Arbeit an der Universität von Toronto wieder auf, wo sie Politikwissenschaften lehrt. Kees erfüllt seine Pflichten als Hausmann und dreht gelegentlich den einen oder anderen Film. Ab und an steigt er in ein Flugzeug nach England, wo er, aus einem mir unerfindlichen Grund, ein schmales Boot in Auftrag gegeben hat, das nach seinen höchst persönlichen und recht eigenwilligen Angaben gebaut wird. Als Liebhaber schöner Dinge hatte Kees von der Bootsbaufirma verlangt, einen massiven Eichenfußboden in den Fünf-Sterne-Kahn einzubauen.

»Irgendwie paßte er nicht so ganz rein«, erzählte er mir

mit unglücklichem Gesichtsausdruck, »also habe ich ihn wieder rausnehmen und statt dessen einen Teakholzboden einbauen lassen.«

Er beobachtete meinen ungläubigen Gesichtsausdruck einen Augenblick lang, und als er überzeugt war, daß ich ihm auf den Leim gegangen war, brach er in schallendes Gelächter aus.

Brian kam sechzehn Kilogramm leichter nach Großbritannien zurück und gab eine Pressekonferenz, in der er den Reportern erzählte, daß er die Fahne der japanischen Expedition vom Pfahl gerissen und daraufgepinkelt habe – eines der zahlreichen saftigen Zitate, das die gewissenhaften Journalisten wörtlich weitergaben. Während die Presseleute draußen auf der Straße vor der Zentrale von ITN Fotos von Brian schossen, setzte ein von den lärmenden Horden abgelenkter Busfahrer seinen Doppeldecker mit einem gewaltigen Krachen gegen eine Platane und ließ so den ganzen Trubel – vielleicht sollte man sagen, passenderweise – als Farce enden.

Brian nahm sich kaum die Zeit, sich von den Härten der Expedition zu erholen, sondern stürzte sich gleich wieder in die Hektik seines Arbeitslebens. Aufnahmen, eine Werbetour für sein neuestes Everest-Buch, eine Spielzeit lang Weihnachtsmärchen in Tunbridge Wells, dann Vorbereitungen für den Film *Macbeth*, bei dem er Regie führen soll.

Und wie sah Brian unsere Expedition zum Everest?

»Ich schäme mich über meine klägliche Leistung dieses Jahr am Everest«, sagte er zu mir. »Ich hatte einfach nicht die Nerven weiterzumachen. Doch ich komme wieder, 1999 über die Südroute. Ich werde es noch einmal versuchen.«

Die Leidenschaft brennt immer noch in Brian – das ist es auch, was ihn so besonders macht.

Al war noch nicht lange wieder zu Hause, als er seine Ausrüstungsfässer schon wieder packte und sich auf den Weg nach Pakistan machte, wo er im Verlauf einer erfolgreichen Sommerexpedition in das Karakorum-Gebirge Gasherbrum 1 und 2 bestieg. Damit hatte er acht Achttausender bestiegen, eine Spitzenleistung, die sich sehen lassen kann. Wie er die Kraft fand, innerhalb weniger Wochen nach unserer Everest-Expedition wieder aufzubrechen, um einen anderen Berg zu besteigen, liegt jenseits meines Vorstellungsvermögens. Ich und die meisten anderen Expeditionsmitglieder brauchten Monate, um uns vollständig von den Strapazen zu erholen.

Nach Pakistan kehrte Al dann in seine Jagdgründe um Newcastle zurück, wo er seine Werbetätigkeit für das »Outdoor«-Ausrüstungsunternehmen Berghaus wiederaufnahm und die üblichen Runden auf Messen und Vorlesungen dreht. Gleichzeitig feilt er noch an seinem Meisterplan herum, der – sollte er funktionieren – ihn in den Kreis der Superelite der Hochalpinisten katapultieren wird. Unter dem Titel *Challenge 8000* hat Al sich das Ziel gesetzt, die noch fehlenden sechs der vierzehn Achttausender dieser Welt zu besteigen. Wenn es ihm gelingt, wird er der erste Brite und der fünfte Mensch überhaupt sein, der das geschafft hat.

Die sechs Berge, die ihm noch bevorstehen, sind: Lhotse (8.516 Meter), Makalu (8.481 Meter), Kangchendzönga (8.586 Meter), Nanga Parbat (8.125 Meter), Dhaulagiri (8.167 Meter) und Annapurna (8.091 Meter). Kurz bevor dieses Buch in Druck ging, erhielt ich die gute Nachricht, daß Al am 23. Mai 1997 den Lhotse bestiegen hat.

Sein Vorhaben ist riskant: Laut Statistik besteht, wenn man alle vierzehn Achttausender dieser Welt besteigt, eine vierzigprozentige Wahrscheinlichkeit, dabei draufzugehen.

Al und ich haben nie über den Tag unserer Everestbesteigung und meine irrationale Angst gesprochen, daß er es nicht schaffen könnte. Das ist auch nicht nötig. Heute weiß ich, daß ich an den ersten Symptomen von Höhenkrankheit litt, die mein Denken blockierten und mich immer weiter davon überzeugten, daß er aufgegeben hatte. Die Zeitspanne, während der ich mit den drei Sherpas oberhalb des Third Step auf Al wartete und die mir wie eine Ewigkeit vorkam, währte vermutlich nicht länger als ein paar Minuten, in denen er sich um seine eingefrorene Brille kümmerte, die ihm schon den ganzen Morgen über Schwierigkeiten bereitet hatte. Mein Gehirn litt unter der paranoiden Annahme, daß irgend etwas schiefgehen *mußte* – und ich ergriff jede Gelegenheit, um mir einzureden, daß Al es nicht schaffen würde. In Wirklichkeit erreichte er den Gipfel nicht mehr als zehn oder fünfzehn Minuten nach uns.

Zu meiner großen Überraschung riefen mich einige von Alans alten Rivalen, die vielleicht einen Riß in dem sonst so unangreifbaren Panzer dieses harten Mannes witterten, nach der Expedition bei mir zu Hause an, um sich genießerisch ein paar Einzelheiten reinzuziehen, wie ich ihn überrundet und vor ihm auf dem Gipfel angekommen war. Doch wenn sie geglaubt hatten, ich würde ihnen ein paar schmierige Geschichten auftischen, dann mußte ich sie gründlich enttäuschen. Alans Kletterstil war so tadellos wie immer, und als er oben auf dem Gipfel stand, war sein Verstand klar genug, um eine lange Unterhaltung per Funk mit Brian zu führen und anschließend die Fahne am Tripol anzubringen. Auch ließ er mich auf unserem Weg zurück zu Lager Sechs keinen Moment lang aus den Augen, obwohl ich sicher bin, daß er wesentlich schneller hätte absteigen können.

Sundeep kehrte zu einem Schuldenberg in Höhe von 20.000 Pfund und der Neuigkeit zurück, daß er in Kürze mit seiner Einheit nach Bosnien geschickt werden sollte. Später wurde die Aktion abgeblasen, und er versuchte sich dann an dem Kurs, der ihm die Qualifikation für die *P Coy*[7] verschaffen würde, sprich: für das Auswahlverfahren für die britische Luftwaffe. Leider wurden seine Hoffnungen durch ein ernstes Problem an einem Schienbein – vielleicht eine bleibende Erinnerung an die Everest-Expedition – zunichte gemacht. Sundeep nahm seine Pflichten als Armeearzt wieder auf und versuchte, darüber hinwegzukommen, daß er auf dem Everest seine Chance, die Seven Summits zu besteigen, so knapp vertan hatte.

»Ich hätte im Frühling 1997 für 10.000 Pfund an einer anderen Expedition teilnehmen können, aber wegen der Schulden, die ich noch abzahlen muß, konnte ich mir das einfach nicht leisten«, erzählte er mir.

Als Roger davon hörte, bot er Sundeep spontan an, ihm das Geld zu leihen – eine wirklich großzügige Geste, die mich tief rührte, als ich davon erfuhr. Doch andere Verpflichtungen hinderten Sundeep daran, an der Expedition teilzunehmen. Während ich die letzten paar Seiten dieses Buches hier schreibe, befindet er sich mit einer nicht am Kampf beteiligten Evakuierungsmannschaft der britischen Armee in Zaire.

Sundeep hat immer noch die Chance, der jüngste Mensch zu werden, der auf den höchsten Punkten aller Kontinente gestanden hat – allerdings muß er dazu den Everest spätestens bis 1998 bestiegen haben.

»Ich werde es wieder versuchen«, sagte er. »Voraussetzung ist natürlich, daß ich irgendwie das Geld dafür auftreibe.«

Roger Portch rasierte sich seinen Bart ab und kletterte zurück in den Sitz einer British Airways 747, mit der er Passagiere rund um die Welt befördert. Madras ... Muskat ... Johannesburg ... Mexico City – in einem ganz normalen Ar-

7 Anm. d. Ü.: »Coy« steht für »Company«, und der Buchstabe P ist die Bezeichnung der Armee-Einheit.

beitsmonat legt er das an Reisen zurück, was ein anderer gerade mal in seinem ganzen Leben schafft. Doch seine Erinnerungen an die Everest-Expedition werden Roger nie loslassen, ganz gleich, wie viele Starts und Landeflüge er auch machen wird.

»Ich lerne gerade, damit umzugehen – mit der Tatsache, daß ich es nicht bis zum Gipfel geschafft habe. Aber es wirklich zu akzeptieren, das wird wohl noch eine ganze Weile dauern«, erzählte er mir. »Trotzdem werde ich es nicht wieder versuchen. Das hier war meine einzige und letzte Chance. Ich bin zu alt, um einen neuen Versuch zu starten, außerdem wäre das nicht fair gegenüber Muriel und den Mädchen. Ich kann sie nicht noch mal mit dem ganzen Streß belasten.«

Es gibt für Roger einen ganz besonderen Augenblick, in dem die Vorstellung, was hätte sein können, ihm fast unerträglich wird. Unglücklicherweise ist das ein Moment, den er jeden Tag bei seiner Arbeit erlebt, nämlich wenn die digitale Anzeige des Armaturenbretts in seiner Boeing 747 eine Höhe von 8.848 Meter anzeigt. Das ist der Moment, in dem er in das tiefe Lapislazuliblau der oberen Erdatmosphäre blickt, die Höhe auf sich wirken läßt, sich an der Erdkrümmung erfreut, und sich fragt ... davon träumt ... sich vorstellt, wie es gewesen wäre, wenn er diese letzten paar Schritte bis aufs Dach der Welt geschafft hätte. In diesem Moment überkommt ihn die unendliche Traurigkeit, die einen heimsucht, wenn man einen Lebenstraum nie ganz hat verwirklichen können.

Roger trägt immer noch den roten Faden von unserer *puja*-Zeremonie um den Hals.

Und ich? Ich kam mit zwei erfrorenen Fingern nach England zurück und erfuhr, daß ich der siebenundzwanzigste Brite bin, der den Everest bestiegen hat, und der fünfte, der ihn über die Nordroute bezwungen hat. Ziemlich viele

Freunde fragten mich neugierig: »Was passiert eigentlich, wenn man den Everest bestiegen hat?«

»Was meinst du?«

»Na ja, du weißt schon – Einladungen in den Buckingham-Palast zu einem Gläschen Sherry in erlauchter Runde, getoastete Rosinenbrötchen und Pfannkuchen mit Lord Hunt in der Royal Geographical Society, wo man über die delikaten Punkte der Route sinniert. Medaillen ... so was in der Richtung.«

Tatsächlich passiert absolut gar nichts, was ich als sehr angenehm empfinde. Der einzige, der mich mit so etwas wie einer Fanfare willkommen hieß, war mein Sohn Alistair, der mit Wachsmalkreiden ein Poster für mich entworfen hatte, auf dem unten zu lesen war: »Echt stark, Daddy!« Das war mir Anerkennung genug.

Ein paar Wochen lang hielt ich meine Finger mehreren Spezialärzten unter die Nase. Am Schluß entschieden sie, daß ich am besten einfach abwartete. Also wartete ich ab. Nach zwei Wochen wurde die Haut mit den Blasen darauf grün, dann schwarz, und dann so hart wie Pappe. Schließlich lösten sich die erfrorenen Fingerkuppen acht Wochen später komplett ab, und darunter kamen zwei mehr oder weniger perfekte Finger zum Vorschein. Die beiden Fingerkuppen werden immer hochempfindlich gegenüber Hitze und Kälte sein – und anfälliger gegenüber Erfrierungen –, doch ich habe Glück, daß ich sie überhaupt noch habe.

»Noch drei oder vier Minuten länger in der Kälte«, sagte mir einer der Spezialisten, »und Sie hätten beide Finger verloren. Zehn Minuten länger, und Sie hätten eine Menge mehr verloren.«

Im Vergleich zu den Erfrierungen, die ›Makalu‹ Gau und Beck Weathers (die sich beide größeren Amputationen unterziehen mußten) davongetragen haben, war das nichts.

Juni und Juli arbeitete ich am Film und durchlebte die ganze Expedition in einem Schneideraum von ITN ein zweites Mal. Ich beendete die Arbeiten in gerade mal sechs Wochen. Der Film wurde am 26. August 1996 auf Channel 4 gesendet. Danach habe ich Filme in Malaysia, Thailand, im Jemen, in Malawi und Oman gedreht. Nebenbei habe ich an diesem Buch geschrieben. Die Tatsache, daß ich auf dem Gipfel des Everest gestanden habe, um einen Film zu drehen, hat bislang noch nicht sehr viel an meiner Karriere geändert. In meiner Freizeit schreibe ich immer noch Drehbücher für Kinofilme und hoffe, einmal etwas anderes zu produzieren als Abenteuerfilme.

Ich glaube nicht, daß der Everest mich als Person großartig verändert hat – sehr zum Ärger von Fiona, die wohl gehofft hatte, aus der skelettartigen, halb erfrorenen Puppe, die sie nach der Expedition in Heathrow abgeholt hatte, würde sich ein perfekter Schmetterling von Ehemann herauswinden. Doch ich bin immer noch das gleiche selbstsüchtige, dickköpfige nomadische Wesen, das ich schon immer war. Ich kann immer noch nicht länger als ein paar Tage zu Hause verbringen, ohne wieder rastlos durch die Zimmer zu streifen und Pläne auszubrüten, wohin es demnächst gehen wird. In den frühen Morgenstunden wälze ich mich immer noch schlaflos im Bett und denke an die Reisen zu all den Orten, an denen ich noch nicht gewesen bin. Fiona und ich haben immer noch viele Träume gemeinsam – doch diejenigen, die wir nicht gemeinsam träumen, sind nicht plötzlich wie durch Magie verschwunden, nur weil ich einen Berg bestiegen habe.

Eine Frage, die ich mir oft stelle, ist die, ob ich wohl jemals wieder einen großen Berg besteigen werde. Mehrere Leute waren so freundlich, mir zu versichern, daß mich die Entschlossenheit, die ich auf dem Everest gezeigt hätte, auch auf andere Gipfel bringen könne. Ich bin mir da nicht so sicher. Die Gründe, warum ich den Everest bestiegen habe, liegen – davon bin ich jetzt überzeugt – genausosehr in meiner Seele und meinem Herzen verwurzelt wie im bloßen Zusammenspiel von Muskeln und Sehnen. Ich habe den Everest zu einem Zeitpunkt meines Lebens bestiegen, als sich ein wahrer Geysir von Frustrationen in meinem Inneren staute, der sich unter hohem Druck als Energie entladen hat. Wenn ich die Gelegenheit ein paar Jahre früher oder später bekommen hätte, hätte ich den Gipfel vielleicht nie erreicht.

Und die Moral von der Geschicht'? Es ist alles beim alten geblieben. Nichts hat sich geändert. Der Everest ist groß, doch er war nicht groß genug, um die Verhaltensmuster zu ändern, die sich in meinem Leben herausgebildet haben. Die rot markierten letzten Mahnungen stapeln sich immer noch neben dem Telefon. Die Hypothekenbank ruft uns nach wie vor wegen der Rückzahlungen an, die wir ihnen schulden. Unsere Ehe verläuft immer noch in den gleichen Bahnen … hier die Freude zusammenzusein, da der Schmerz, voneinander getrennt zu sein. Glücklicherweise können wir immer noch zusammen lachen, und keiner von uns beiden kann sich vorstellen, daß sich unsere Beziehung grundlegend ändern wird, jetzt, wo sie den Everest überstanden hat.

Ein Teil von mir wartet immer noch auf den Blitz aus heiterem Himmel, auf den großen himmlischen Neonpfeil, den ich auf dem Gipfel wohl übersehen haben muß. Vielleicht sollte Fiona einmal einen Berg besteigen – vielleicht würde sie den großen Pfeil am Himmel hängen sehen, wenn sie sich nach oben geschleppt hätte. Vielleicht sollte ich ihr das mal vorschlagen.

Doch wenn ich mir das so recht überlege, halte ich es für keine so gute Idee. Der logistischen Herausforderung, die ganzen Mengen an Gin und Tonic, die Fiona zum Überleben braucht, den Berg hinaufzubefördern, wären nicht einmal Bergführer der Spitzenklasse gewachsen.

In der Zwischenzeit mache ich weiter meine Abenteuerfilme. Irgendwie muß ich mich ja über Wasser halten. Doch mein Herz ist nicht mehr bei der Sache. Ich sehe mich schon, wie ich in zehn Jahren in Hollywood sitze, Drehbücher schreibe und Regie führe ... eine noble Vision, abgesehen davon, daß jeder, der für das Fernsehen arbeitet, die gleichen Ambitionen und Träume hat. Und so tue ich das einzige, wozu ich fähig bin: Ich lasse meiner Phantasie freien Lauf, schreibe Geschichten, die aus irgendeiner mysteriösen Ecke meiner Gehirnwindungen kommen, und hoffe aller Wahrscheinlichkeit zum Trotz, daß man eines meiner Drehbücher kauft und ich meinen alten Job an den Nagel hängen kann, bevor es irgend jemandem einfällt, mich anzurufen und zu fragen, ob ich Interesse daran hätte, einen Film über eine Expedition zum K2 zu drehen.

ABBILDUNGEN

Alle Abbildungen in diesem Buch stammen von Matt Dickinson, © Matt Dickinson/ITN Productions

Die Aufnahmen sind im folgenden aufgeführt:

Farbfotos

Über den Rongbuk-Gletscher nach oben (*Sundeep Dhillon*)

Mitglieder des Sherpa-Teams (*Sundeep Dhillon*)

Matt Dickinson mit dem Changtse im Hintergrund (*Alan Hinkes*)

Das Himalayan-Kingdoms-Team auf dem Nordsattel (*Simon Lowe*)

Matt Dickinson erklimmt den Second Step (*Alan Hinkes*)

Alan Hinkes auf dem Gipfel (*Sammlung Matt Dickinson/Alan Hinkes*)

Matt Dickinson auf dem Gipfel, Schnappschuß (*Lhakpa Sherpa*)

Erfrierungen ersten Grades an Matt Dickinsons Fingern (*Sundeep Dhillon*)

Matt Dickinson und Alan Hinkes in Katmandu (*Sammlung Simon Lowe/Alan Hinkes*)

Schwarzweißfotos

Matt Dickinson und Brian Blessed im Basislager (*Roger Portch*)

Rob Hall während der *puja*-Zeremonie auf der Südseite des Berges (*Caroline Mackenzie*)

Beck Weathers (*Caroline Mackenzie*)

Die Hubschrauberrettung von ›Makalu‹ Gau (*Caroline Mackenzie*)

Rob Halls Team (*Caroline Mackenzie*)

Mingma, Gyaltsen und Matt Dickinson auf dem Gipfel (*Lhakpa Sherpa*)

Karten

Natur und Wissenschaft

(77358)

(77270)

(77317)

(77324)

(77363)

(4053)

Gesamtverzeichnis
bei Knaur, 81664 München

Knaur